AF565221

AQUENSIS®

www.aquensis-verlag.de

Fotos: Nathalie Dautel

Karte Seiten 124/125: Geobasisdaten © Landesamt für Geoinformation
und Landentwicklung Baden-Württemberg, www.lgl-bw.de

Texte: Markus Brunsing, Thomas Hauck

Lektorat: Gereon Wiesehöfer

Satz und Gestaltung: Tania Stuchl, design@stuchl.de

Druck: Naber Druck, Hügelsheim

978-3-95457-181-9

Nathalie Dautel

GÄRTEN, PARKS UND WILDE SCHÖNHEIT

Paradiese in Baden-Baden

Texte von Markus Brunsing und Thomas Hauck

Mit freundlicher Unterstützung von Heide und Dr. Eckhard Wolf

AQUENSIS®

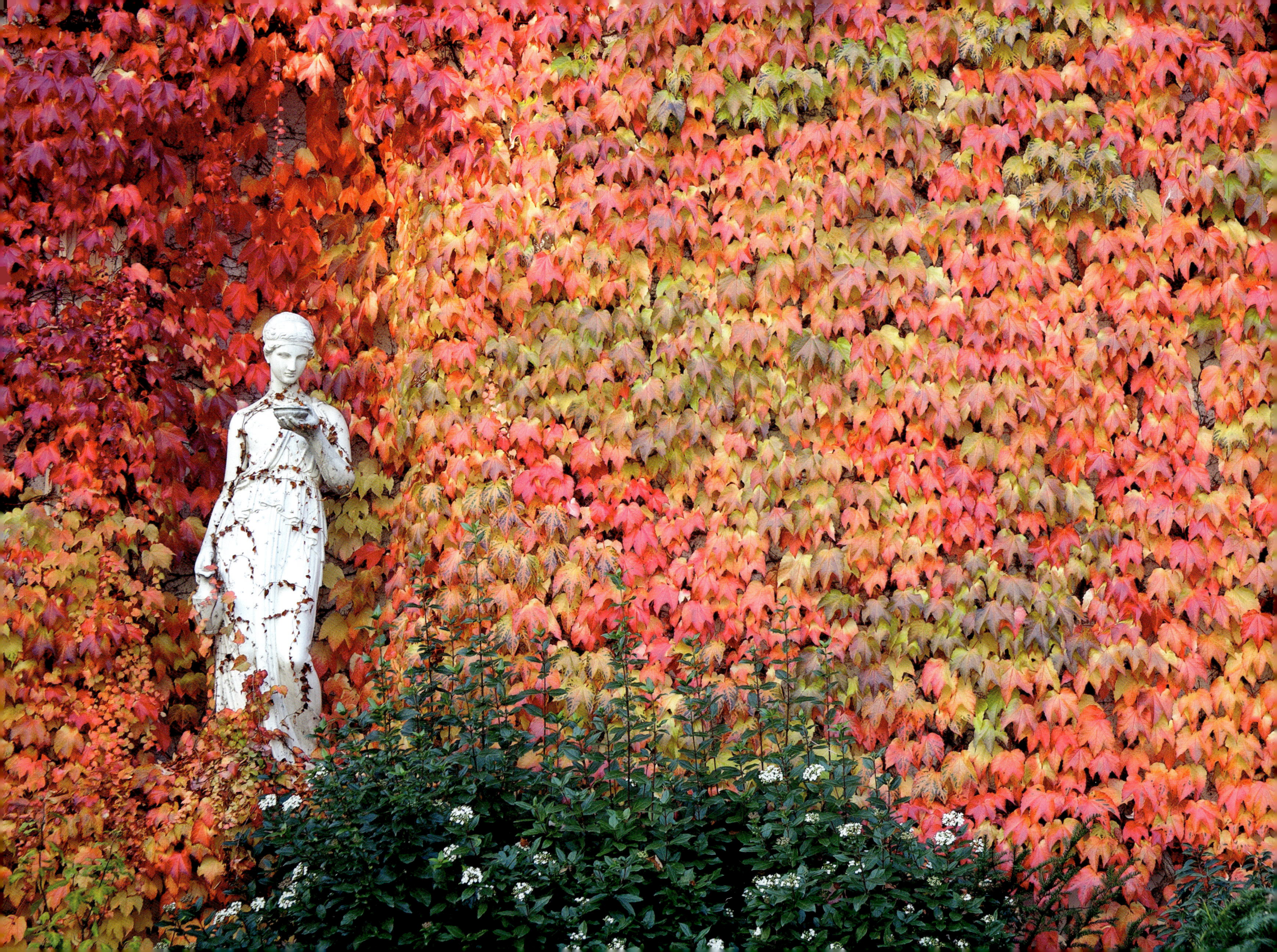

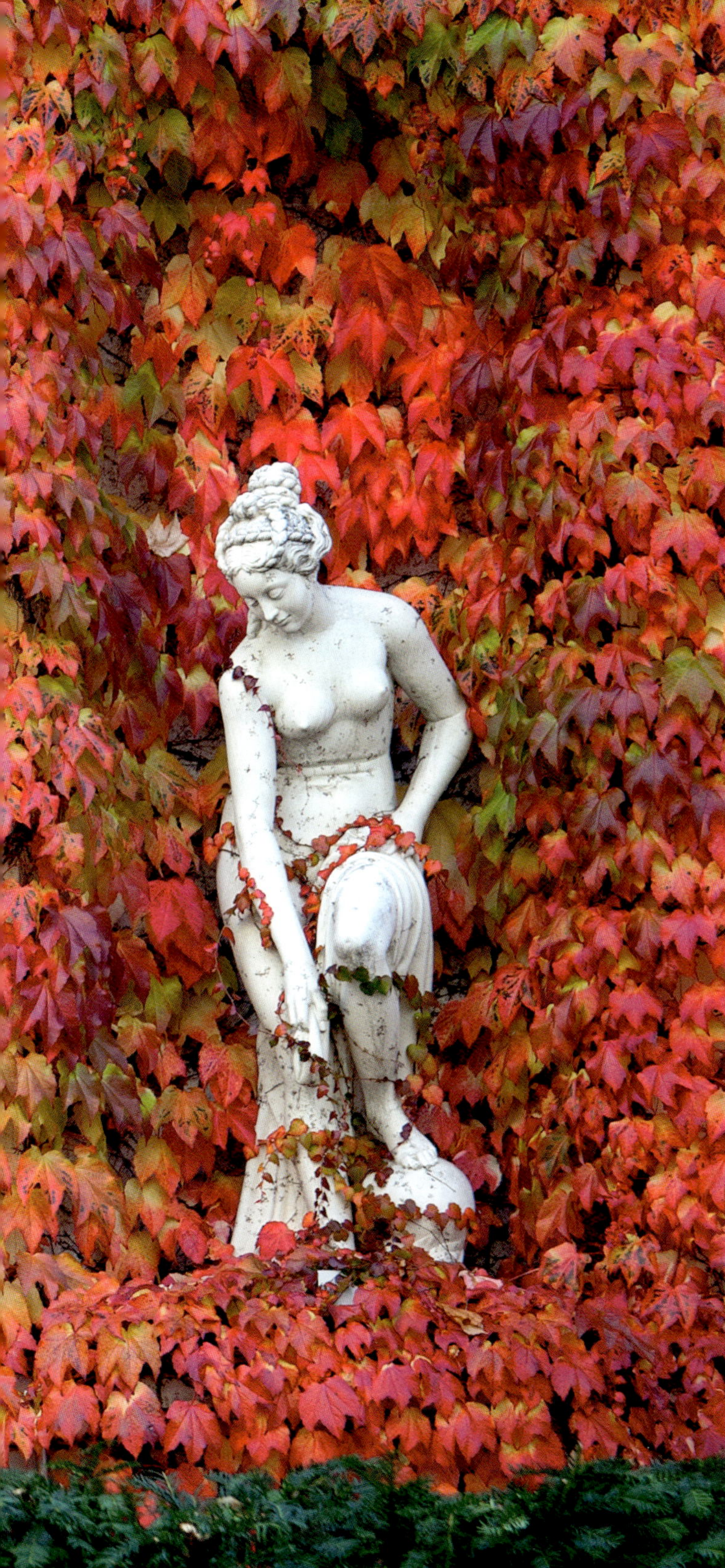

Paradiesisch: Zwischen Rhein und Schwarzwald

Markus Brunsing: Gartenträume zwischen Blumen und Bäumen

Thomas Hauck: Naturparadiese zwischen Wiesen und Wäldern

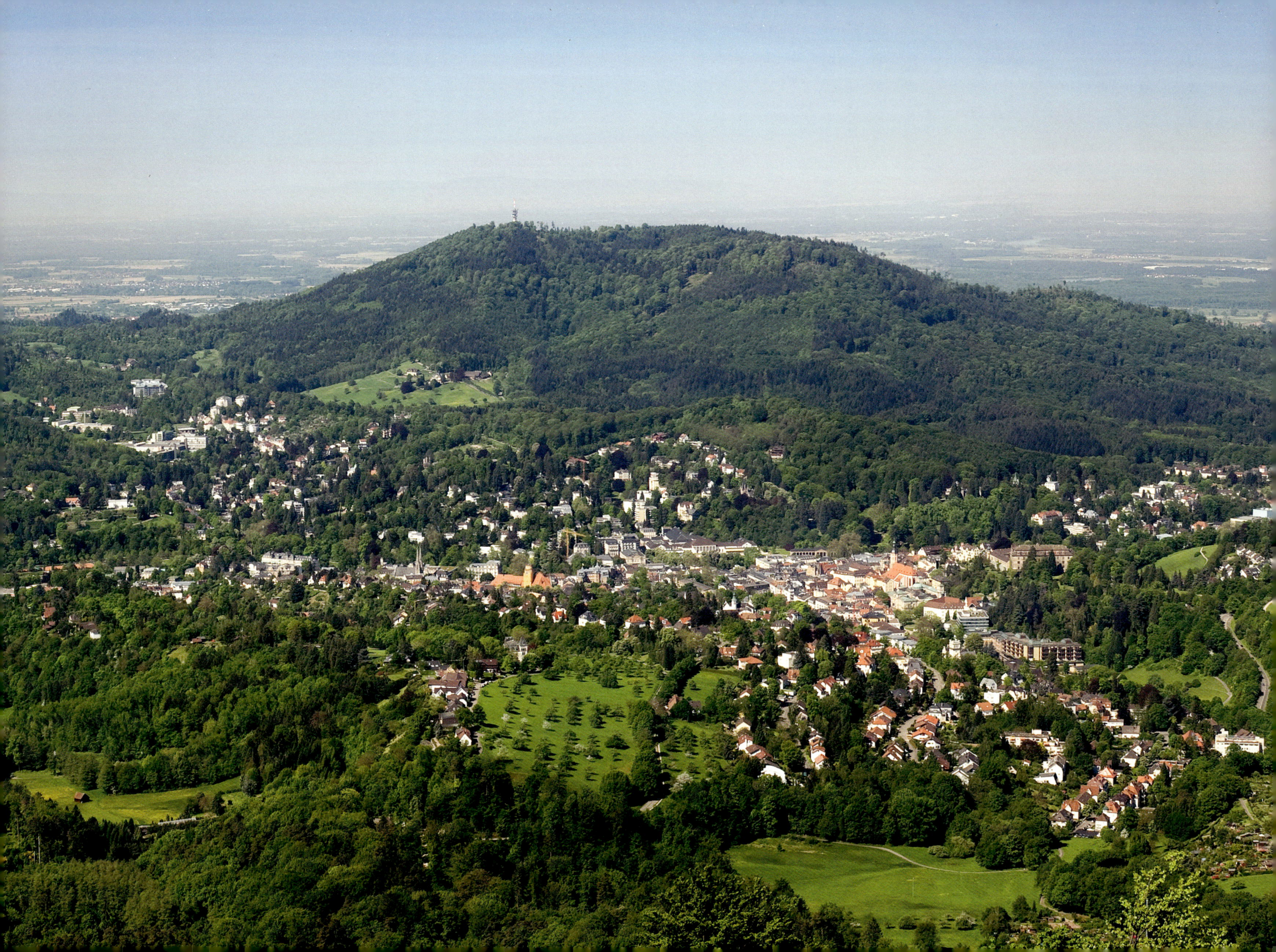

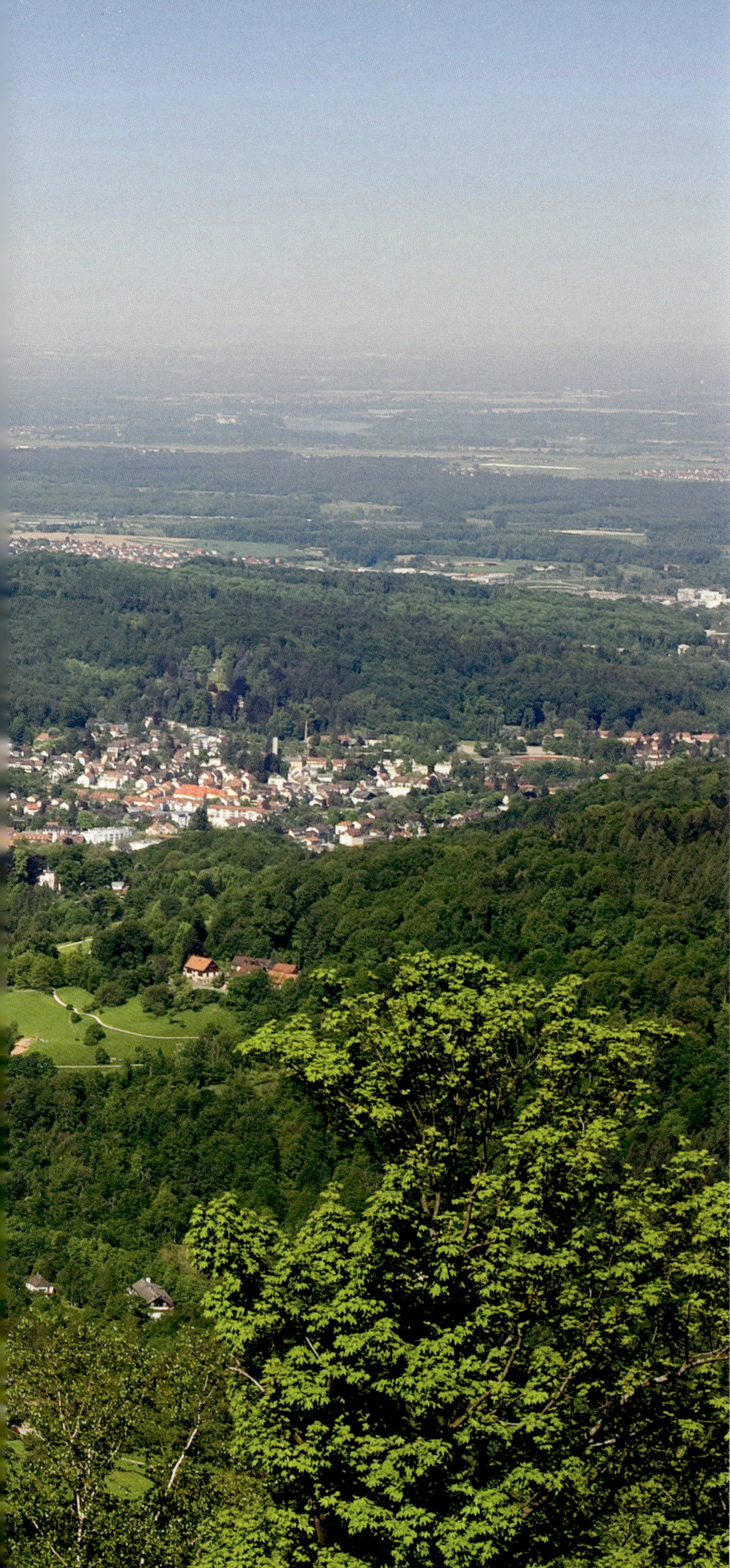

Paradiesisch: Zwischen Rhein und Schwarzwald

Baden-Baden ist ein Mythos, ein „grüner Salon" und eine Oase für Körper, Geist und Seele - ein Ort, an dem die Natur mit all' ihren Formen, Farben und Düften spielerische Leichtigkeit und Lebensfreude vermittelt. Von der ersten Krokusblüte bis zu den Jahrhunderte alten, exotischen Baumriesen in der berühmten Lichtentaler Allee: Baden-Baden ist zweifelsohne von der Natur bevorzugt, die ihr Füllhorn verschwenderisch über Stadt und Region ausschüttet.

Hier, an den sanft abfallenden Hängen des Schwarzwalds und von der Sonne verwöhnt, zieht der Frühling ein bisschen eher ein als anderswo in Deutschland. Die hellen Vogelstimmen, die frühen Sonnenstrahlen und die ersten Frühlingsblumen lassen den Winter schnell vergessen und schaffen bis in den späten Herbst ein mediterranes Klima. Dann grünt und blüht es überall in der Stadt. Die vielen gepflegten Gärten und Parkanlagen verwandeln sich mit ihrer Fülle an verschiedenen Blumen in immer neue Blütenmeere, und die Wiesen und Wälder in Baden-Baden sowie in der näheren Umgebung präsentieren sich das ganze Jahr über als einladende Naturparadiese.

Die Gäste Baden-Badens loben die Stadt seit jeher nicht nur wegen der heilenden Quellen oder der vielen Kulturangebote. Sie wissen vor allem auch die herrliche Natur zu schätzen, die sich hier so farbenprächtig entfaltet. Wie schrieb der Schriftsteller Ivan Turgenev an seinen Freund und Kollegen Gustav Flaubert: „Ja, kommen Sie nach Baden-Baden, wenn auch nur für einige Tage! Sie werden köstliche Farben für Ihre Palette mit nach Hause nehmen."

Lassen auch Sie sich verzaubern vom grünen Paradies und genießen Sie diesen Bildband, mit dem wir versucht haben, den Mythos Baden-Baden für Sie in Wort und Bild einzufangen.

Nathalie Dautel | Markus Brunsing | Thomas Hauck

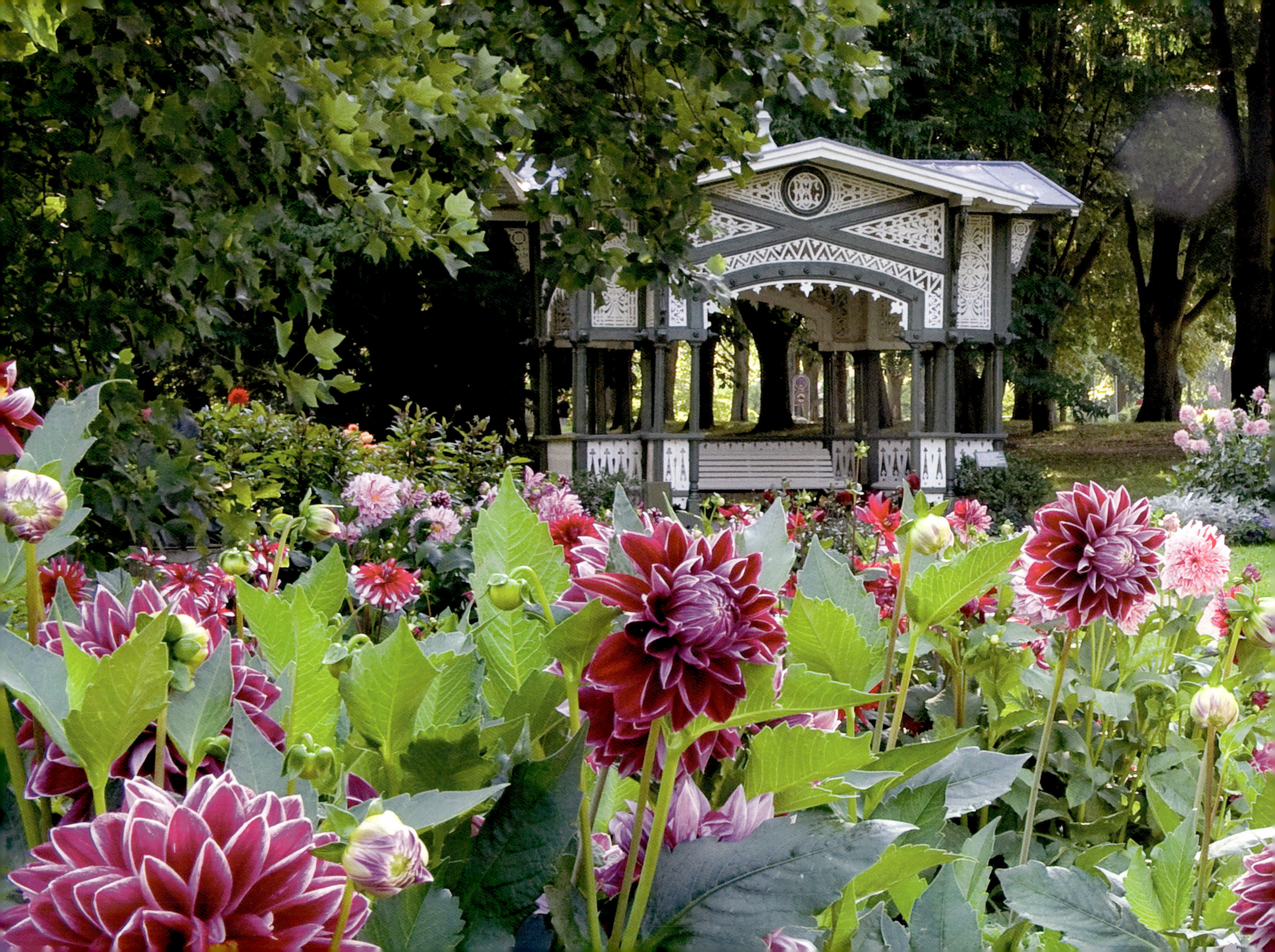

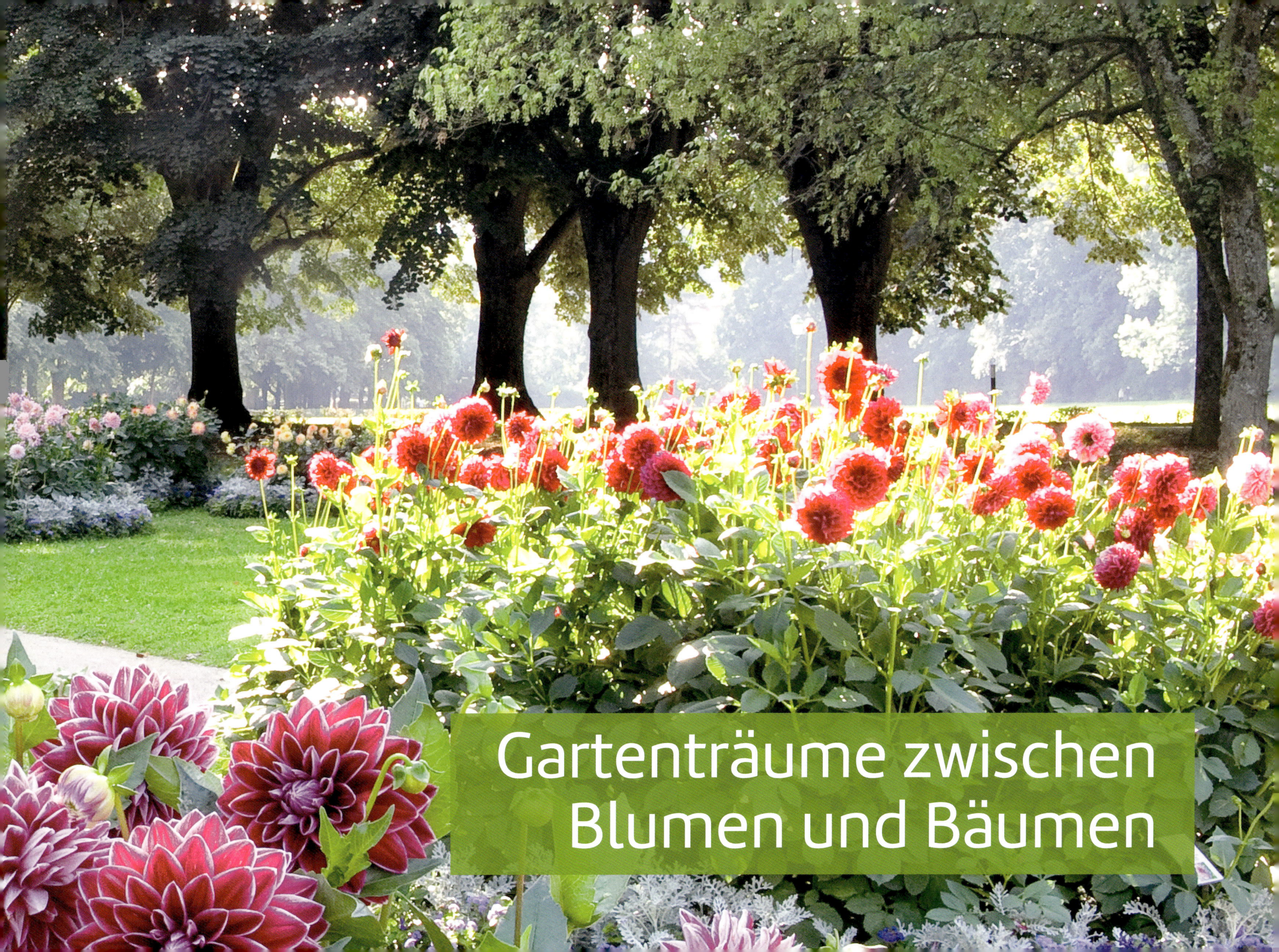

Gartenträume zwischen Blumen und Bäumen

Die Lichtentaler Allee

Die Lichtentaler Allee ist der bewunderte Star unter den Baden-Badener Parkanlagen, eine berühmte Diva, die schön und elegant, vornehm und anspruchsvoll zugleich ist. Vor allem aber ist sie ein bedeutender historischer Landschaftsgarten, in dem Historie erlebbar und lebendig wird. Wenn Parks aus ihrer Geschichte erzählen könnten, dann hätte die Lichtentaler Allee in Baden-Baden sicherlich ganz besonders viel zu berichten. Denn die Zahl berühmter Künstler, gekrönter Häupter und wichtiger Wirtschaftsmagnaten, die im Lauf der vergangenen Jahrhunderte durch die Allee flaniert sind, dürfte nahezu unendlich sein.

Die Anfänge der Lichtentaler Allee gehen bis in das 17. Jahrhundert zurück, als die ersten Bäume entlang des Wegs von der Stadt Baden zum Kloster Lichtenthal gepflanzt wurden. In der Barockzeit entstand auf Initiative der markgräflichen Regierung die schnurgerade Eichenallee vom heutigen Goetheplatz bis zum Alleehaus. Doch beiderseits der Allee breiteten sich lange Zeit nur Weiden, Wiesen und Äcker aus. Auch das Flüsschen Oos schlängelte sich in weiten Windungen durch die Wiesen und richtete bei Hochwasser manchen großen Schaden an. Mit der Entwicklung des Kurorts zum internationalen Modebad im 19. Jahrhundert begannen auch die Aktivitäten, die Lichtentaler Allee zu verschönern und aufzuwerten. Grundstücke wurden erworben, die Oos wurde reguliert und erste Ideen für die Umwandlung der landwirtschaftlichen Flächen entlang der Allee wurden entwickelt. Von der ländlichen Idylle einer Kuhweide zur gestalteten Natur einer englischen Parkwiese sollte der Trend gehen.

Die Neugestaltungen begannen schließlich im Frühjahr 1839 unter der Leitung des Schwetzinger Gartendirektors Johann Michael Zeyher, der kunstvoll schwingende Wege anlegte, lockere und scheinbar natürlich angeordnete Baum- und Strauchgruppen pflanzte und die Wiesenflächen sanft modellierte. Noch heute fasziniert Zeyhers souveräne Gestaltung des Landschaftsgartens in der Lichtentaler Allee zwischen Theater und Alleehaus. Später wurde „die Allee", wie die Baden-Badener ihren Lieblingspark ganz einfach nennen, immer weiter ausgeschmückt. Brücken, Denkmäler und Brunnen wurden errichtet und tragen wesentlich zu dem besonderen Flair des Landschaftsgartens bei. Dazu kommen stattliche Denkmäler und einladende Pavillons, elegante Leuchten und prächtige Villen. Aber vor allem sind es die majestätischen Bäume, die den Park adeln und mit ihren Farbschattierungen begeistern.

Es ist schwer zu sagen, was eigentlich schöner ist: das kühle Plätschern des Steinbrunnens an der großen Trauerbuche an einem heißen Sommertag, die Spiegelung der Gönnerbrücke in den Wasserflächen der murmelnden Oos am frühen Morgen, die weiten violetten Krokusteppiche im zeitigen Frühjahr oder das überbordende Feuerwerk der Farben des Laubs im Herbst. Die Lichtentaler Allee ist ein Park, der sich zu allen Tages- und Jahreszeiten einer großen Beliebtheit erfreut. Und diese Beliebtheit ist so groß, dass die Allee einen eigenen Fanclub hat, den Freundeskreis Lichtentaler Allee, der das Gartenamt immer wieder bei der Erhaltung des Gartendenkmals unterstützt.

Seit einigen Jahren wird die Lichtentaler Allee auch als Kunst- und Kulturmeile wahrgenommen. Mit dem Museum für Kunst und Technik

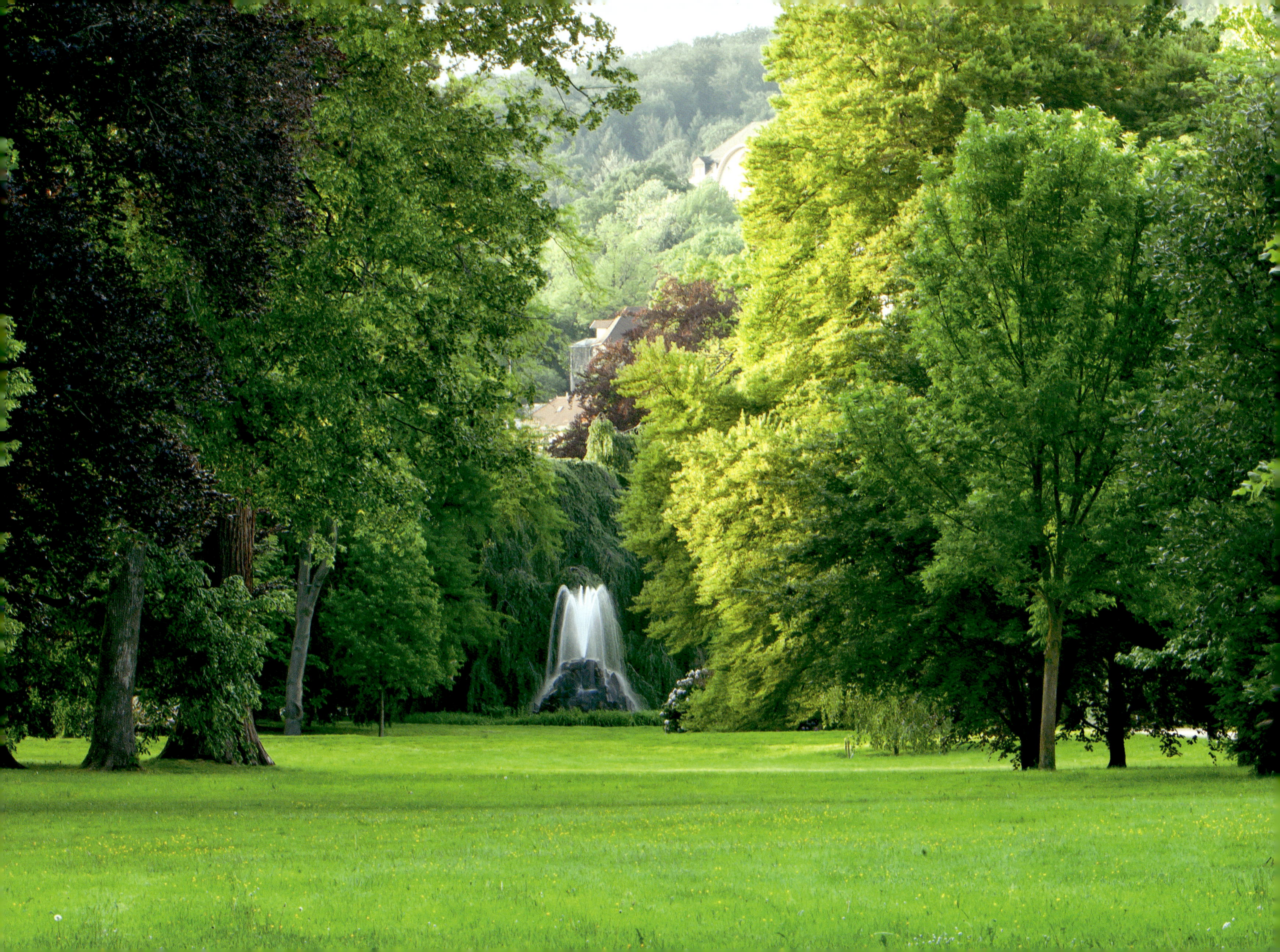

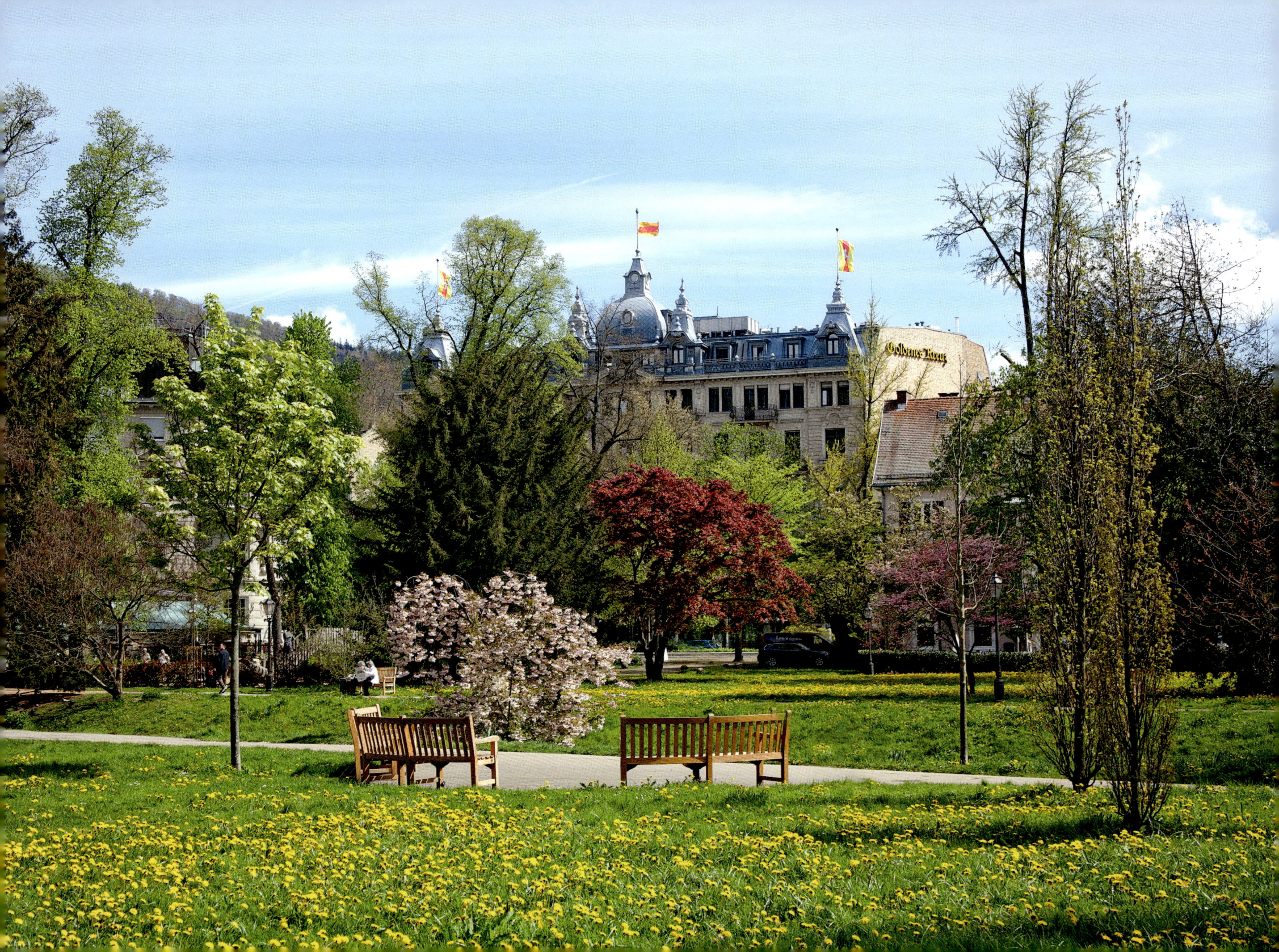
Goldenes Kreuz

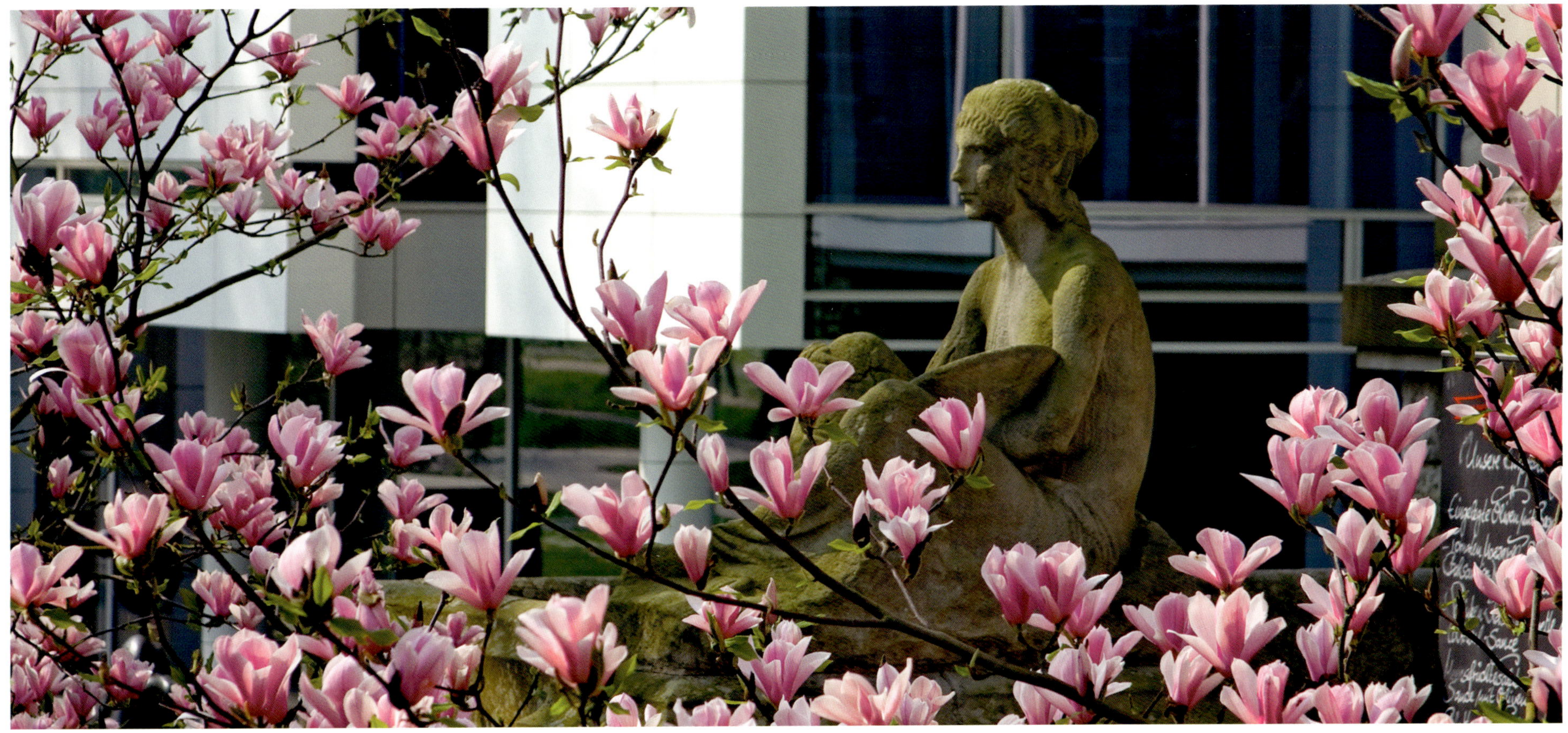

im LA8, der Staatlichen Kunsthalle, dem Museum Frieder Burda und dem Stadtmuseum im Alleehaus bietet der Park den grünen Rahmen für hochkarätige Ausstellungen aus den Bereichen Kunst und Geschichte. Dabei ist der moderne Bau des Museums Frieder Burda aus dem Jahr 2004 nach Plänen des amerikanischen Stararchitekten Richard Meier für sich allein bereits ein Kunstwerk. Und auch die Lichtentaler Allee selbst ist mehr als ein grüner Rahmen; sie ist als Landschaftspark ein Gartenkunstwerk von Rang, das dank Gartendirektor Zeyher die künstlerische Gestaltung einer Parklandschaft in höchster Vollendung vorführt. So verbinden sich Bildende Kunst, Baukunst und Gartenkunst in der Lichtentaler Allee zu einer geglückten Einheit. Wenn sich dann am ersten Augustwochenende noch die Musik der Baden-Badener Philharmonie bei der Philharmonischen Parknacht zu den anderen Künsten hinzugesellt und eine kunstvolle Lichtinszenierung den Park in festlichem Glanz erstrahlen lässt, kann man den Zauber dieser Gartenlandschaft auf ganz außergewöhnliche Weise erleben. Dann hält die schöne alte Dame Lichtentaler Allee wie seit Jahrhunderten Hof und lässt sich von ihren Besuchern bewundern.

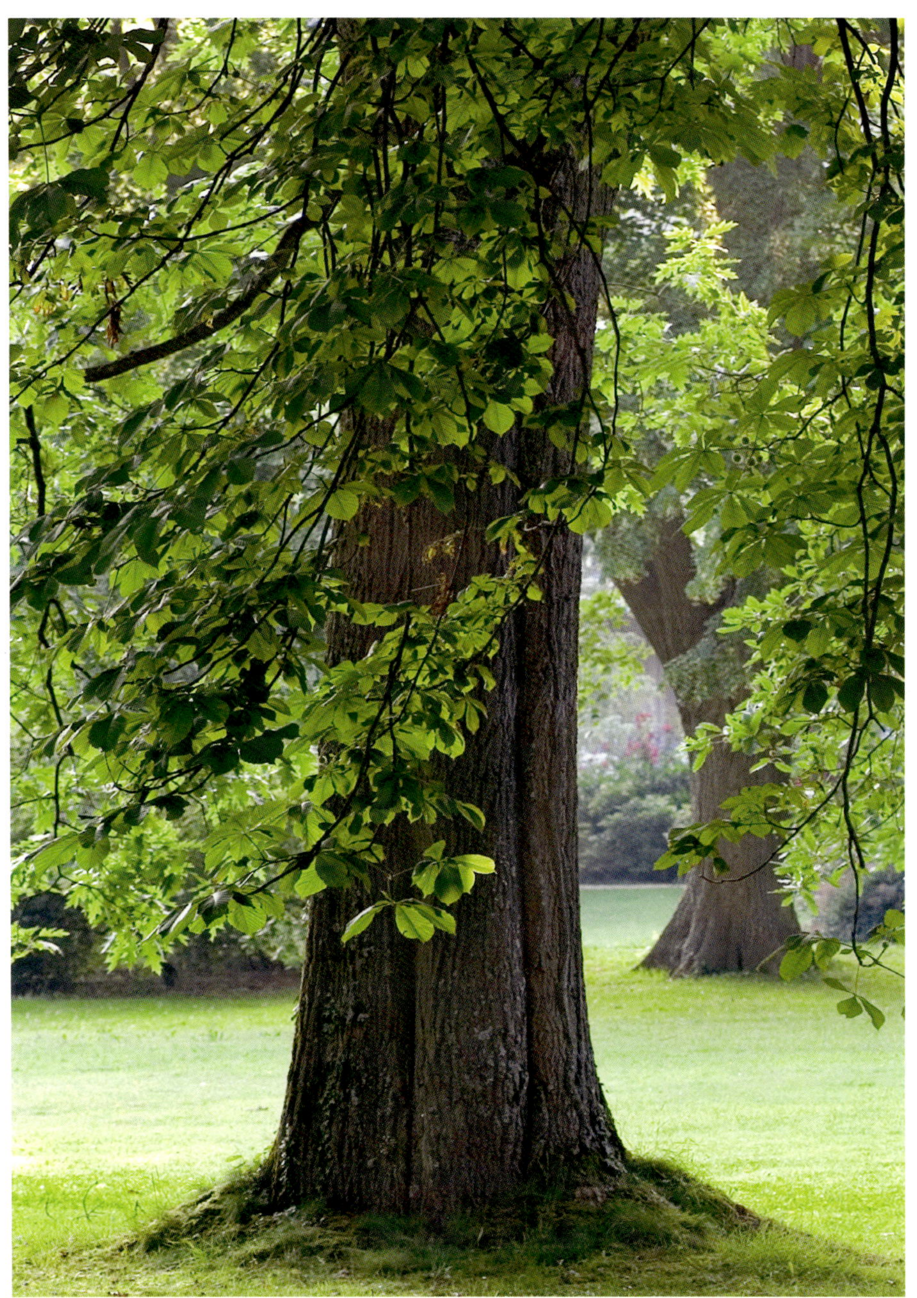

Was haben Ivan Turgenev und André Heller gemeinsam? Ganz einfach: Beide schwärmten bei ihren Aufenthalten in Baden-Baden von den eindrucksvollen großen Bäumen. Denn durch die lange Vegetationszeit des milden badischen Klimas vom frühen Frühjahr bis zum späten Herbst wachsen Baden-Badens Bäume ganz offensichtlich schneller und höher als anderswo in Deutschland. Doch nicht nur die oft schwindelerregende Höhe und das hohe Alter der Baumveteranen machen die Bäume in der Lichtentaler Allee so wertvoll. Es ist auch die Vielfalt der Arten und Sorten mit ihren exotischen Heimatländern, die den bedeutenden Baumbestand zu einem Arboretum mit mehr als 300 verschiedenen Gehölzen werden lassen. Seltene Buchen und außergewöhnliche Eichen, exotische Taschentuchbäume, Kuchenbäume und Geweihbäume bestimmen das reiche Gehölzsortiment.

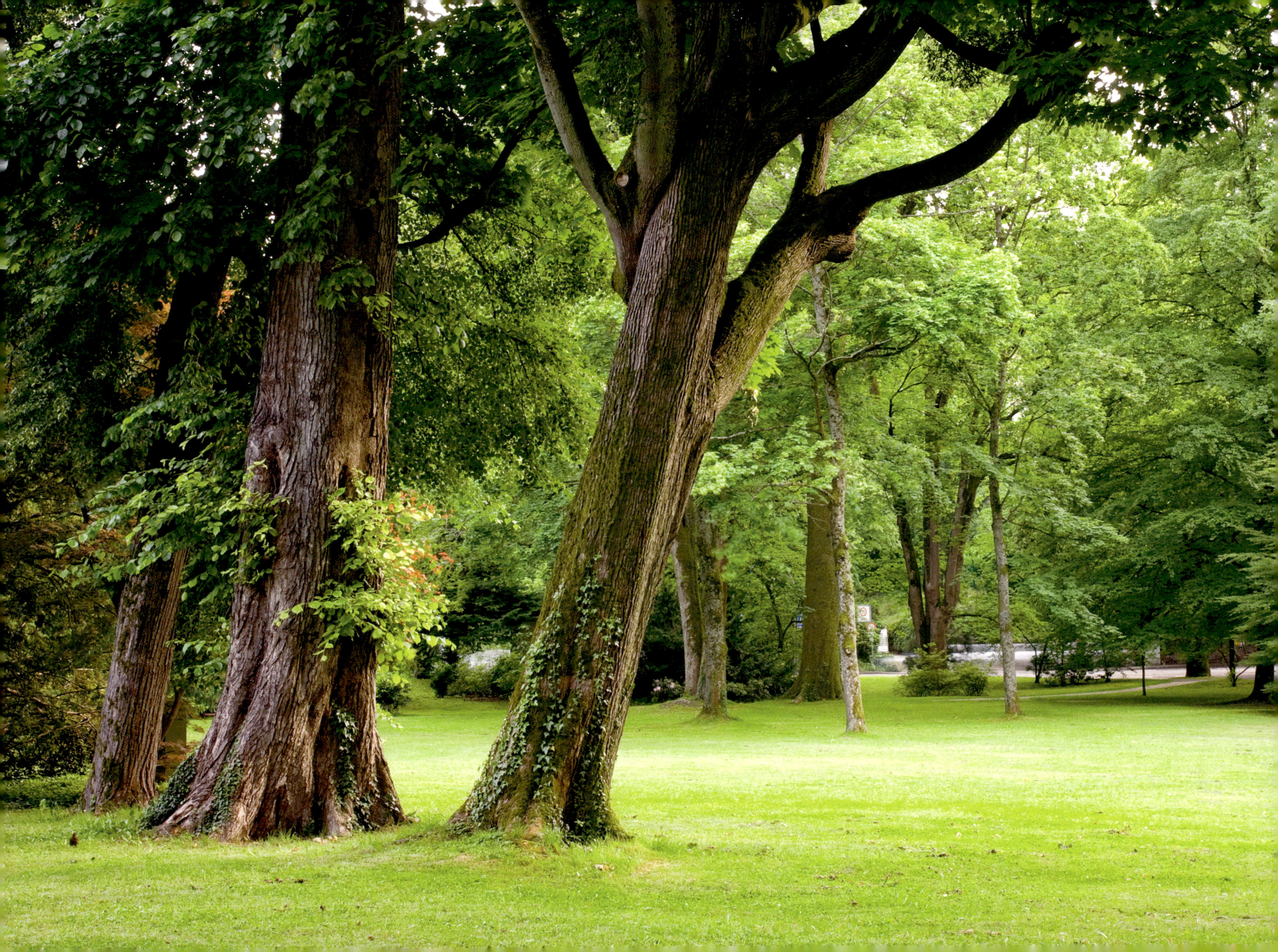

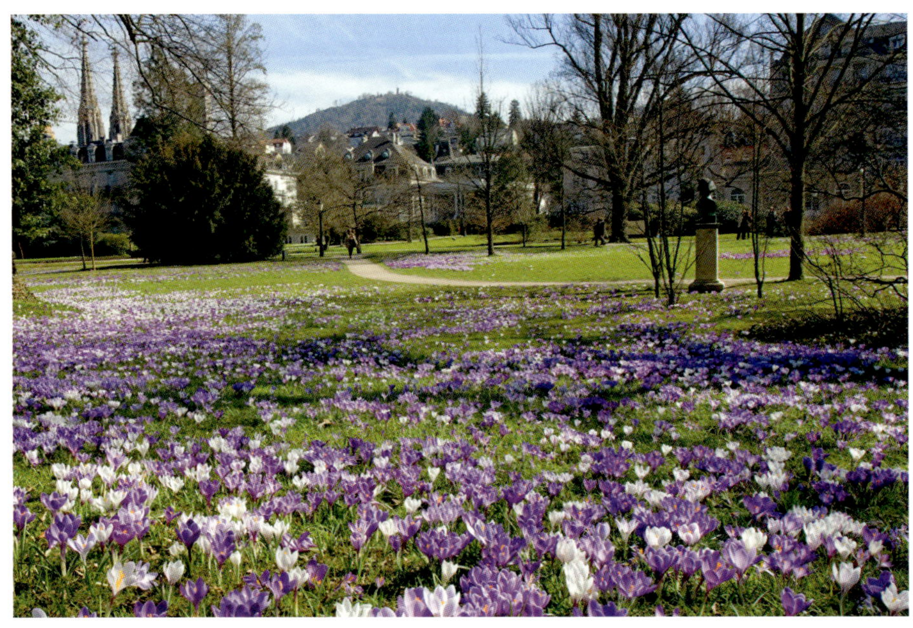

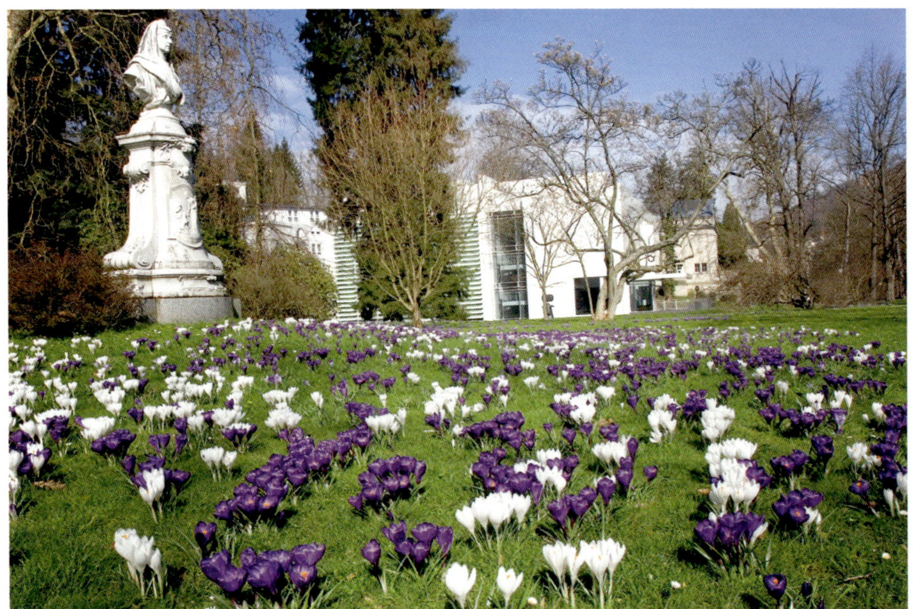

Was wäre Baden-Baden ohne seine Blütenpracht? Vom frühen Frühjahr bis zum späten Herbst entfalten die Blumen und Gehölze in öffentlichen und privaten Parks und Gärten ihre Farbenpracht. Los geht es gleich im März, wenn die Krokusblüte in der Lichtentaler Allee einen violett-weißen Teppich ausbreitet. Auf die frühen zartvioletten Elfenkrokusse folgen schon bald die großblütigen Krokushybriden mit ihren weißen, dunkelvioletten und gestreiften Blüten und läuten mit dem ersten Blütenhöhepunkt des Jahres unmissverständlich den Frühling ein.

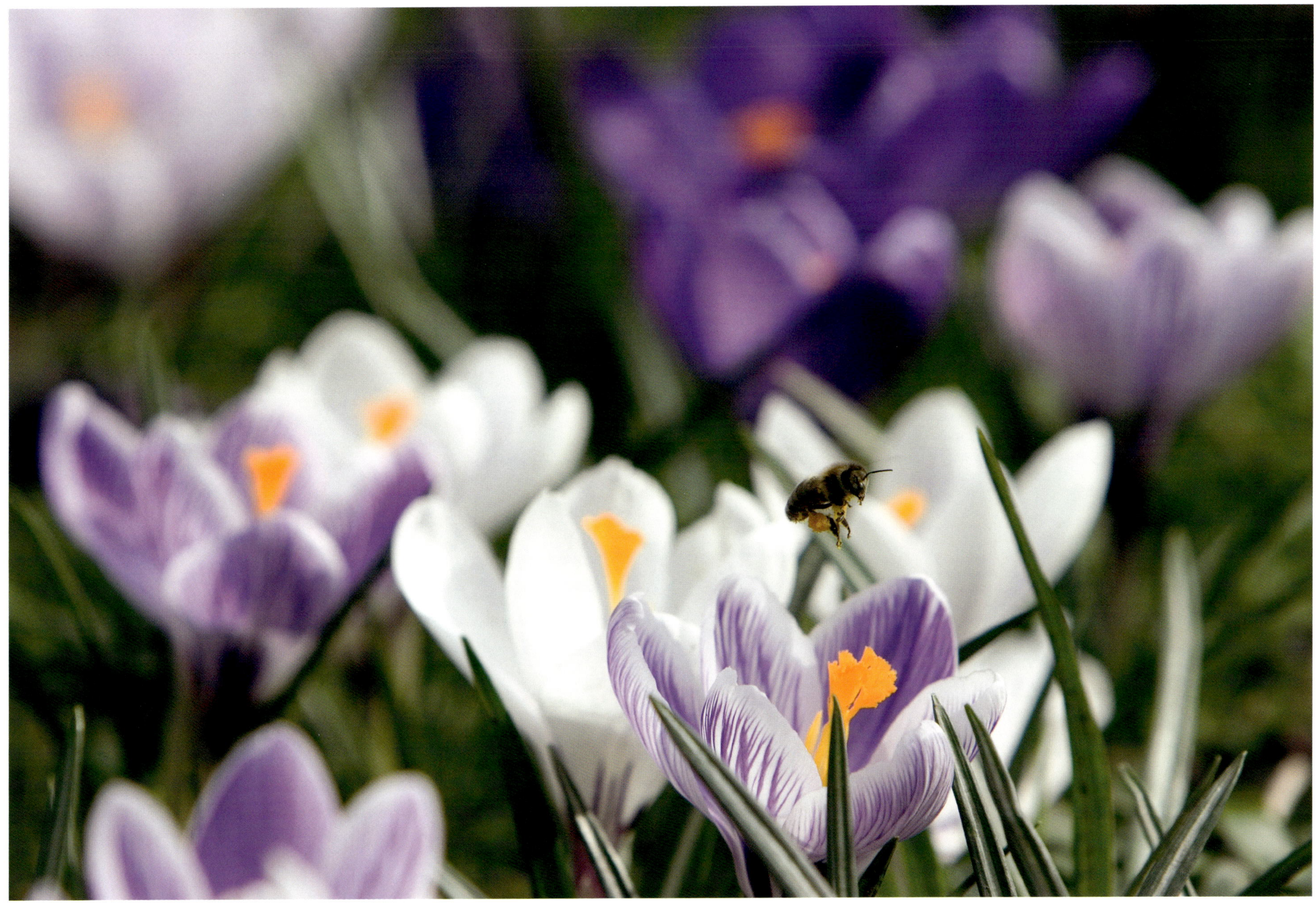

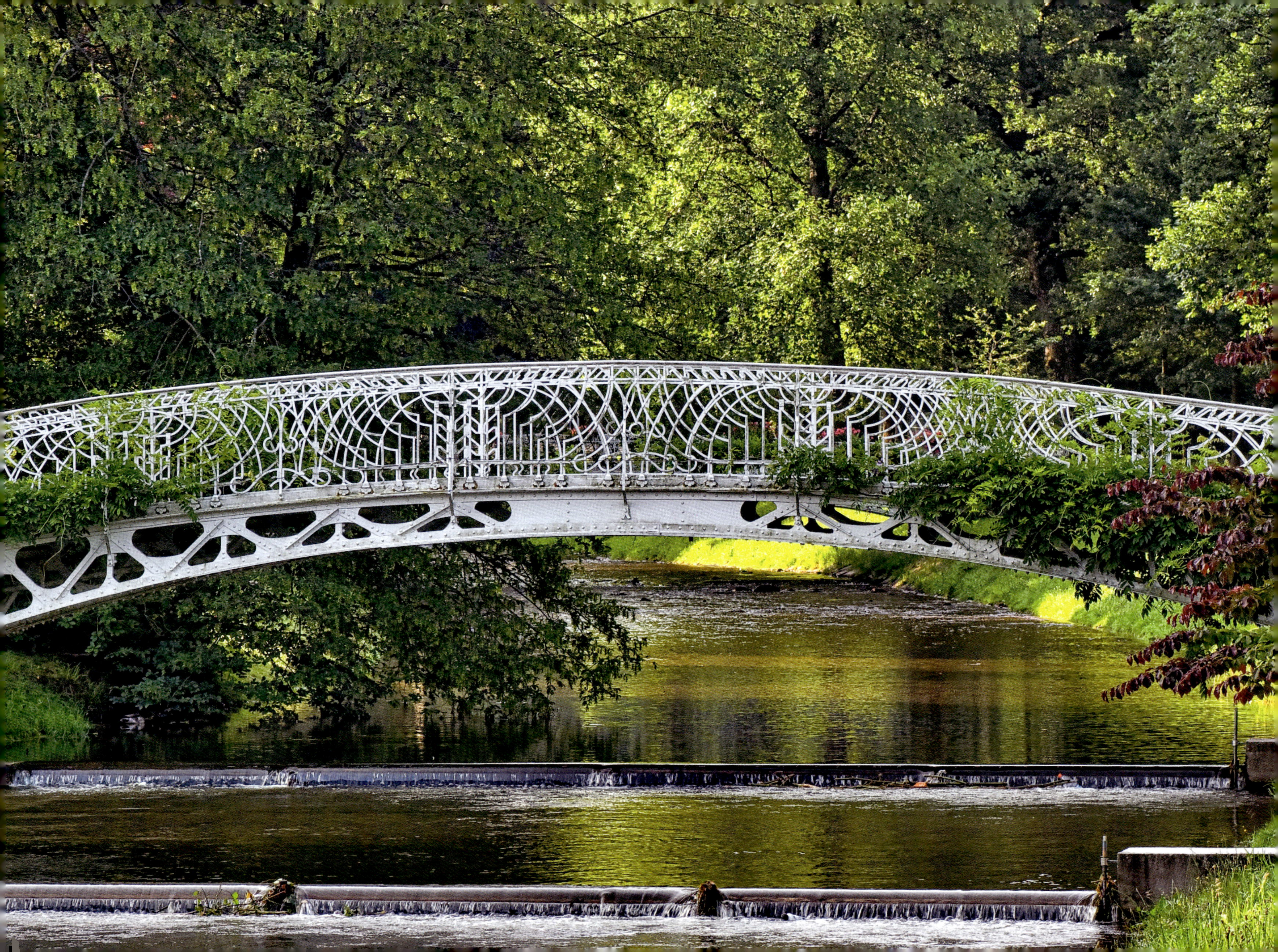

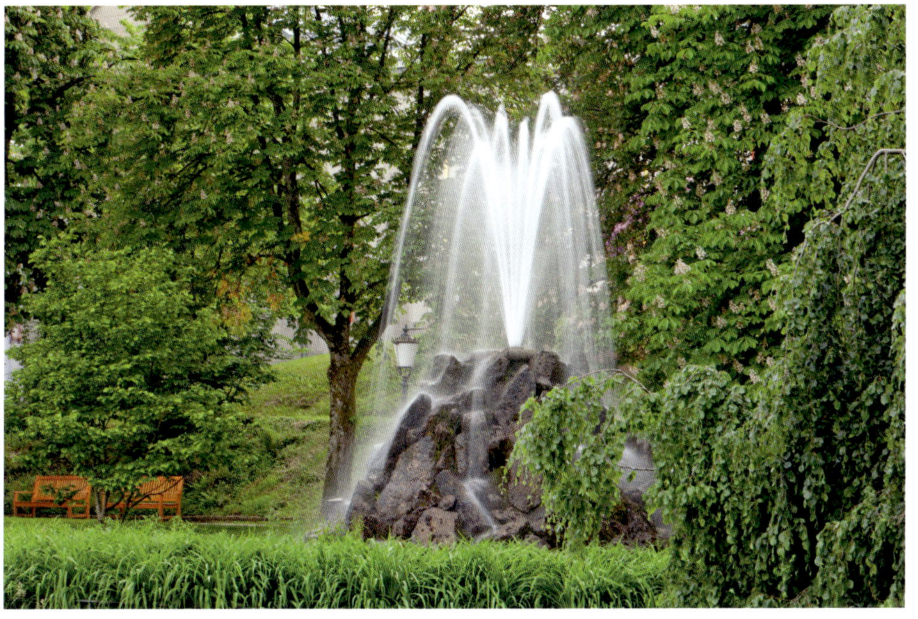

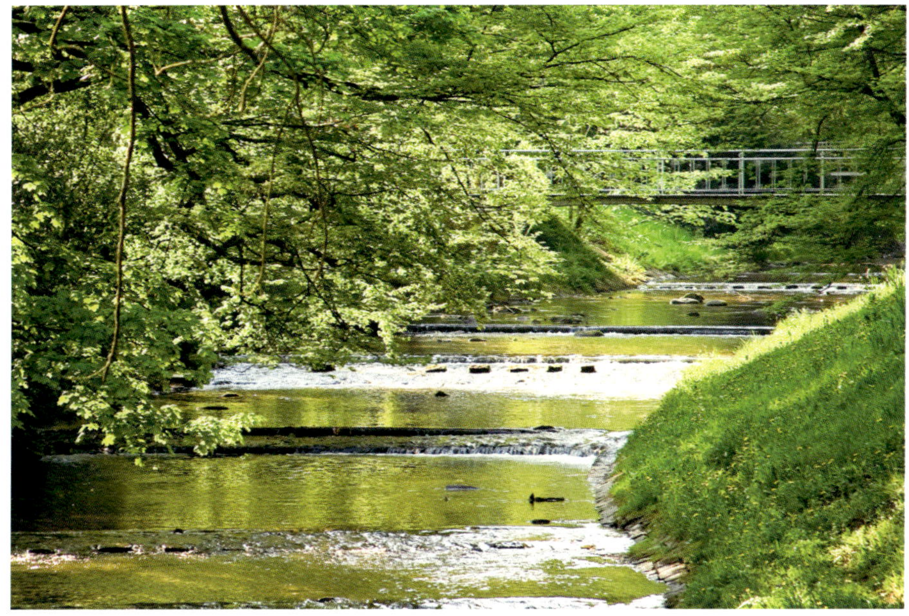

Und was wäre die Lichtentaler Allee ohne das Wasser? Plätschernde Brunnen, elegante Brücken und das Murmeln der Oos in ihrem von Menschen geschaffenen Bachbett tragen nicht unwesentlich zu der einzigartigen Atmosphäre der berühmten Baden-Badener Promenade bei. Die wohl schönste unter den Brücken der Allee ist die weiße Gönnerbrücke, die in den Formen des Jugendstils in weitem Bogenschlag die Oos überspannt.

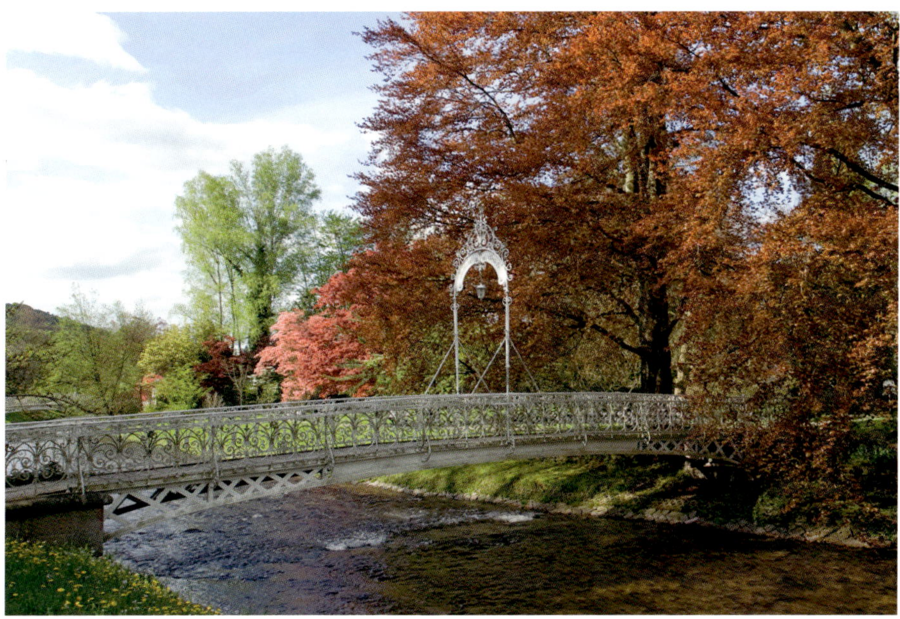

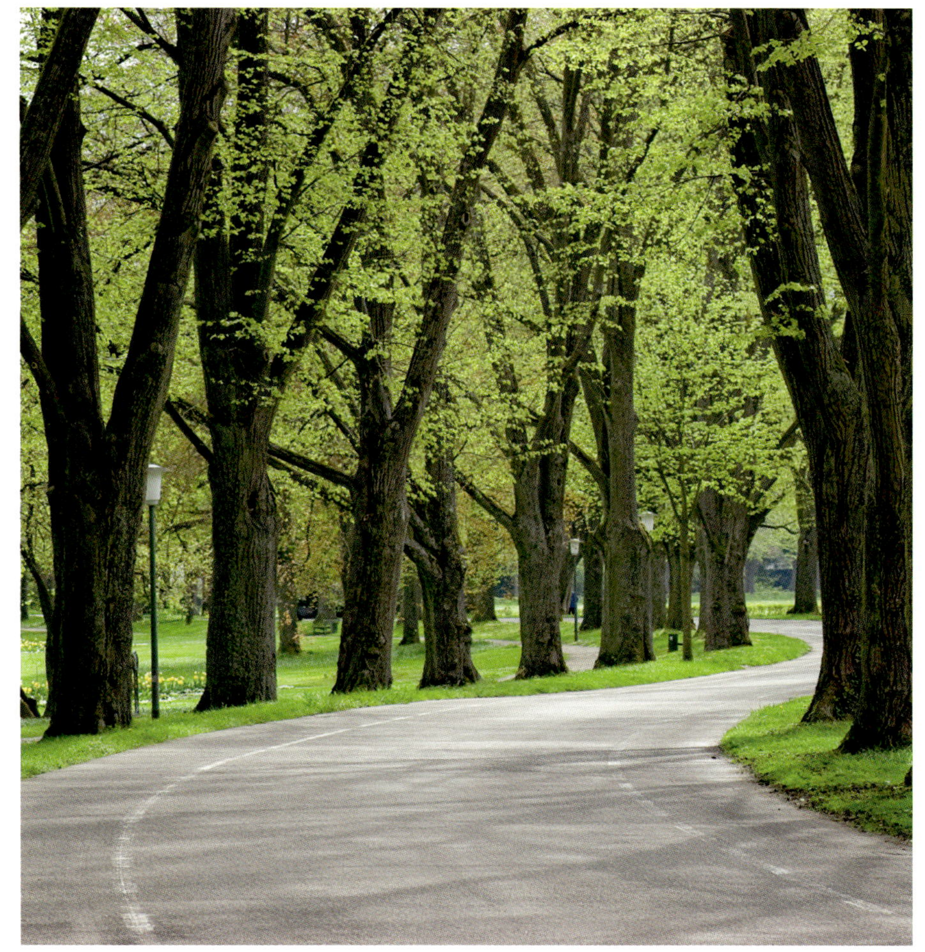

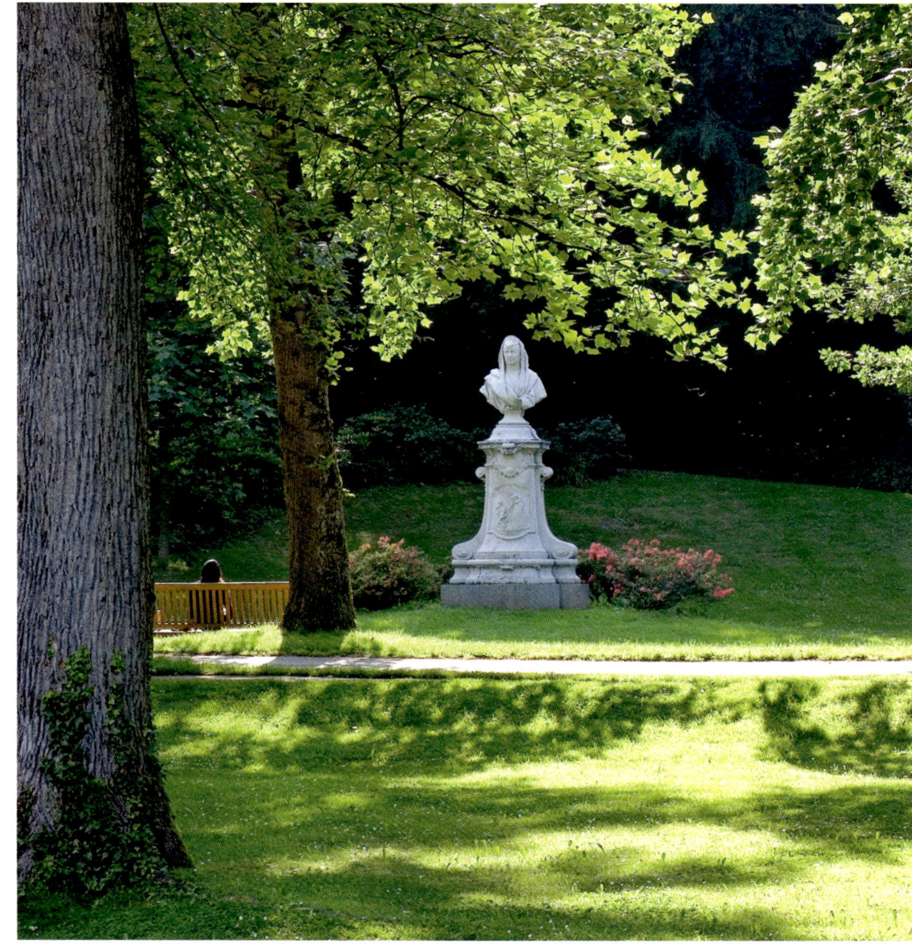

Die Lichtentaler Allee ist ein Park für alle Jahreszeiten. Im Frühling bezaubern die Alleebäume mit dem zarten Austrieb des frischen, hellen Blattwerks. Der Sommer dagegen zeichnet kontrastreiche Licht- und Schattenspiele auf die vielen Grüntöne der Allee. Ein wahres Farbenfeuerwerk bieten die Laubbäume im Herbst, wenn das gelb-orange-rote Laub den ausklingenden Sommer erglühen lässt. Und selbst der Winter erschafft aus der Verbindung von Ästen und Zweigen mit Schnee und Sonne stimmungsvolle Parkbilder.

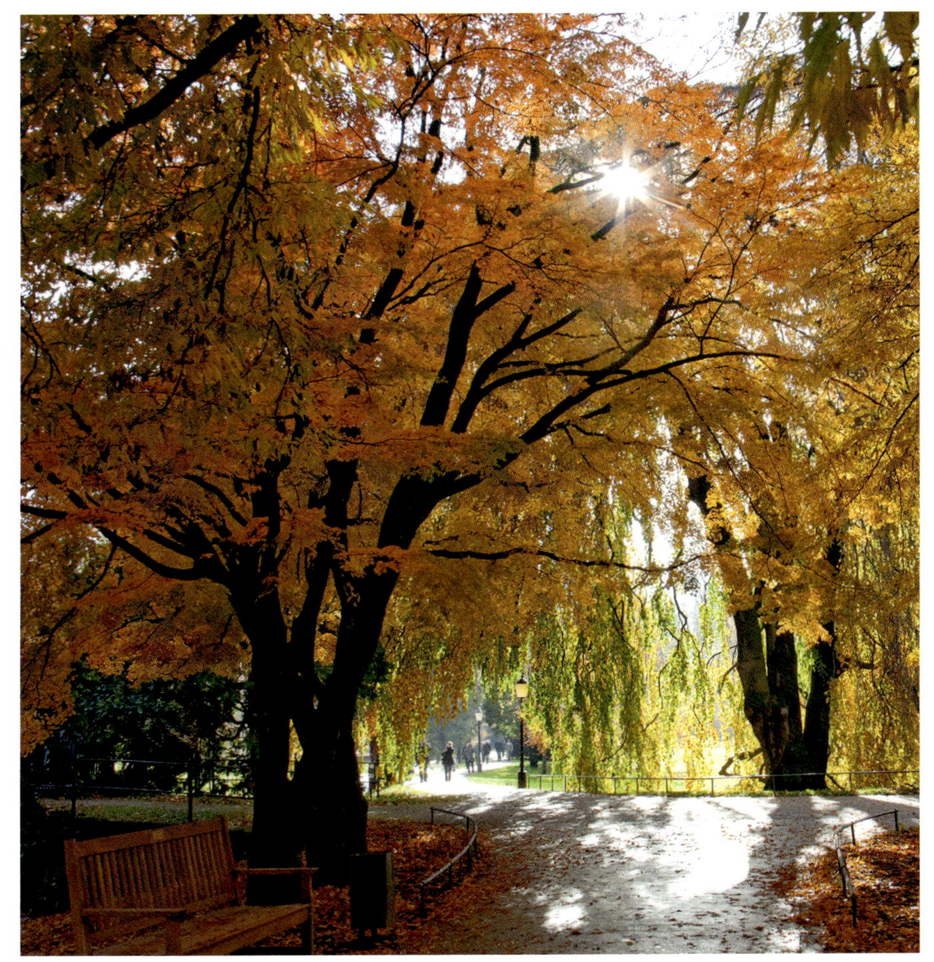

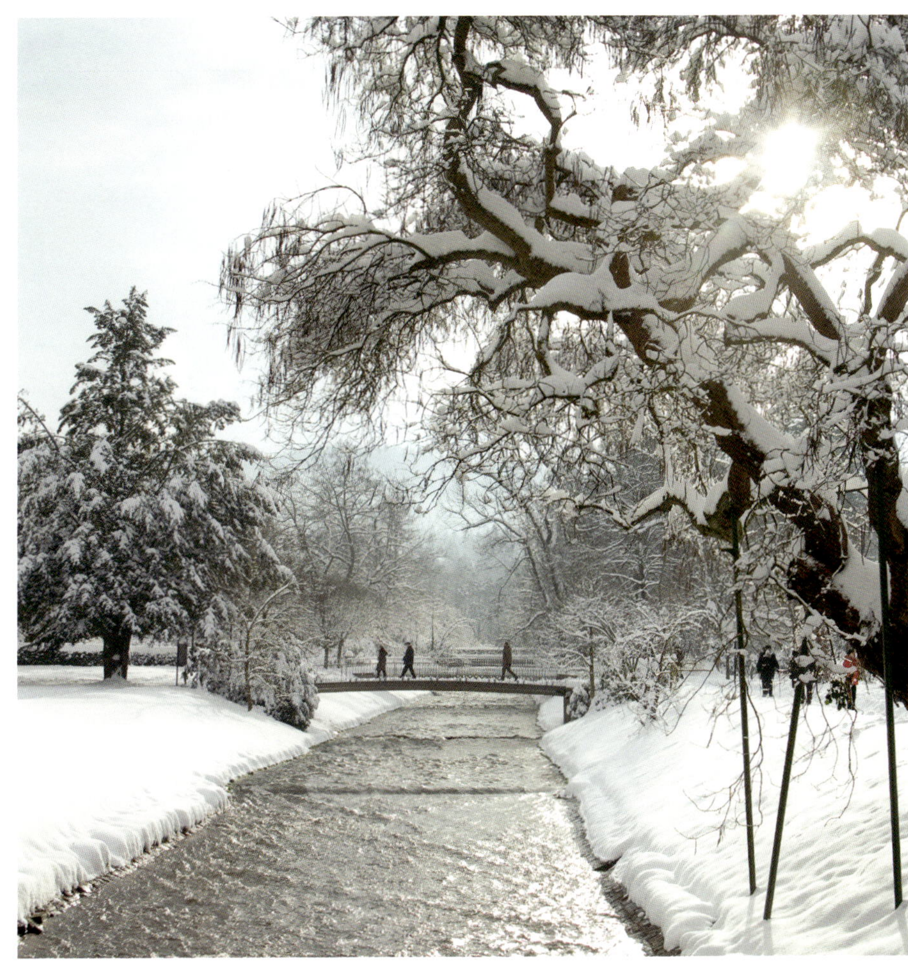

Gönneranlage – Jugendstil und Rose

Sie ist benannt nach einem Baden-Badener Oberbürgermeister und wurde der Stadt geschenkt von einem generösen Stifter: die Gönneranlage, die heute vor allem als beliebter Rosengarten bekannt ist. Am Anfang der Geschichte der Gönneranlage stand jedoch nur ein einfacher Park, den die Baden-Badener ihrem langjährigen Oberbürgermeister Albert Gönner Ende des 19. Jahrhunderts in Dankbarkeit errichtet und gewidmet hatten. Und wäre nicht ein echter Gönner aufgetreten, dann wäre die Gönneranlage wohl heute noch ein eher unbedeutender, kleiner Landschaftsgarten.

Doch ein solcher Gönner erschien in Gestalt des amerikanischen Kaffeegroßhändlers Hermann Sielcken, der einen monumentalen Brunnen zur Erinnerung an seine Frau Josefine errichten wollte. Und Hermann Sielcken stiftete zugleich mit dem Josefinenbrunnen auch eine vollständige Umgestaltung der alten Gönneranlage durch Max Laeuger.

Was Professor Laeuger im Jahr 1909 entwarf, galt damals als ungeheuer modern und geradezu revolutionär: ein Jugendstilgarten in vollständiger Symmetrie bestehend aus Hecken, Mauern und Treppen. Laeugers Idee sah vor, dass die Besucher gleichsam wie in einem Haus von Gartenraum zu Gartenraum wandeln, die unterschiedlichen Perspektiven erleben und die Blumenbeete genießen sollten.

Erst 1952 hielten die Rosen Einzug in die Gönneranlage. Der damalige Gartendirektor Rieger nutzte die sonnigen Gartenräume Laeugers und fügte Rosenbeete mit einer Vielfalt an Rosensorten ein, die seitdem von Juni bis Oktober mit ihrer Fülle der Rosenblüten und Düfte begeistern. Walter Rieger veranstaltete 1952 auch die ersten Baden-Badener Rosentage und den ersten internationalen Rosenneuheitenwettbewerb. Damit begründete er eine Tradition, die auch mehr als 60 Jahre später vom Gartenamt fortgesetzt wird und Baden-Baden als internationale Rosenstadt weltweit bekannt gemacht hat. Die Rose ‚Konrad Adenauer‘ erinnert übrigens bis heute an den prominenten Schirmherrn der Rosentage 1952.

Aktuell zeigt die Gönneranlage eine Sammlung von Rosen international bedeutender Züchter aus den vergangenen sechs Jahrzehnten von der altbewährten ‚Gloria Dei‘ zur aktuellen ‚Pink Paradise‘. Eine Rose fand erst kürzlich Eingang in die Gönneranlage: die Duftrose ‚Schöne Maid‘, die Baden-Badens Sohn Tony Marshall persönlich im Sommer 2013 unweit des Josefinenbrunnens getauft hat. Es sind eben viele bekannte Namen, die sich mit der Gönneranlage in ihrer mehr als hundertjährigen Geschichte verbinden.

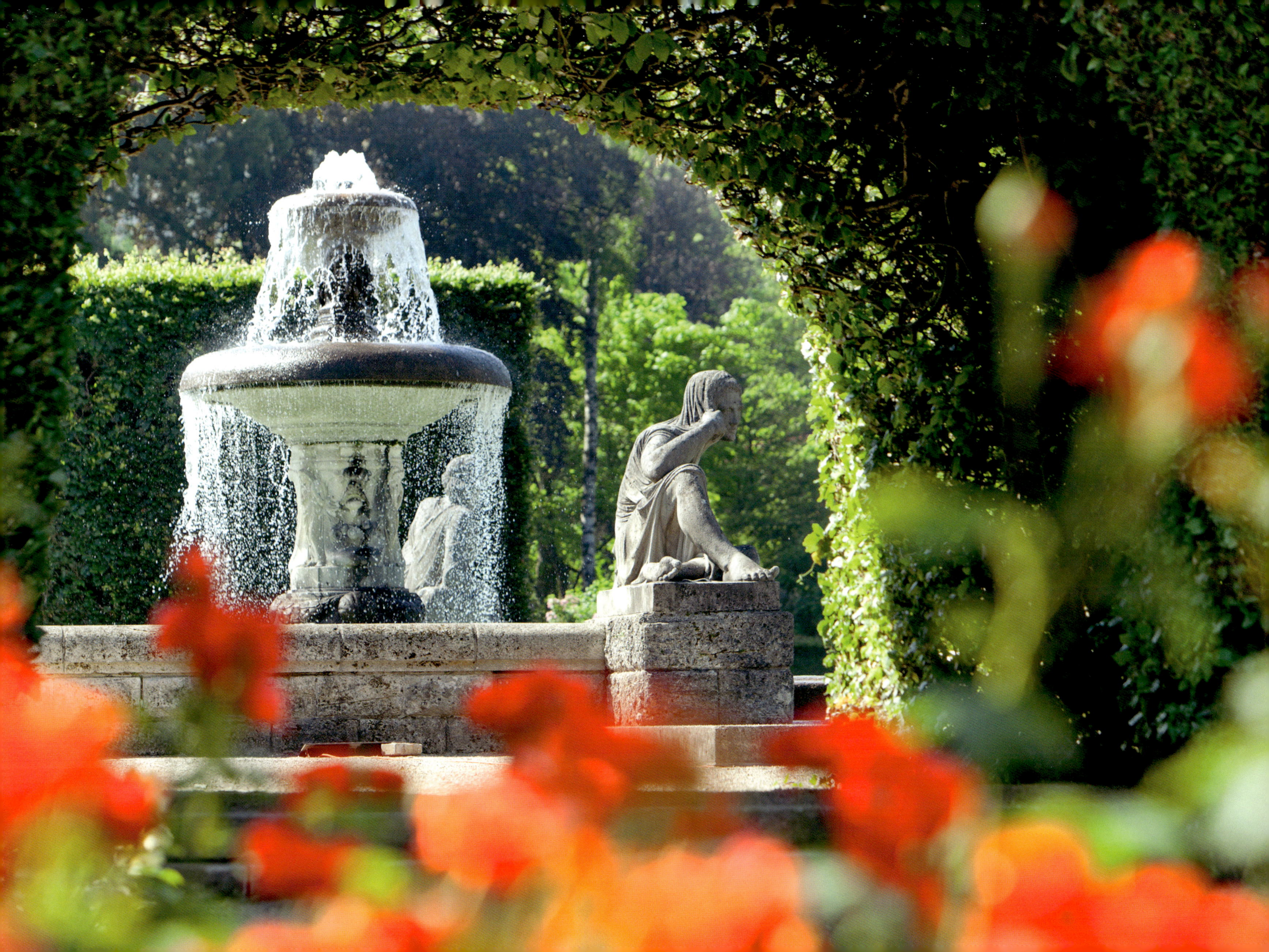

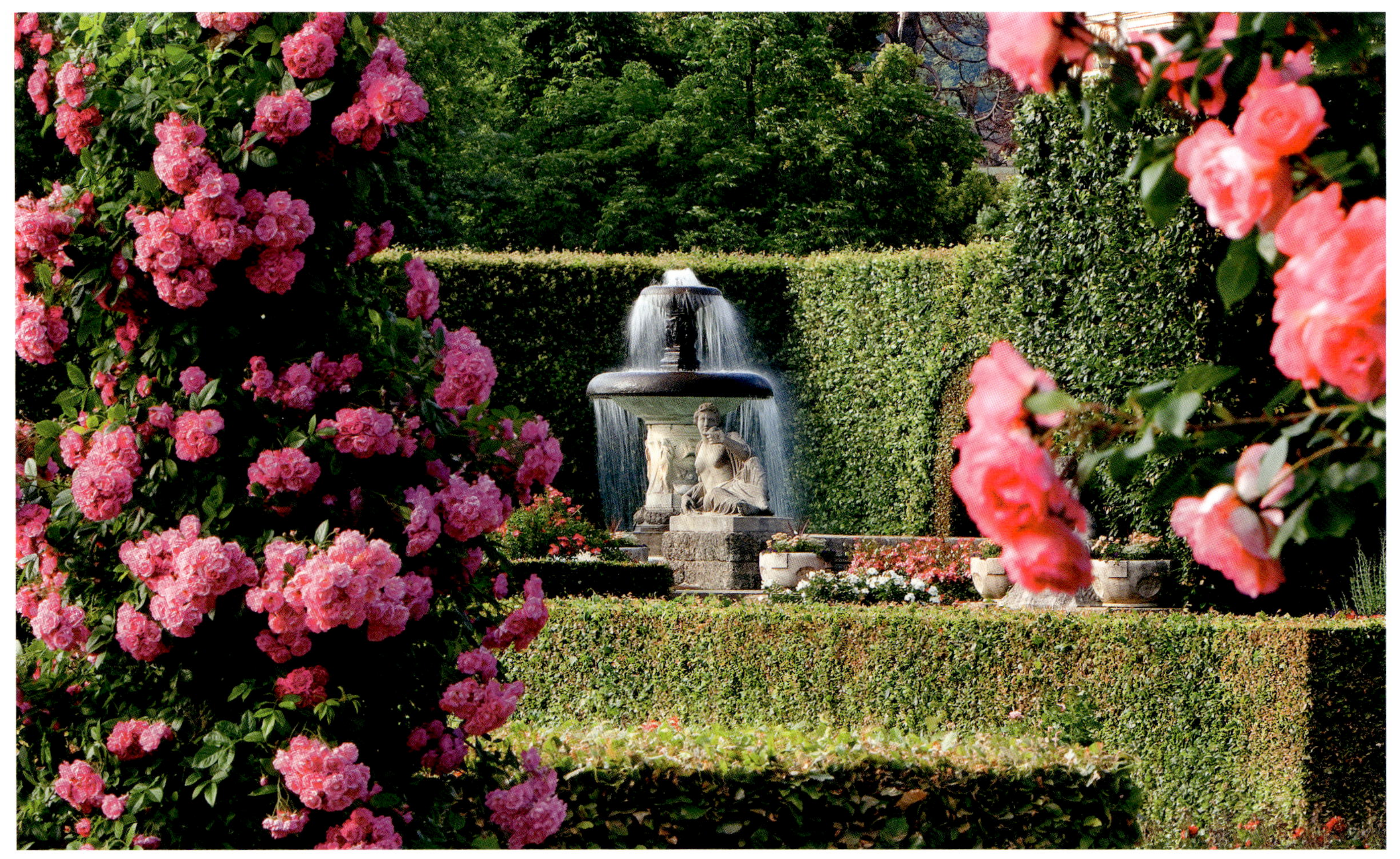

Im Zentrum der Gönneranlage steht der monumentale Josefinenbrunnen. Er wurde 1909 vom Münchner Bildhauer Josef Floßmann geschaffen. Seine eindrucksvollen Wasserschalen und Brunnenbecken werden von den Personifikationen der Trinkkur und der Badekur gerahmt.

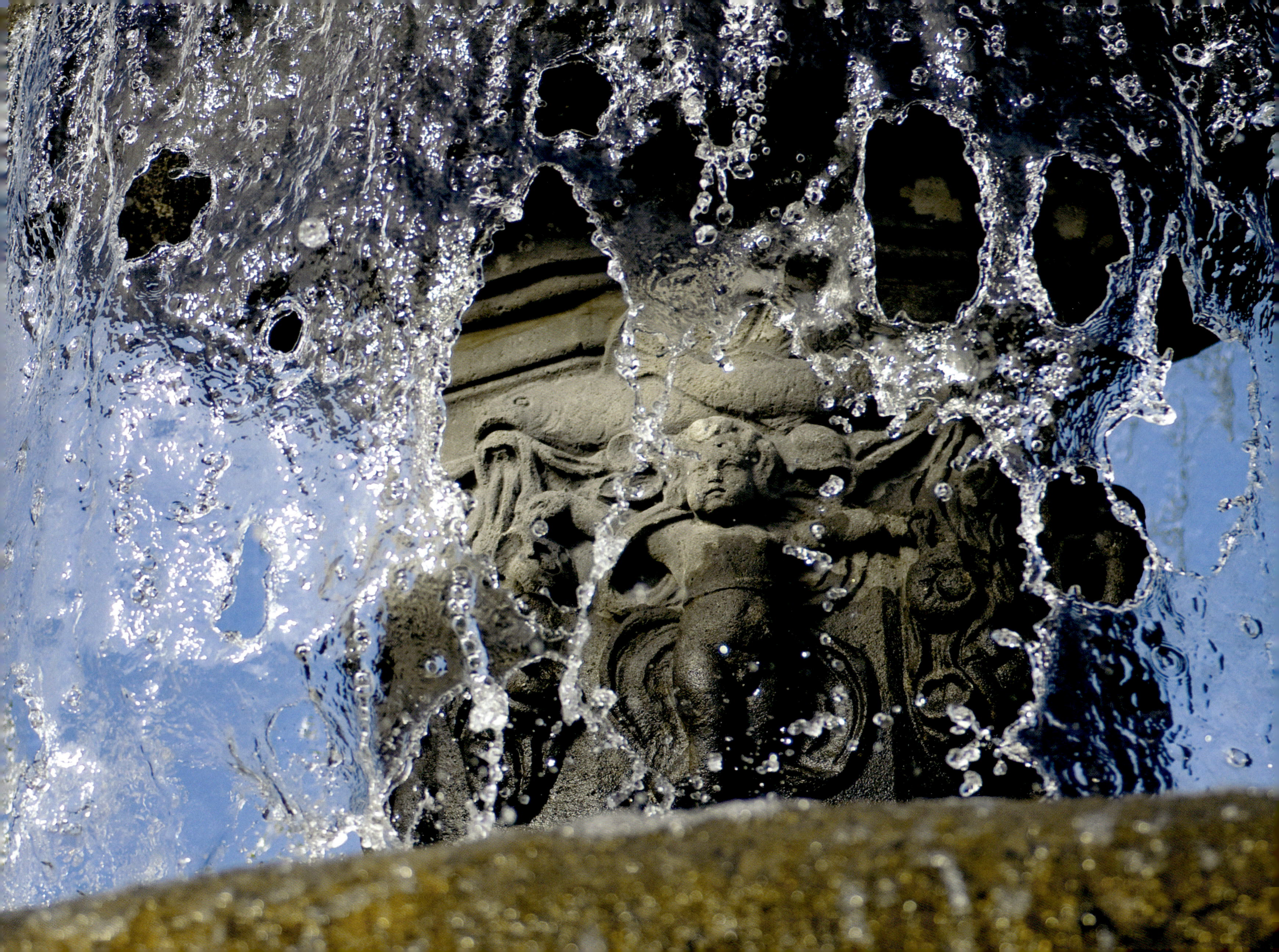

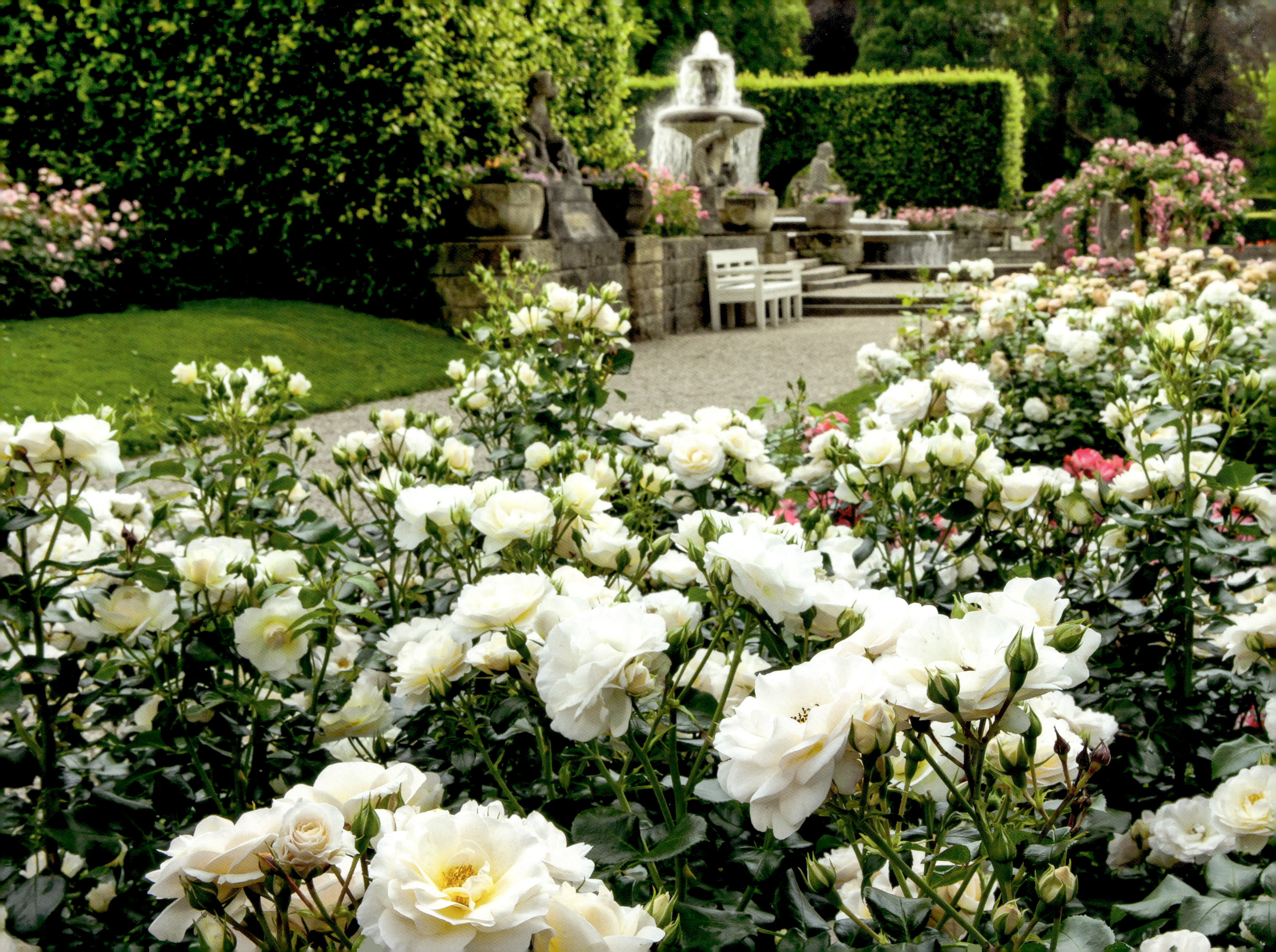

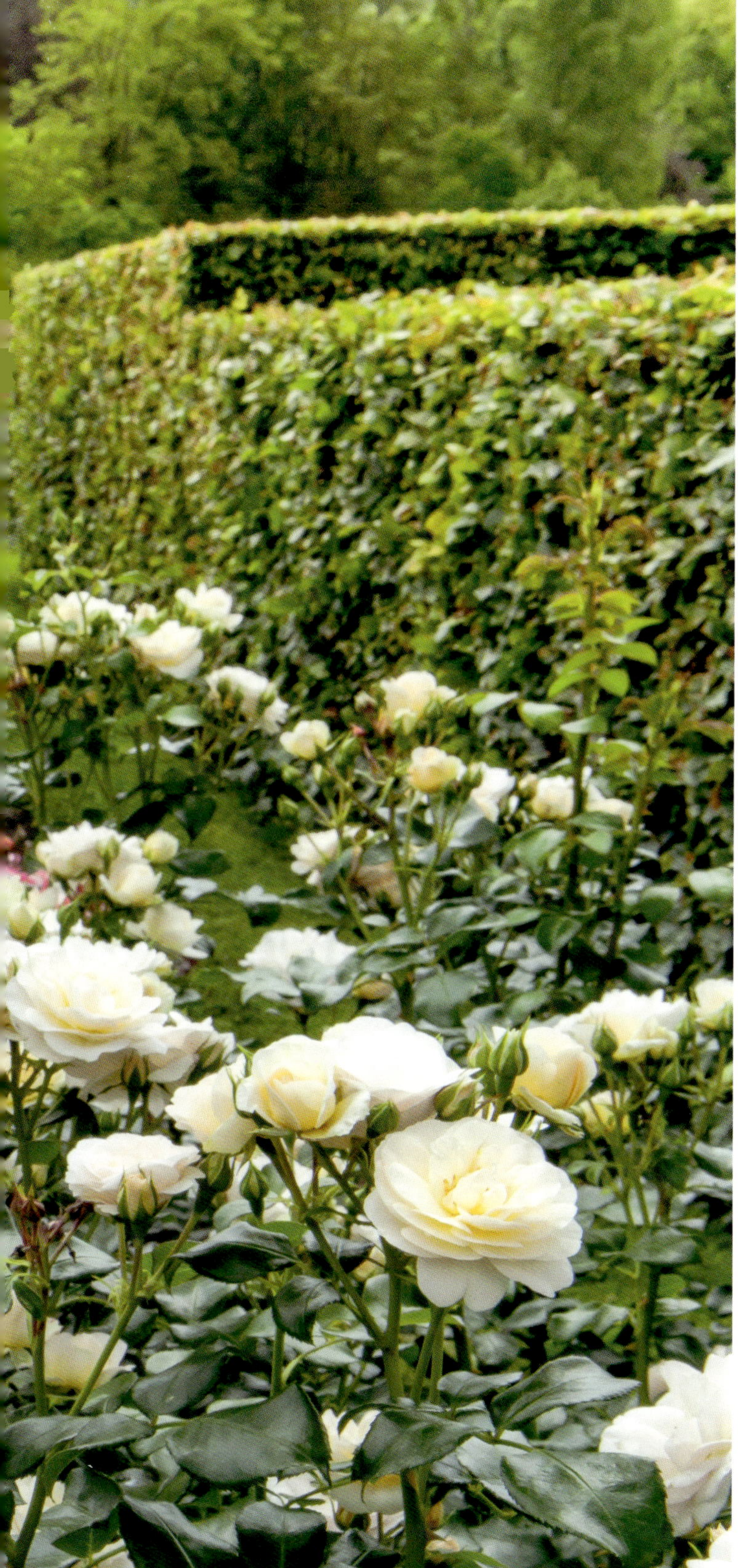

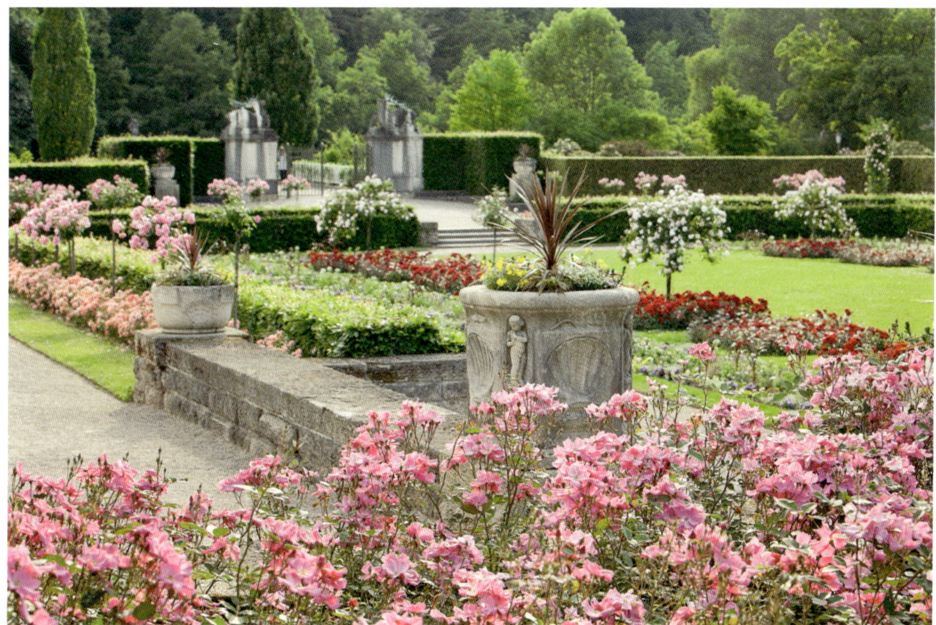

Der Rosengarten Gönneranlage zeigt die ganze Vielfalt der modernen Gartenrosen in großflächigen Beeten. Mehr als 200 verschiedene Sorten von Rosenzüchtern aus aller Welt entfalten von Juni bis Oktober ihre Farbenpracht.

Ein Garten für die Dahlie

Unter den Blumen ist die Dahlie die unbestrittene Königin des Herbstes. Und so räumt auch Baden-Baden ihr im Blütenjahr einen besonderen Platz an der Lichtentaler Allee ein. Mehr als 1500 Dahlien entfalten von August bis zum ersten Frost ihr Farbenfeuerwerk an der Klosterwiese zu einer Zeit, in der andere Pflanzen sich schon auf den nahenden Herbst und Winter vorbereiten und kaum noch blühen. Dann hat die Dahlie den Sommer über genügend Wärme genossen, um aus unscheinbaren Knollen zu stattlichen Pflanzen aufzuwachsen und ihre spätsommerliche Blütenfülle und Formenvielfalt zu zeigen. Balldahlien und Seerosendahlien, Kaktusdahlien und Halskrausendahlien lohnen einen genauen Blick.

Die Dahlie ist ein Kind der Sonne, die ursprünglich aus Mexiko stammt und erst 1790 nach Europa eingeführt wurde. Im Jahr 1967 hielt sie Einzug in die Lichtentaler Allee, als der damalige Gartendirektor Walter Rieger einen Dahliengarten auf einer offenen, sonnigen Alleewiese anlegte. Seitdem wurde die Anordnung der Beete im Dahliengarten mehrfach neu gestaltet, zuletzt im Jahr 2005 mit 64 Beeten in der Form zweier großer Dahlienblüten. Ergänzt wird der Garten durch einen Pavillon aus dem ehemaligen Privatanwesen des Spielbankpächters Edouard Bénazet und durch Denkmäler bedeutender Musiker: Clara Schumann, Johannes Brahms und Robert Stolz blicken von ihren Podesten auf die Blütenpracht und erinnern an ihre langen Aufenthalte in Baden-Baden und Lichtental.

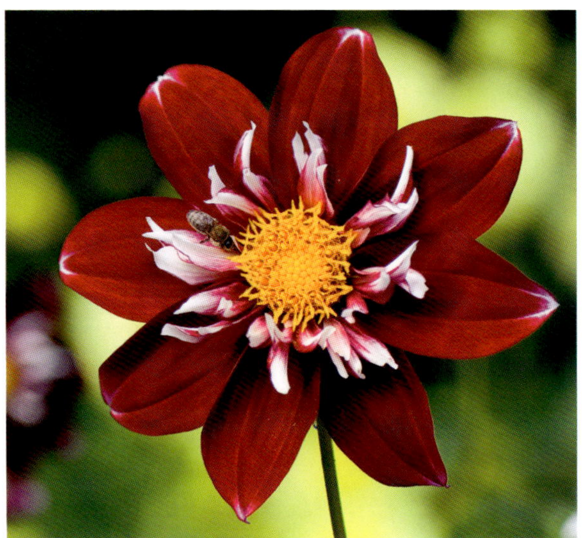

Heute verdankt der Dahliengarten seine Schönheit und Fülle vor allem dem rührigen Verein der Freunde des Dahliengartens sowie der Hilfe vieler Spender und ehrenamtlicher Arbeit. Mit dem Dahliengartenfest wird immer im September der Höhepunkt der Baden-Badener Dahliensaison begangen und die schönste Dahlie des Jahres gekürt – dann hat sie ihren großen Auftritt, die Königin des Herbstes.

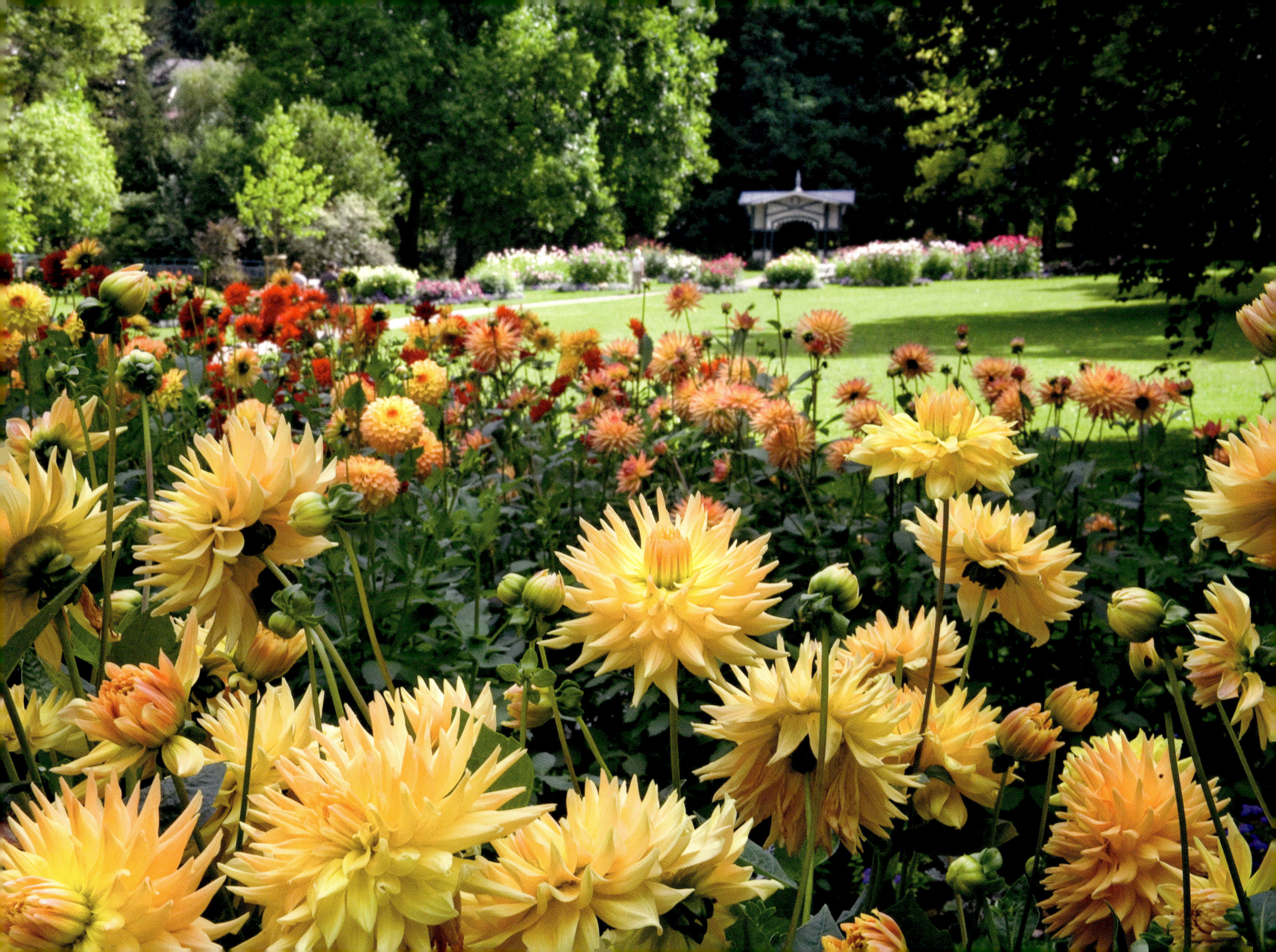

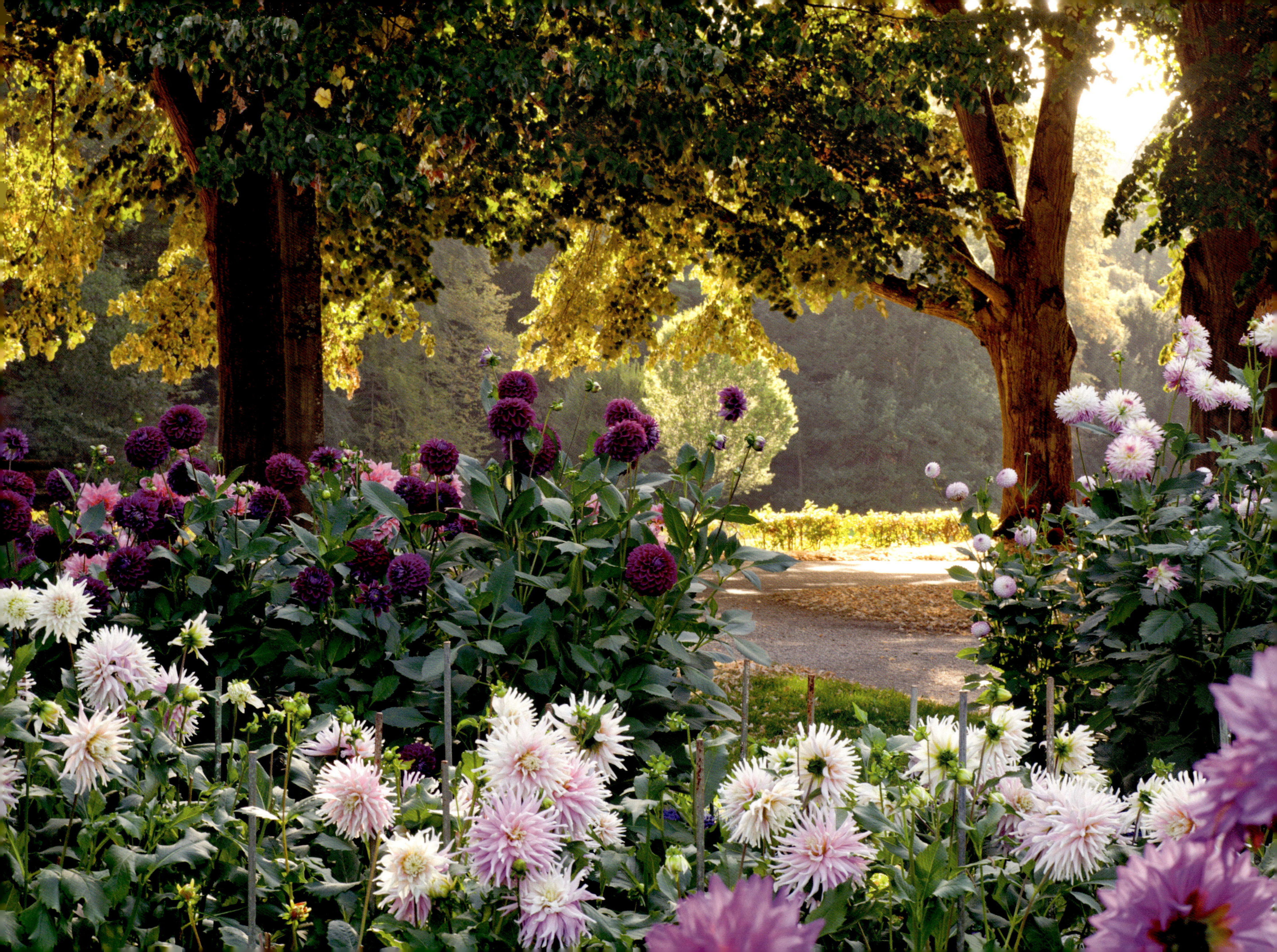

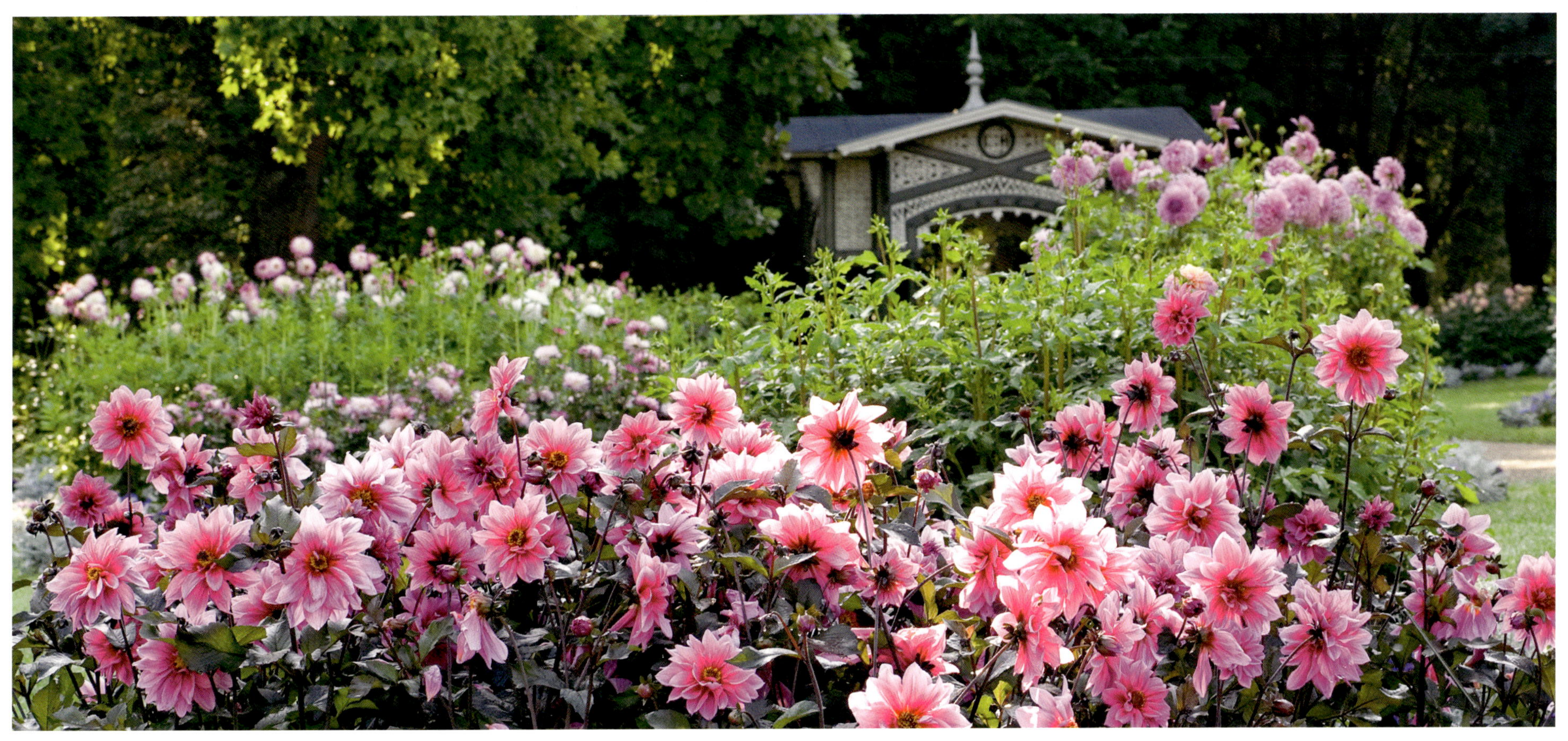

Einen nahezu idealen Rahmen bietet die Lichtentaler Allee im Bereich der Klosterwiese für den Dahliengarten. Jedes Jahr im Herbst präsentiert der Verein der Freunde des Dahliengartens zusammen mit dem Gartenamt 64 verschiedene Dahliensorten. Und jedes Jahr ergänzen neue Dahlienzüchtungen das Sortiment.

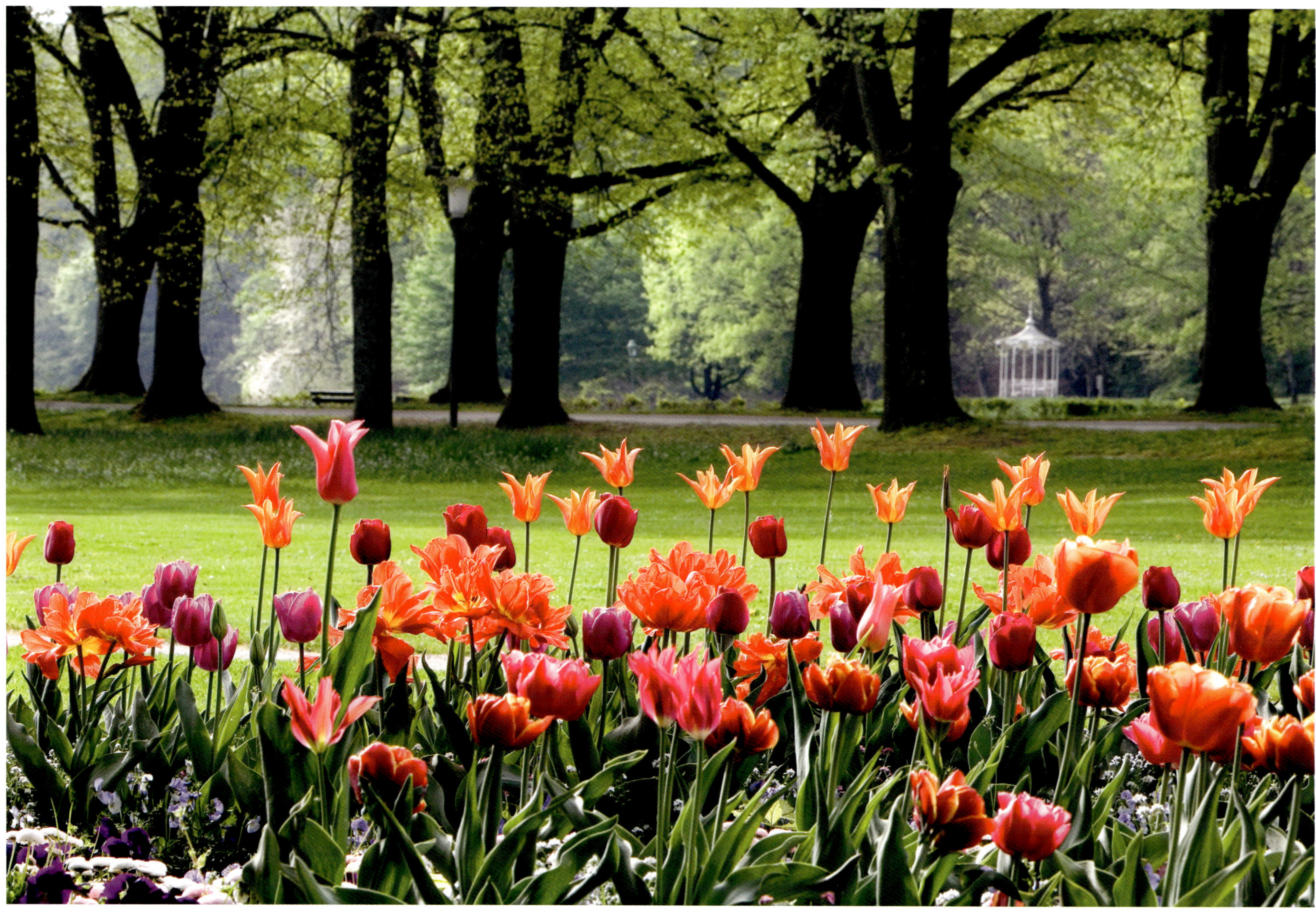

Im späten Frühjahr wandelt sich der Dahliengarten in einen Tulpengarten mit mehr als 7000 Tulpen, deren Blüten sich aus einem farbigen Teppich aus Vergissmeinnicht, Hornveilchen, Stiefmütterchen und Bellis stolz emporstrecken.

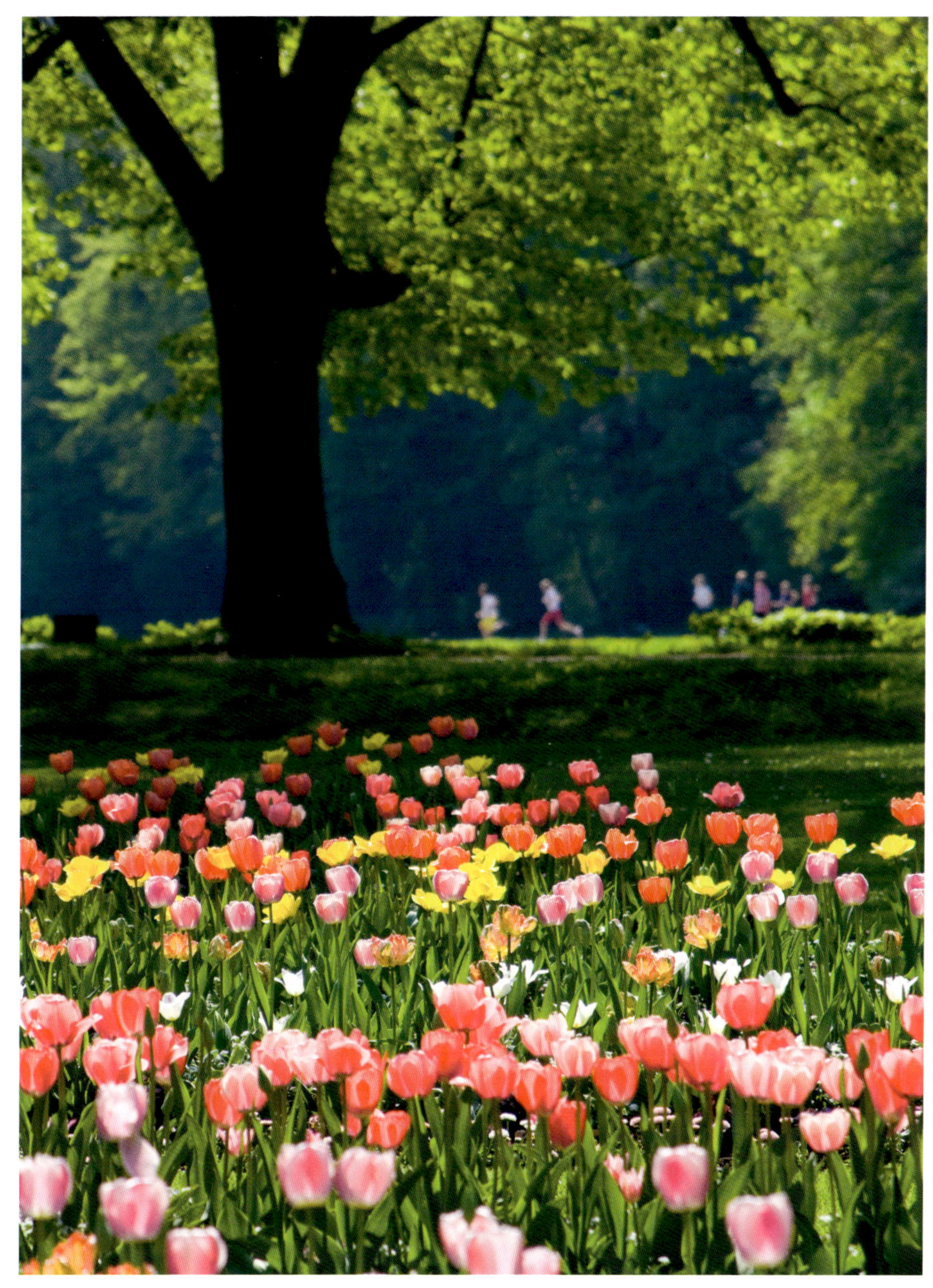

Der Kurgarten am Kurhaus

Zweifelsohne ist das Kurhaus eines der berühmtesten Bauwerke Baden-Badens und ein Wahrzeichen der Bäderstadt. Wie kaum ein anderes Motiv prägt es zusammen mit dem vorgelagerten Kurgarten das Bild der internationalen Bäder- und Kulturstadt im In- und Ausland. Als vor mehr als zwei Jahrhunderten außerhalb des Bäderbezirks und vor den Toren der Altstadt ein ganz neues Zentrum des Kurlebens auf der linken Oosseite entstand, war dies ein zukunftsweisender Schritt von großer Weitsicht. Damals wurde ein kleines Gesellschaftshaus, ein Vorläufer des heutigen Kurhauses, zur Unterhaltung der Gäste errichtet, auf das eine vierreihige, von Verkaufsbuden gesäumte Kastanienallee hinführte. Noch heute ist diese vierreihige Baumallee der Rosskastanien mit dem schattigen Laubdach zwischen Fieserbrücke und Kurhaus eine der beliebtesten Flaniermeilen der Kurgäste. Sie wird allerdings nicht mehr von einfachen Holzbuden, sondern von Karl Dernfelds eleganten Kolonnadenbauten mit noch eleganteren Geschäften gerahmt.

Auch das Kurhaus erfuhr mehrfache Ergänzungen und Umbauten. Prägend ist vor allem der klassizistische Neubau durch den badischen Baudirektor Friedrich Weinbrenner aus dem Jahr 1824, dessen Entwurf einer mächtigen und feierlichen Säulenfront bis heute das Erscheinungsbild des Bauwerks prägt. Die formale Gestaltung des Kurgartens, der unter der Beteiligung von Gartendirektor Johann Michael Zeyher entstand, greift die klassizistische Strenge des Kurhauses mit einer ebenbürtigen Klarheit der Grundform auf. Eine zentrale Rasenfläche breitet einen gepflegten und großzügigen grünen Teppich vor der Kurhausfront aus und wird von Kastanienreihen gerahmt. Dieser Baumrahmen in Verbindung mit der leicht ansteigenden Rasenfläche inszeniert die schlichte und zugleich erhabene Wirkung des früheren „Conversationshauses". Nicht ohne Grund ist der Kurgarten ein vielgenutzter Festrahmen für Sommernächte, Oldtimer- und Kurpark-Meeting oder den Christkindelsmarkt. Im Jahr 2009 stand er beim Nato-Gipfel als prächtige Kulisse für die Vorfahrt der Staatsgäste im Blickfeld der Weltöffentlichkeit.

Doch ein Element passt sich nicht einfach in die klassizistische Strenge ein und setzt stattdessen seit vielen Jahrzehnten mit Farben und Formen einen Kontrapunkt zur schlichten Größe der Gestaltung. Es ist das große Blumenbeet, das zu den blühenden Höhepunkten der Baden-Badener Kuranlagen zählt und mit mehr als 6000 Pflanzen das größte der Baden-Badener Beete bildet. Jedes Jahr bepflanzen die Gärtnerinnen und Gärtner des Gartenamts die eindrucksvolle Beetfläche im Frühjahr und im Sommer neu und zeigen damit, wo das grüne Herz der blühenden Kurstadt schlägt.

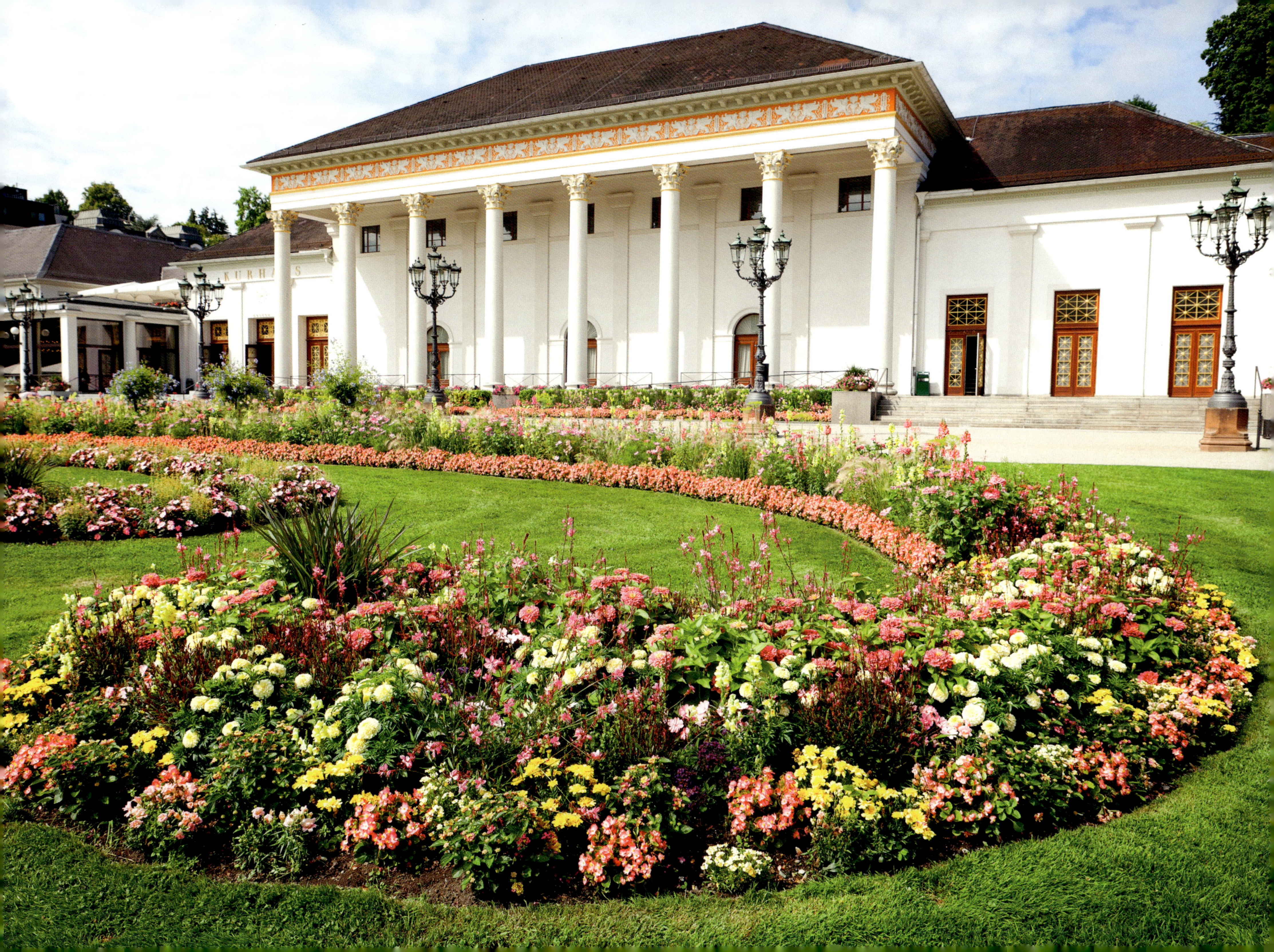
KURH S

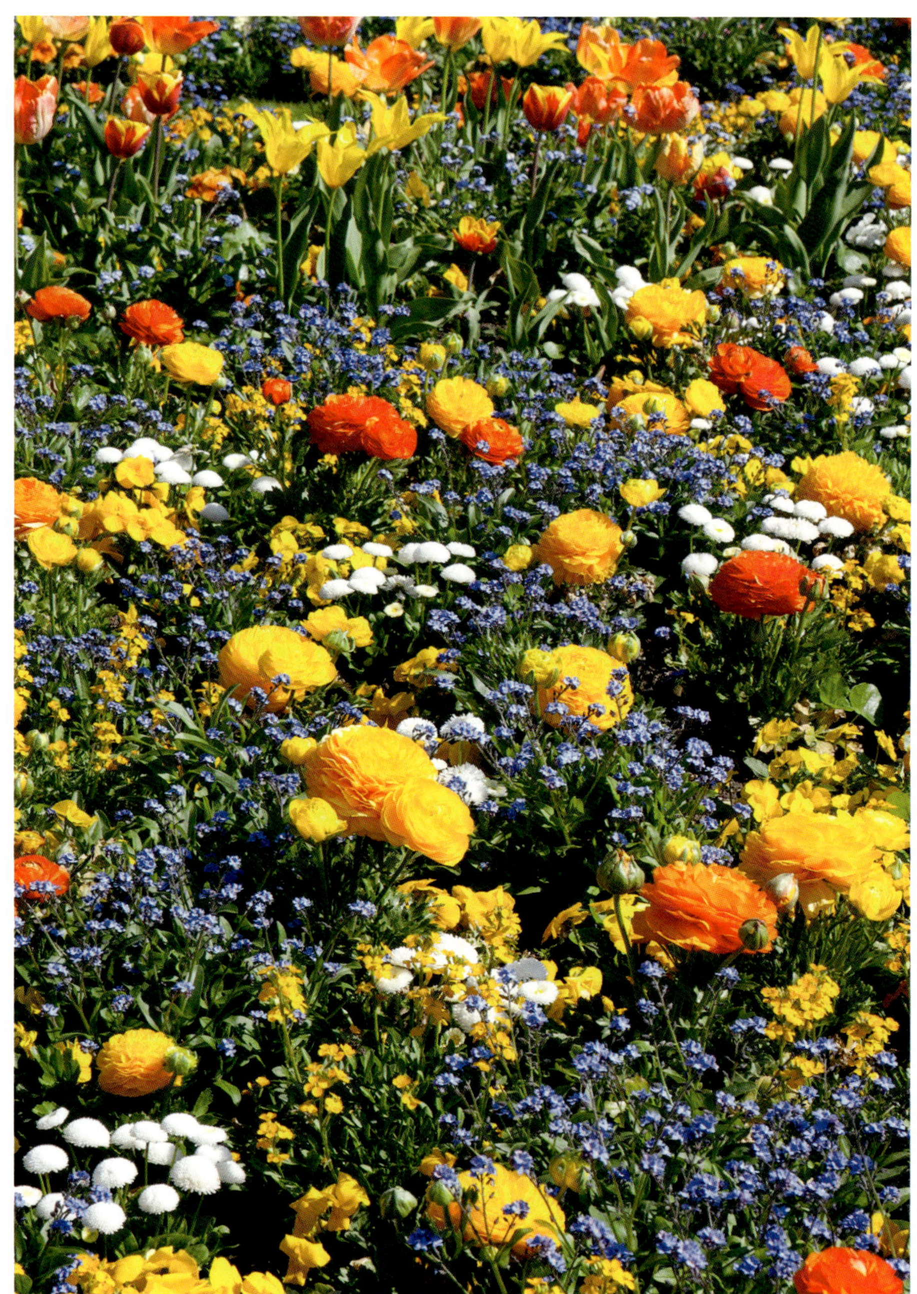

In immer wieder wechselnden Pflanzenkombinationen und Farbkreationen legt das Gartenamt Jahr für Jahr die Bepflanzung des großen Blumenbeets an. Da sind zuerst die Tulpenbeete, die im Licht des Frühjahrs leuchten und den Kurgarten, flankiert von einem Hofstaat aus unzähligen Frühjahrsblühern, schmücken. Ob als trendige Modefarben-Kombination oder als Begleitung der Osterfestspiele – jedes Jahr gestaltet das Gartenamt ein neues Farbthema. Nicht anders im Sommer: Alljährlich hüllen die Stadtgärtner die Parkanlagen in ein neues Blütenkleid. Die Besucher wissen dies zu schätzen und genießen die farbigen Beete Baden-Badens.

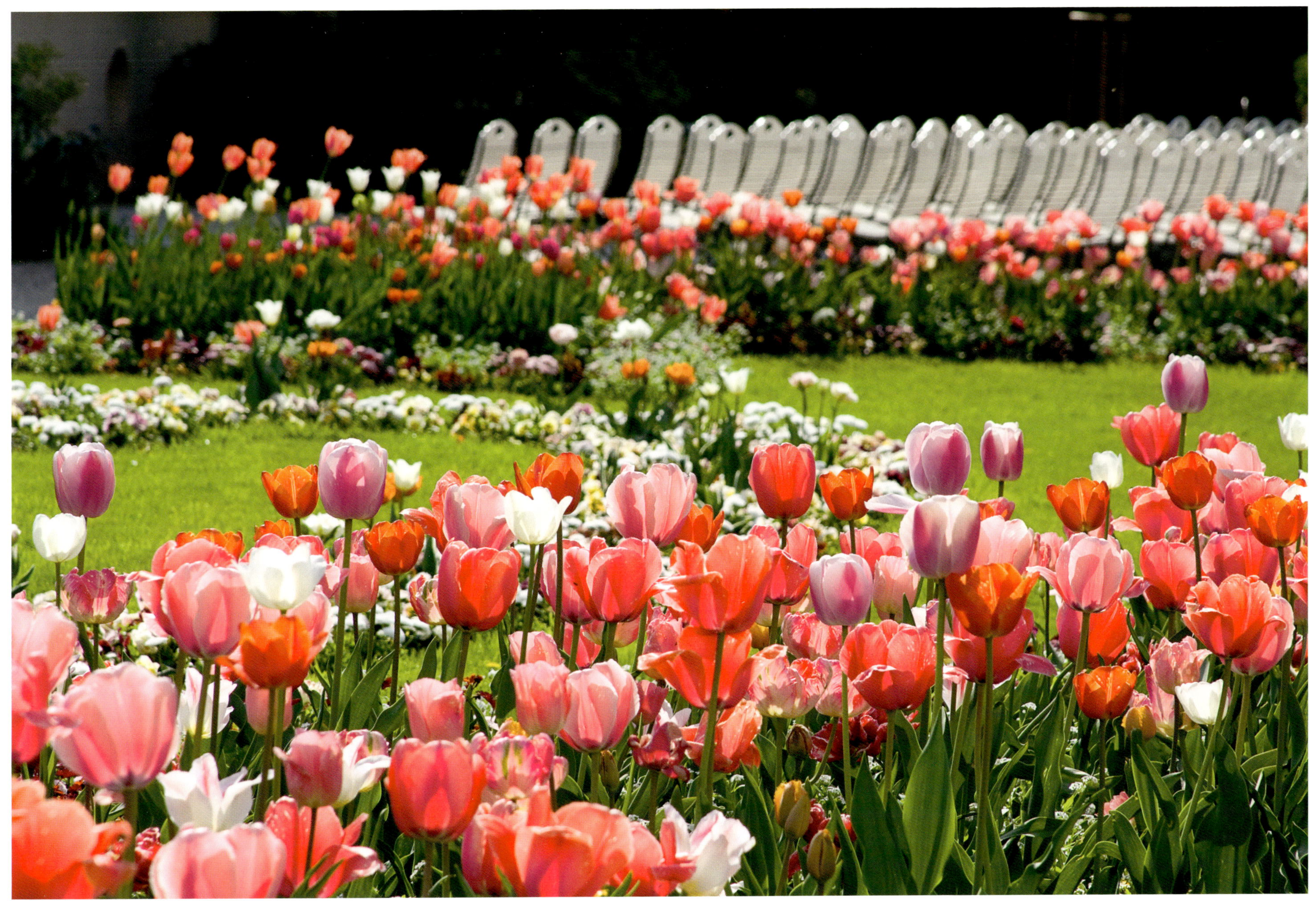

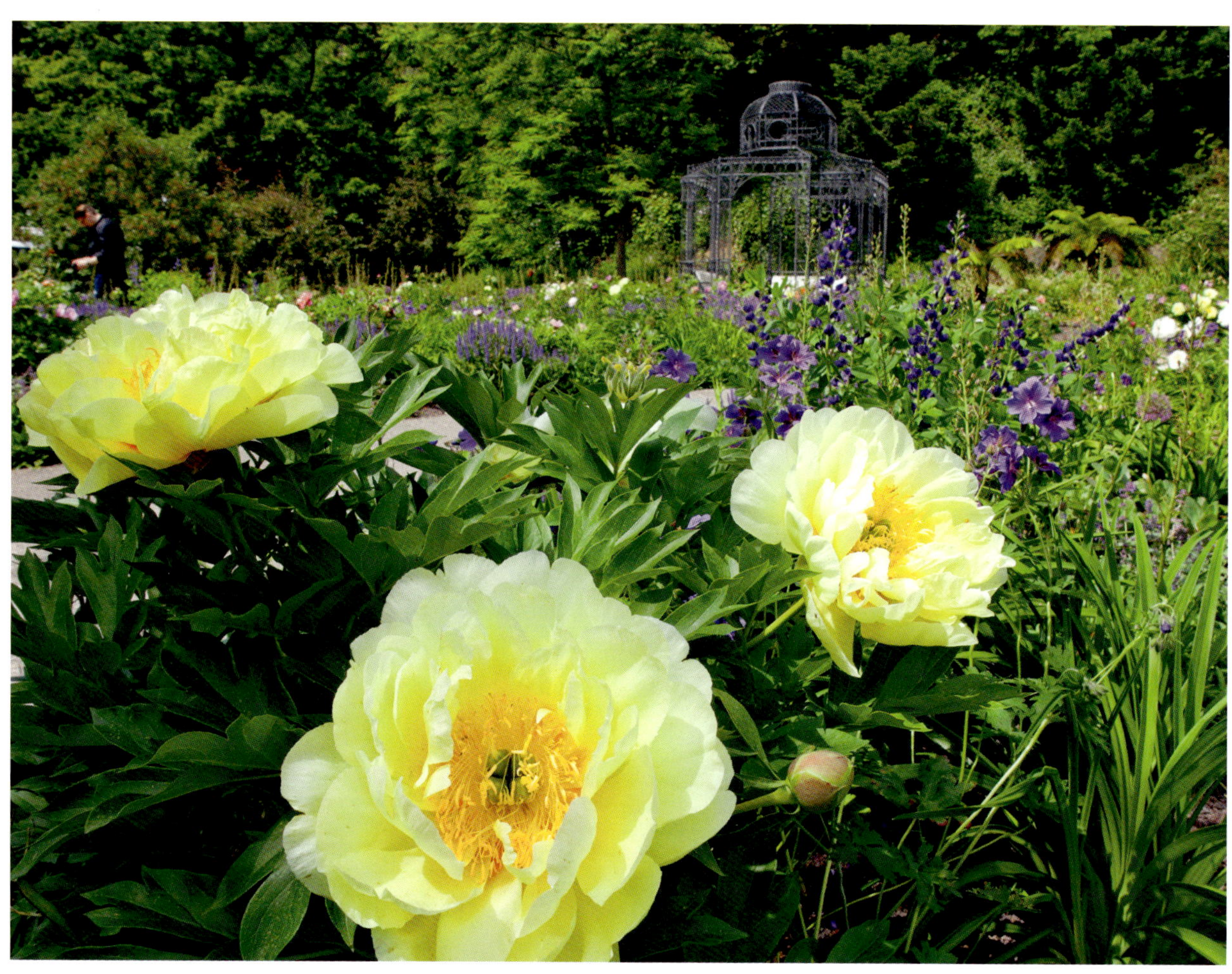

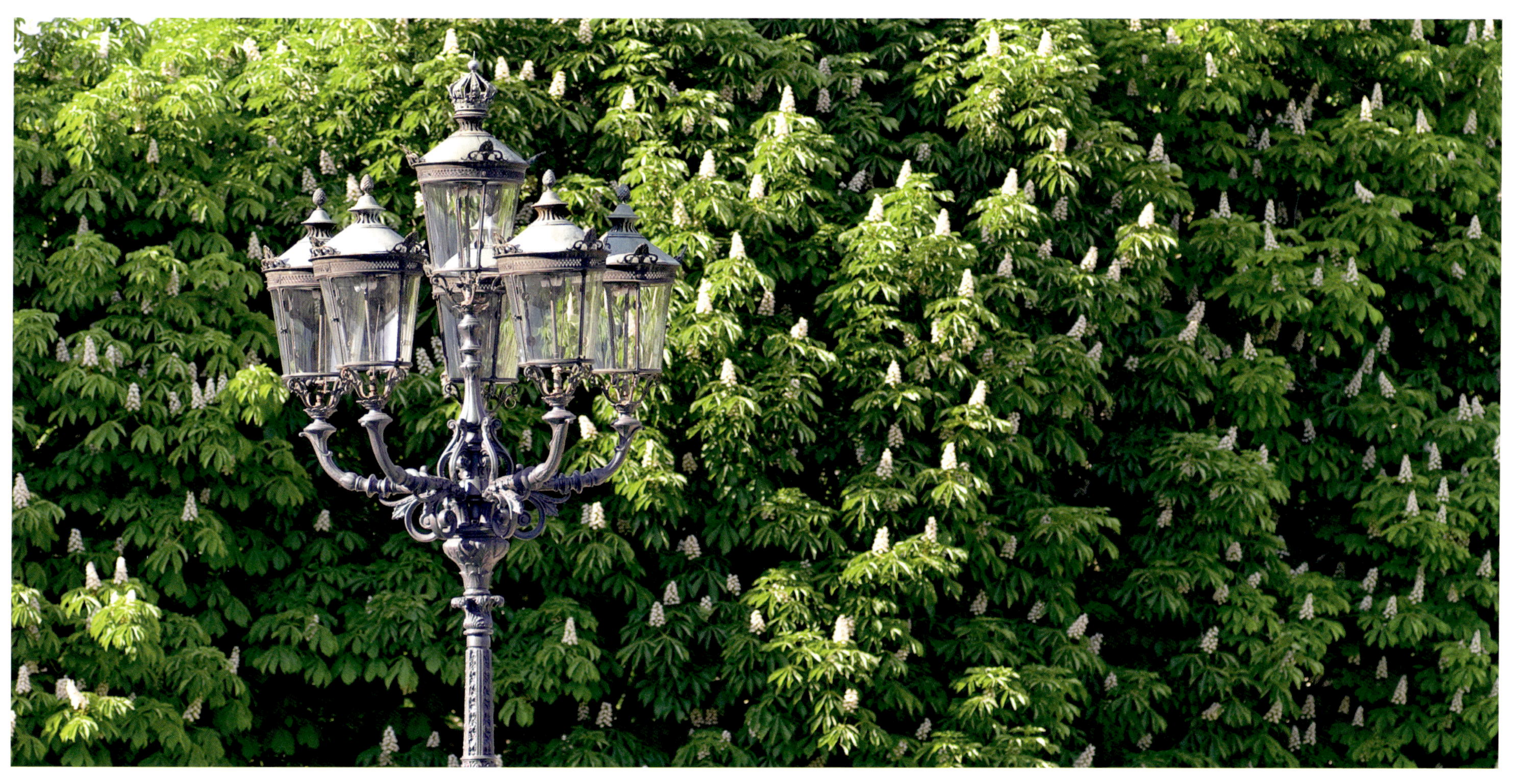

Geradezu ein Wahrzeichen Baden-Badens sind die mehrarmigen Gusskandelaber vor dem Kurhaus. Die eindrucksvollen Gaslaternen stammen aus der Mitte des 19. Jahrhunderts und werden noch heute Abend für Abend von einem Kurhausmitarbeiter mit einem langen Stab entzündet.

Von der Kaiserallee auf den Michaelsberg

Vor der Trinkhalle ist es unübersehbar platziert: das Denkmal für Kaiser Wilhelm I. Über mehrere Jahrzehnte kam der preußische Monarch Jahr für Jahr zu Kuraufenthalten mit seiner Gattin Augusta nach Baden-Baden. Und so trägt die alte, viel begangene und befahrene Baumallee zwischen Hotel Badischer Hof und Trinkhalle ihm zu Ehren den Namen „Kaiserallee". Zu Beginn des 19. Jahrhunderts galt dieser baumbestandene Weg entlang der Oos als die beliebteste Promenade der vornehmen Kurgesellschaft. Heute beeindrucken vor allem die zahlreichen Rhododendren und Azaleen entlang der Kaiserallee am Fuß des Michaelsbergs mit ihrem Farbenspiel zur Blütezeit im Mai. Offenbar fühlen sie sich wohl an den feuchten, nordexponierten Hängen des Oostals. Steigt man seitlich an der Trinkhalle weiter bergan, öffnet sich ein Bachtal mit Wasserfall, das erstmals den Blick freigibt auf die Wiesenhänge des Michaelsbergs. Oberhalb lädt der Entensee zu einer kleinen Pause ein. Gartendirektor Rieger gestaltete die Partie in den 50er-Jahren des 20. Jahrhunderts im Stil seiner Zeit mit Kaskaden und Bächen, Treppen, Mauern und einem See, der an die Form eines Nierentisches erinnert. Schon von hier bietet sich ein überraschend eindrucksvoller Blick auf die Baden-Badener Altstadt.

Doch weiter führt der Weg aufwärts zur Anhöhe des Michaelsbergs durch einige der schönsten und artenreichsten Wiesen der Baden-Badener Parkanlagen und wird dabei von einer imposanten Reihe aus Tulpenbäumen begleitet. Die Kuppe des Michaelsbergs wird von der klassizistischen Stourdzakapelle dominiert. Sie wurde nach dem Tod des jung verstorbenen Prinzen Michael Stourdza 1864 als rumänisch-orthodoxe Familiengrablege der Fürsten von Stourdza errichtet. Kein geringerer als der berühmte Münchner Baumeister Leo von Klenze entwarf den Kirchenbau und krönte damit architektonisch den höchsten Punkt der Baden-Badener Kurparkanlagen.

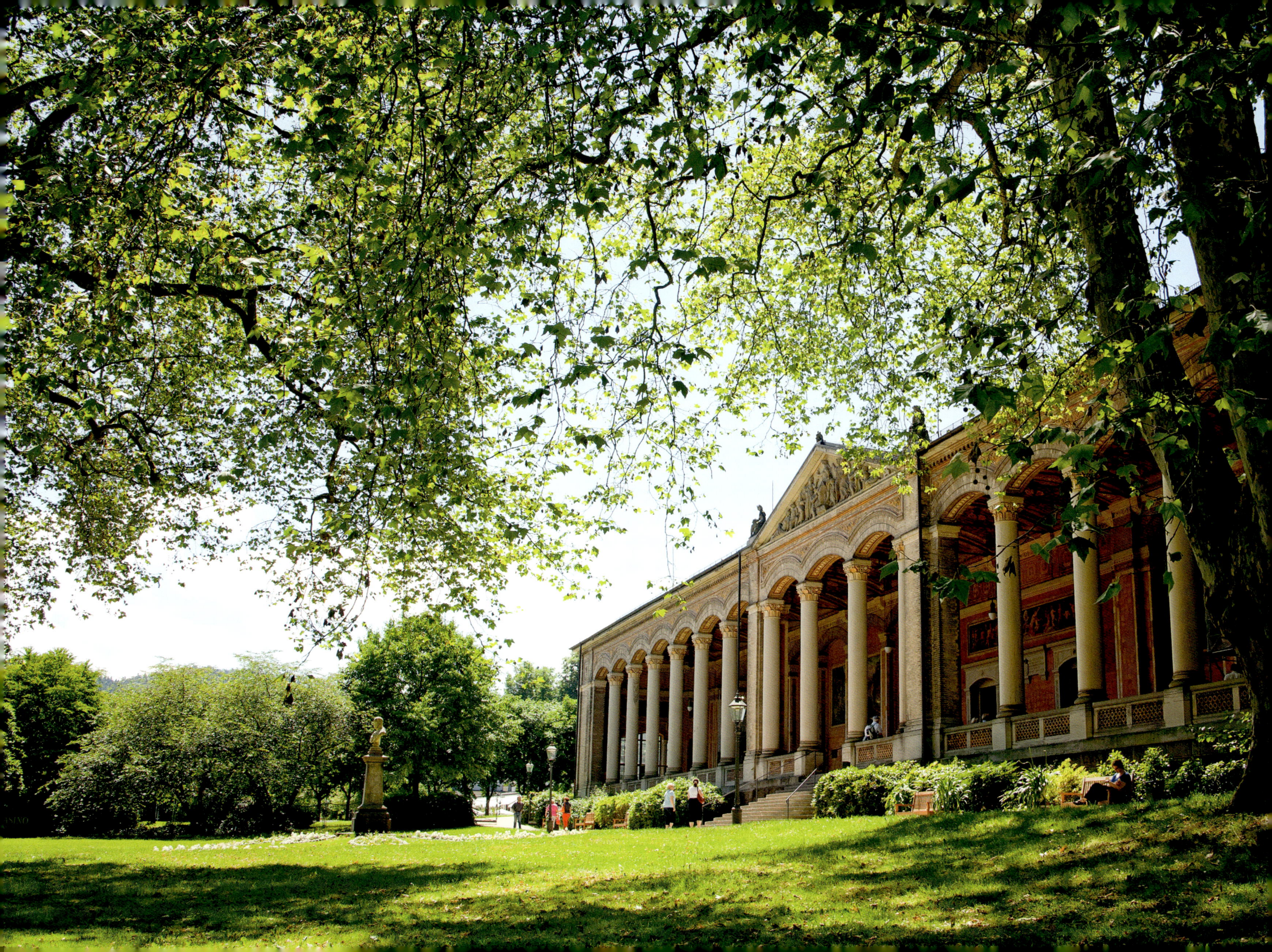

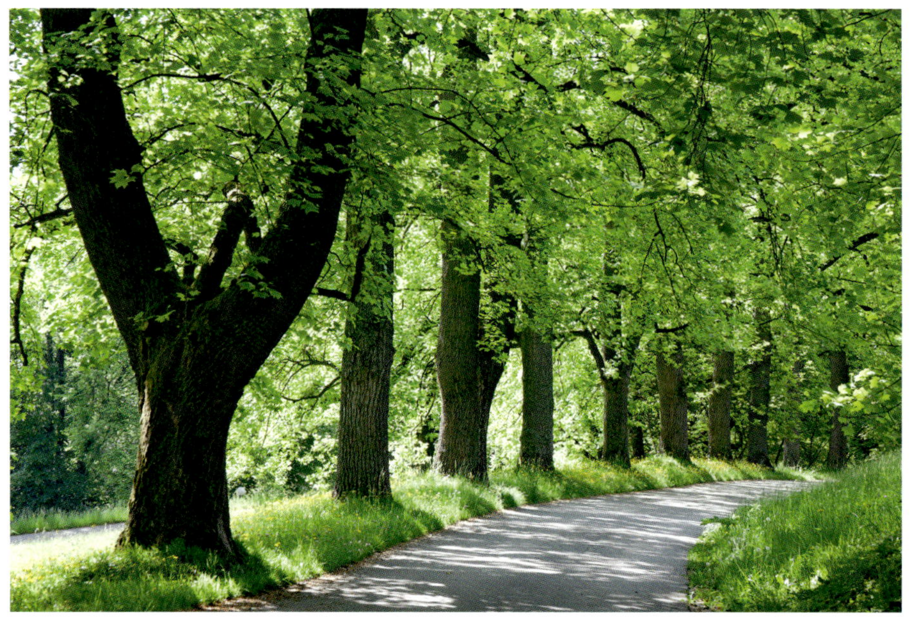

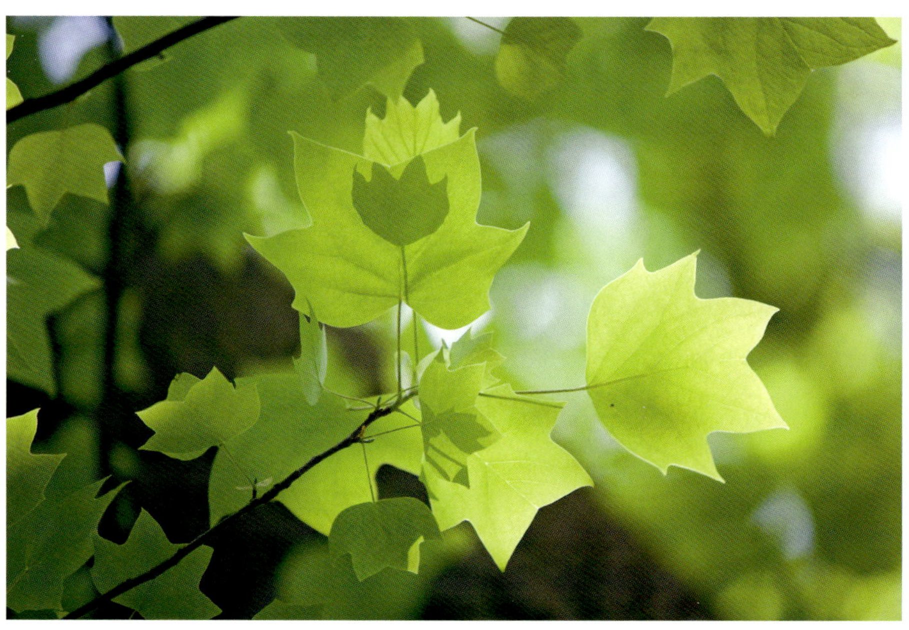

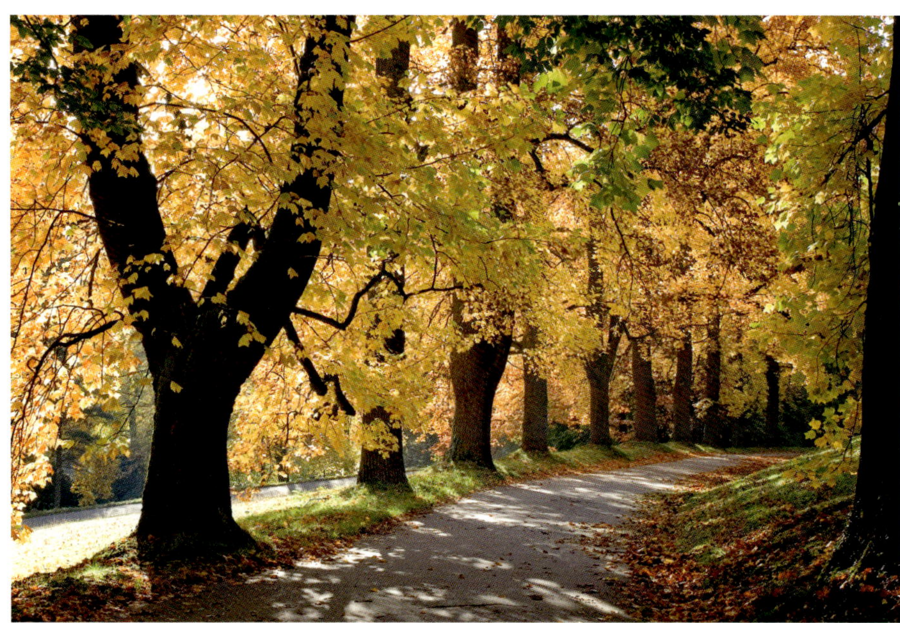

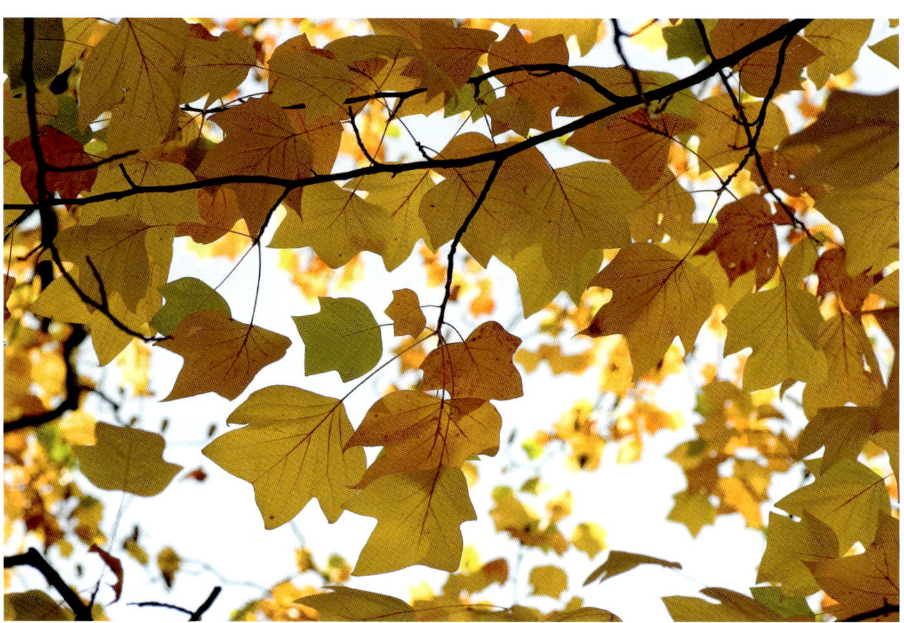

An den Hängen zwischen Trinkhalle und Stourdzakapelle breiten sich weitläufige Parkanlagen aus. Dort am Michaelsberg wachsen neben unzähligen Rhododendren stattliche Tulpenbäume, Scheinzypressen und Mammutbäume und damit einige der mächtigsten Baumgiganten der Baden-Badener Kuranlagen.

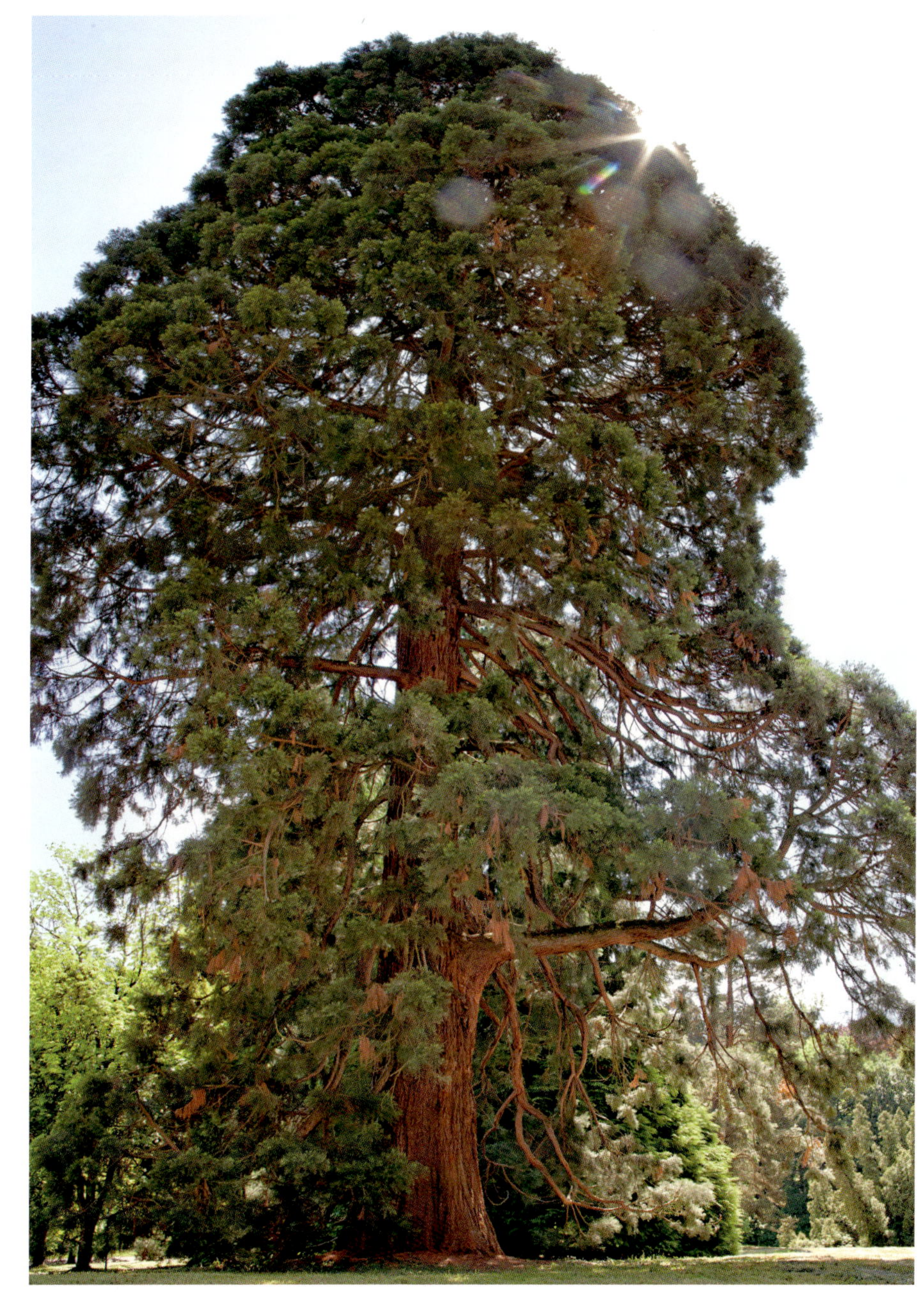

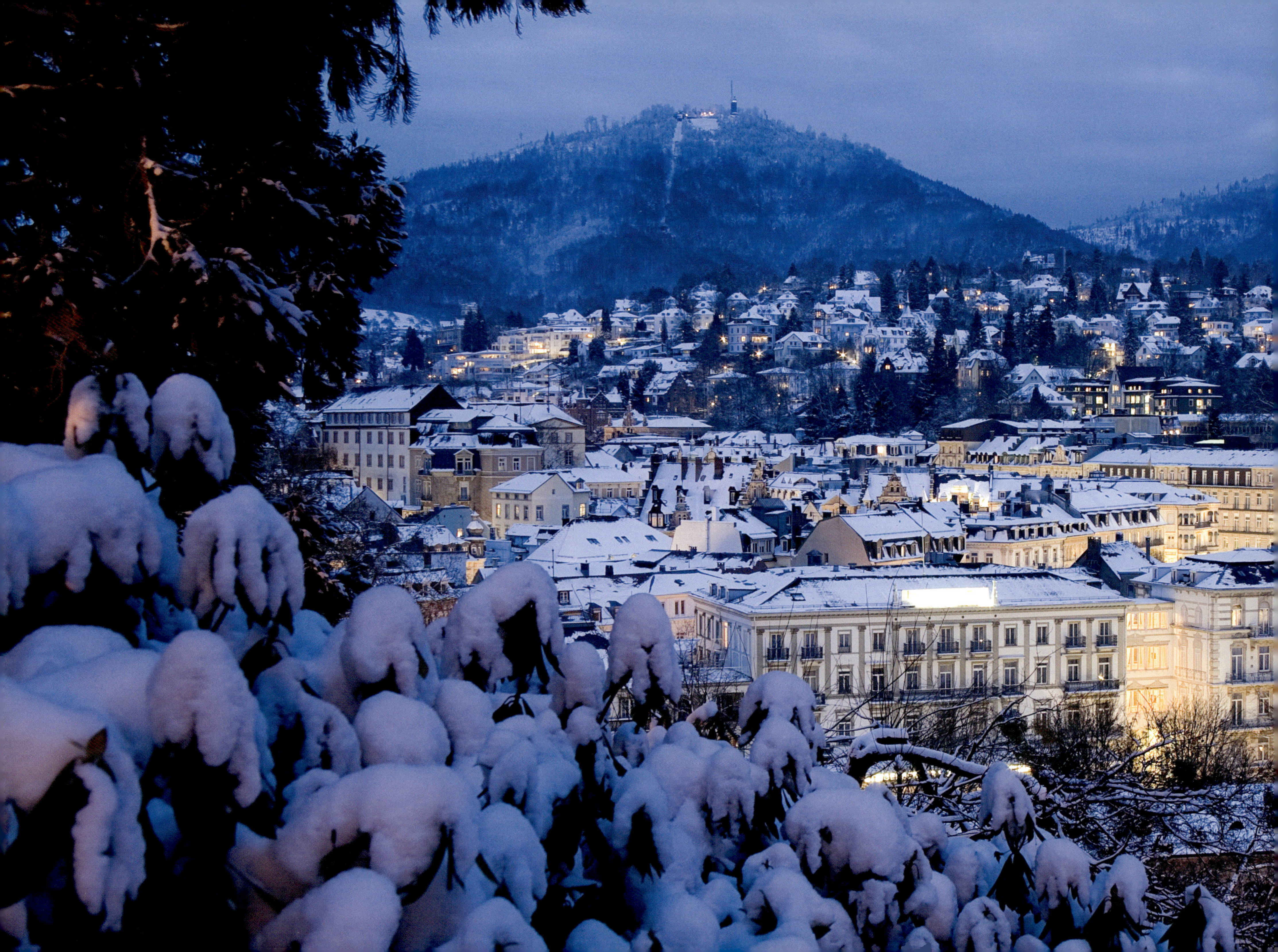

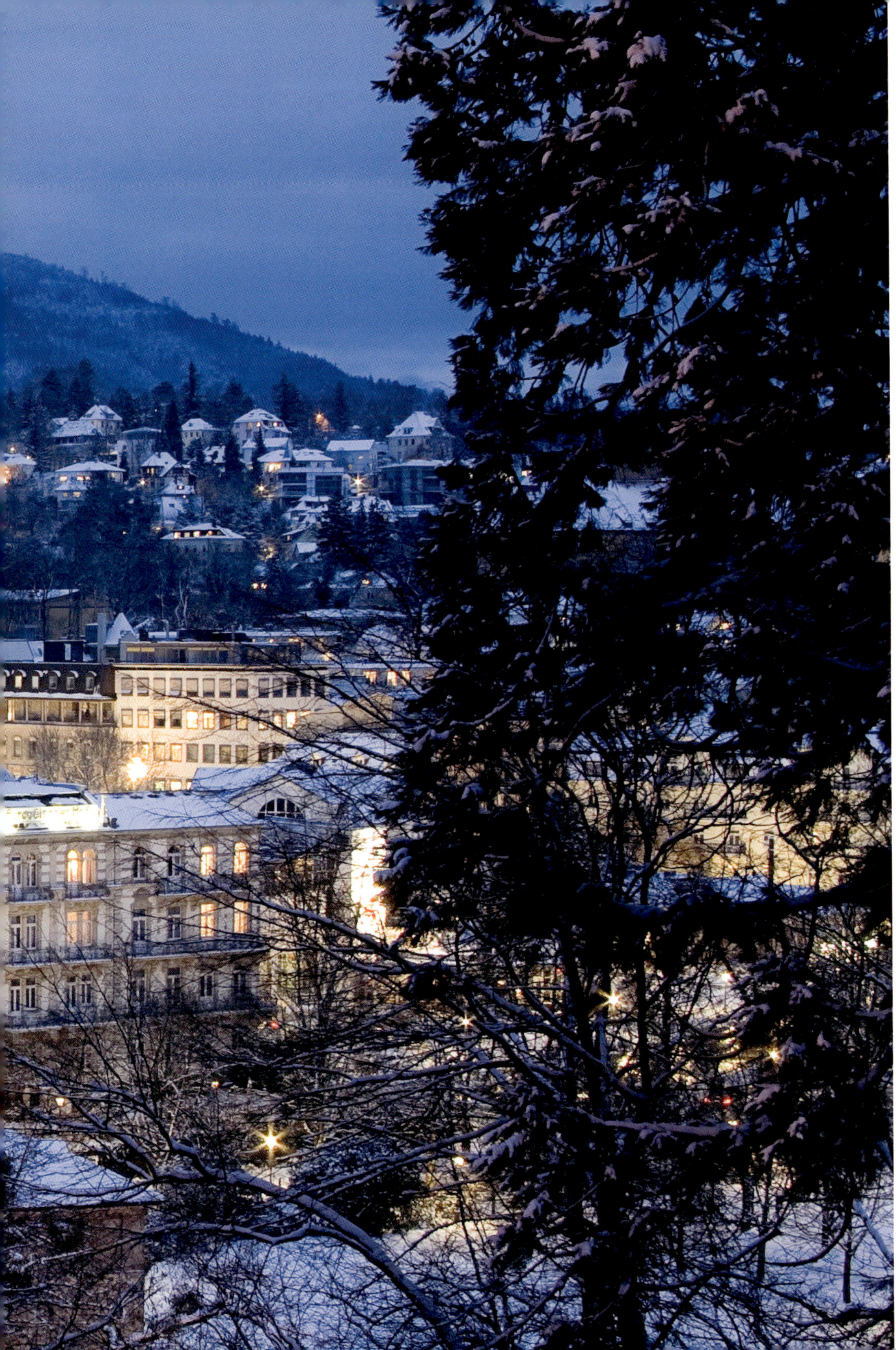

Zu jeder Jahreszeit beeindrucken die Blicke vom Michaelsberg hinunter auf die Innenstadt und hinüber zum Merkurgipfel, dem Baden-Badener Hausberg.

Rosenträume am Beutig

Oberhalb der Stadt und des Villengebiets am Beutig mit traumhaftem Schwarzwaldpanorama findet sich ein Garten, in dem Rosenträume wahr werden: der Rosenneuheitengarten auf dem Beutig. Er ist einer der jüngsten Gärten Baden-Badens und zugleich doch schon einer der berühmtesten. Denn jedes Jahr zur Zeit der Rosenblüte pilgern unzählige Rosenliebhaber nach Baden-Baden, um sich von der Schönheit der Königin der Blumen in ihrem Gartenreich verzaubern zu lassen. Dabei geht es im Rosenneuheitengarten nicht allein um die Begeisterung für die Schönheit und den Duft der Rosen, sondern auch um eine der wichtigsten Rosenprüfungen, zu der jedes Jahr Rosenzüchter aus aller Welt ihre neuesten Rosenzüchtungen senden, um sie erstmals öffentlich beim internationalen Rosenneuheitenwettbewerb der Stadt Baden-Baden zu präsentieren und sie hier durch eine strenge Expertenjury bewerten zu lassen.

Ihre Premiere hatte die Baden-Badener Rosenprüfung bereits im Jahr 1952, als erstmals in der Gönneranlage eine international besetzte Fachjury die besten neuen Rosensorten für den Garten kürte. Schon ein Jahr später legte Gartendirektor Walter Rieger die neuen Prüfungsbeete auf dem Gelände der damaligen Kurgärtnerei am Hang des Beutigs an. Aber erst knapp drei Jahrzehnte später entstand nach Plänen des damaligen Gartenamtsleiters Bernd Weigel der öffentlich zugängliche Rosenneuheitengarten, der 1981 im Jahr der Landesgartenschau eröffnet wurde. 2003 wurde der Garten mit dem „Award of Garden Excellence“ durch die Weltrosengesellschaft als einer der bedeutendsten Rosengärten weltweit ausgezeichnet. In keinem anderen öffentlichen Rosengarten in Europa kann der Rosenliebhaber so viele neue, oftmals noch gar nicht im Handel befindliche Rosensorten mit eigenen Augen sehen und vergleichen. Deshalb ist der Beutig einzigartig und einer der wichtigsten Treffpunkte für internationale Rosenexperten, die jedes Jahr aus der ganzen Welt nach Baden-Baden reisen.

Die Rosenprüfung erfolgt nach den international standardisierten Kriterien Gesamteindruck, Blüte, Widerstandsfähigkeit gegen Krankheiten und Duft. Während die permanente Jury die Rosen regelmäßig über einen Zeitraum von zwei Wertungsjahren prüft, kommt die internationale Jury nur einmal im Jahr jeweils im Juni zusammen. Es ist der große Tag für den Garten, seine Rosen und seine Betreuer beim Gartenamt. Und am Ende des Tages stehen die schönsten und besten der neuen Rosen fest, die mit Medaillen und Ehrenpreisen ausgezeichnet werden. Der wichtigste Preis dabei ist die „Goldene Rose von Baden-Baden“, die zugleich als eine der wichtigsten Auszeichnungen für eine Rosenneuheit in Europa gilt. Bedeutende Siegerrosen der letzten Jahre waren ‚Märchenzauber‘ von Kordes, ‚Hansestadt Rostock‘ von Tantau, ‚Trésor du Jardin‘ von Adam und ‚Pink Paradise‘ von Delbard. Auch wenn es nicht jeder zugeben will, so träumen doch alle teilnehmenden Züchter davon, einmal mit einer eigenen Rosenkreation die „Goldene Rose“ zu gewinnen. Da wundert es nicht, dass der alljährliche Wertungstag der Jury auch ein Treffen der wichtigsten Rosenzüchter aus ganz Europa ist, die den fachlichen Gedankenaustausch und die Spannung des Wettbewerbs schätzen.

Die Gartenbesucher lieben vor allem die Blüte der Rosenbögen. Besonders der mittlere Bogengang mit seiner schier endlos wirkenden Folge von Kletterrosen ist zu einem der beliebtesten

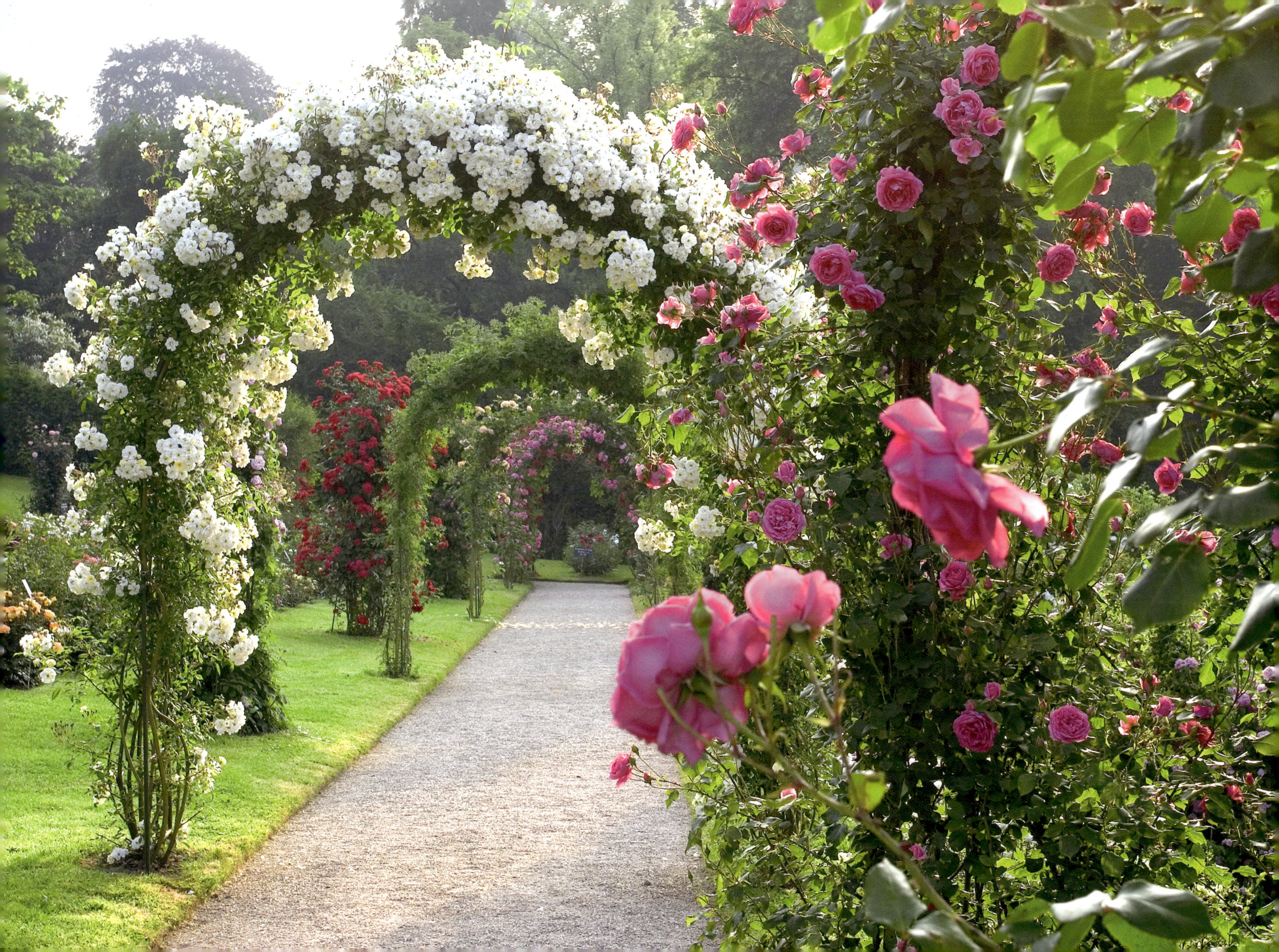

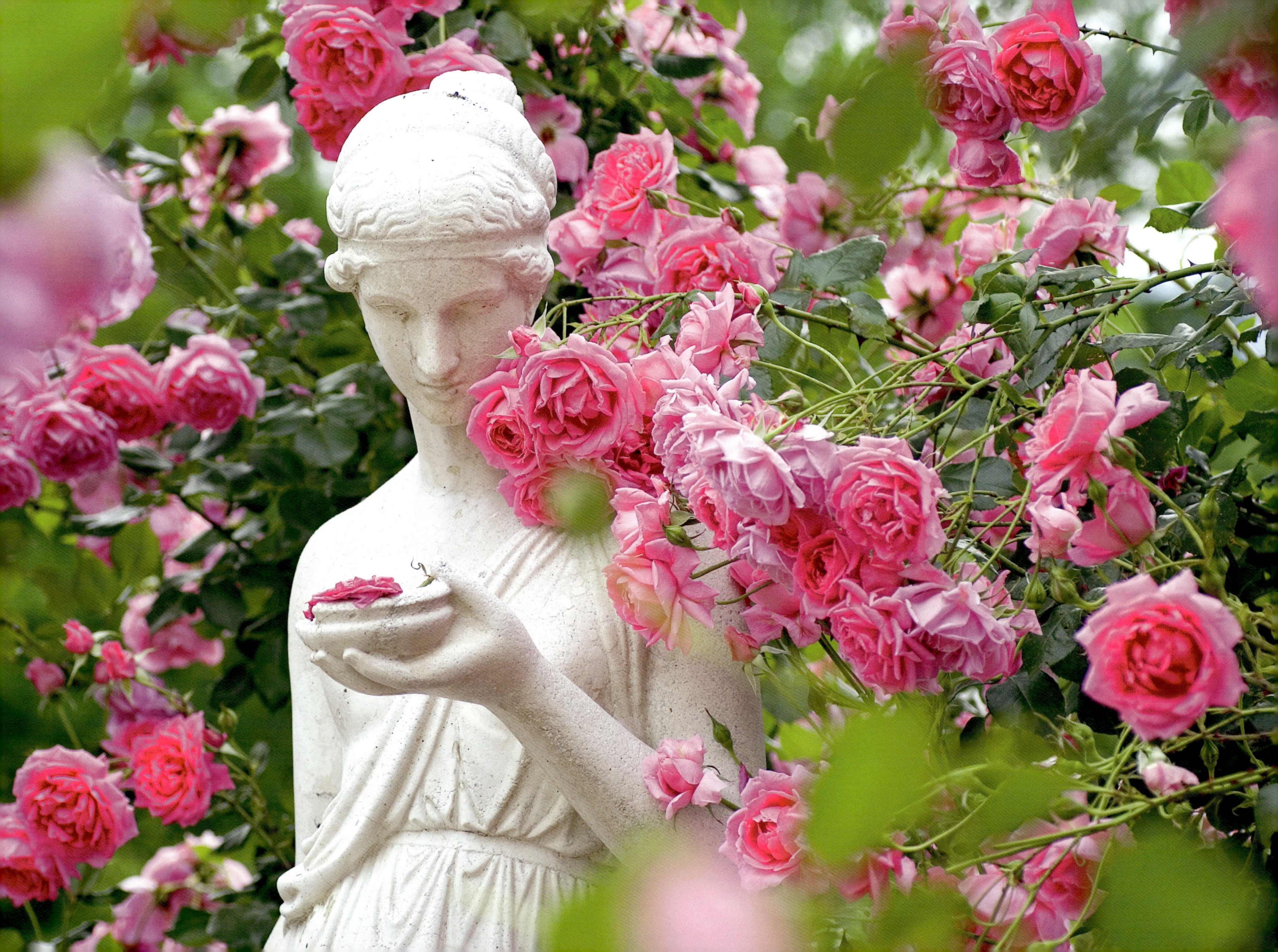

Fotomotive Baden-Badens geworden. Von seinem Ende aus wacht der Weingott Bacchus über das Rosengeschehen und verkörpert die Verbindung von Weingenuss und Rosenlust. Nicht minder beliebt sind aber auch die beiden weiblichen Gottheiten Hebe und Venus, die beide von Rosenlauben umschlungen werden und den Wunsch nach Jugend und Liebe symbolisieren.

Ganz besonders intensiv ist das Erlebnis der Rosen auf dem Beutig, wenn die Baden-Badener Philharmonie mit den abendlichen Rosenkonzerten im Juni die Rosenblüte feiert. Umgeben von blühenden Strauch- und Kletterrosen verbinden sich dann seit der Premiere in der neuen Konzertarena im Jahr 2006 die klassischen Orchesterklänge der Philharmoniker mit der Pracht der Rosen zu einem einzigartigen Konzerterlebnis – ein Traum aus Musik und Blüte, Klang und Duft.

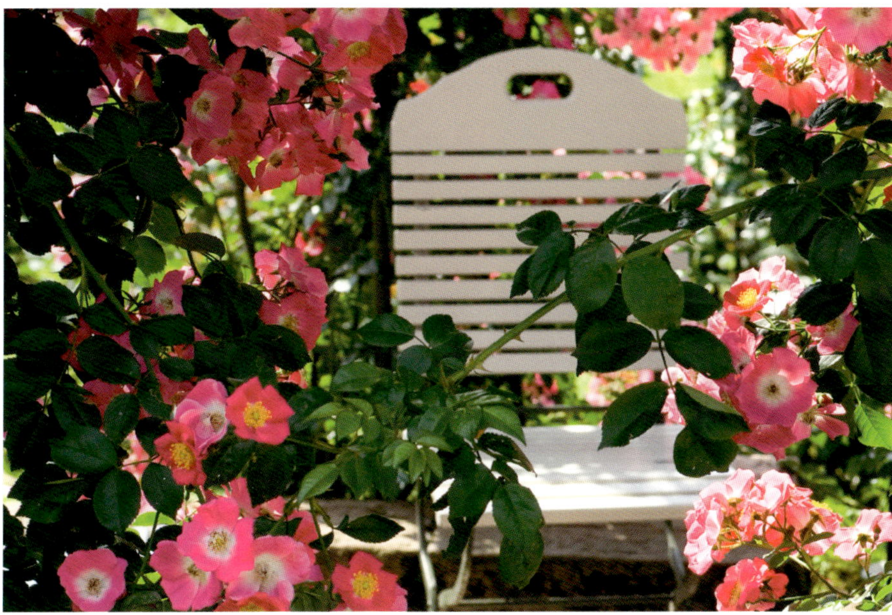

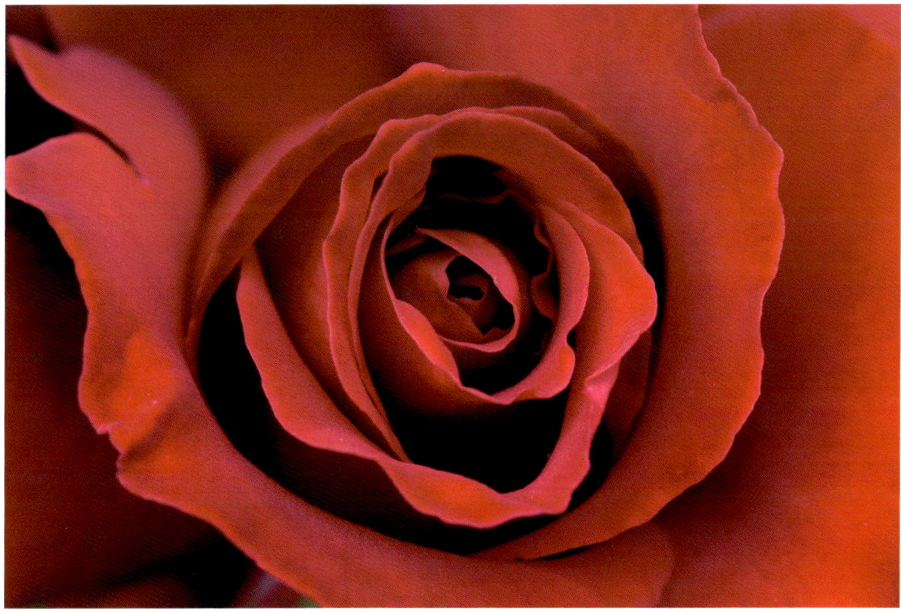

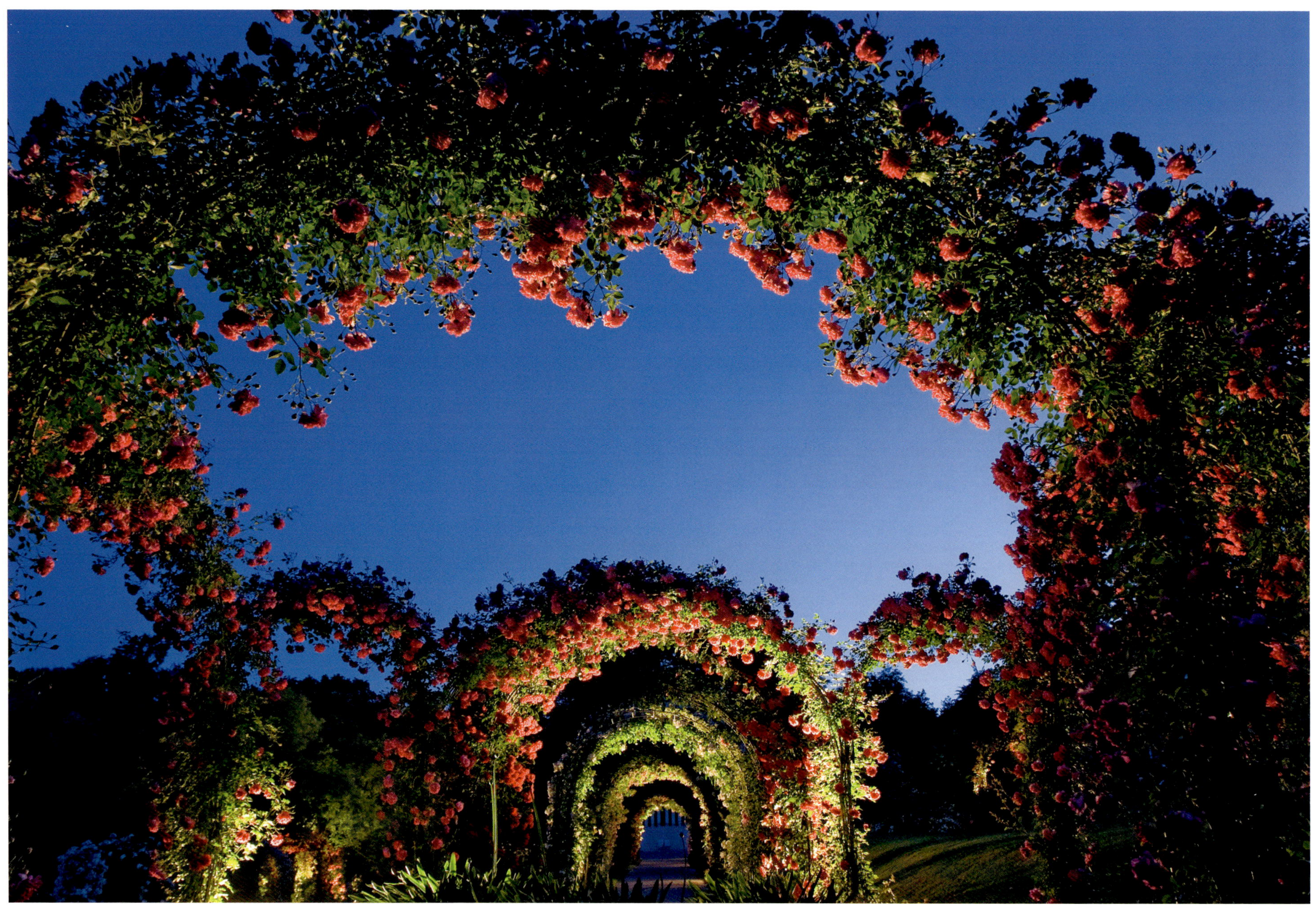

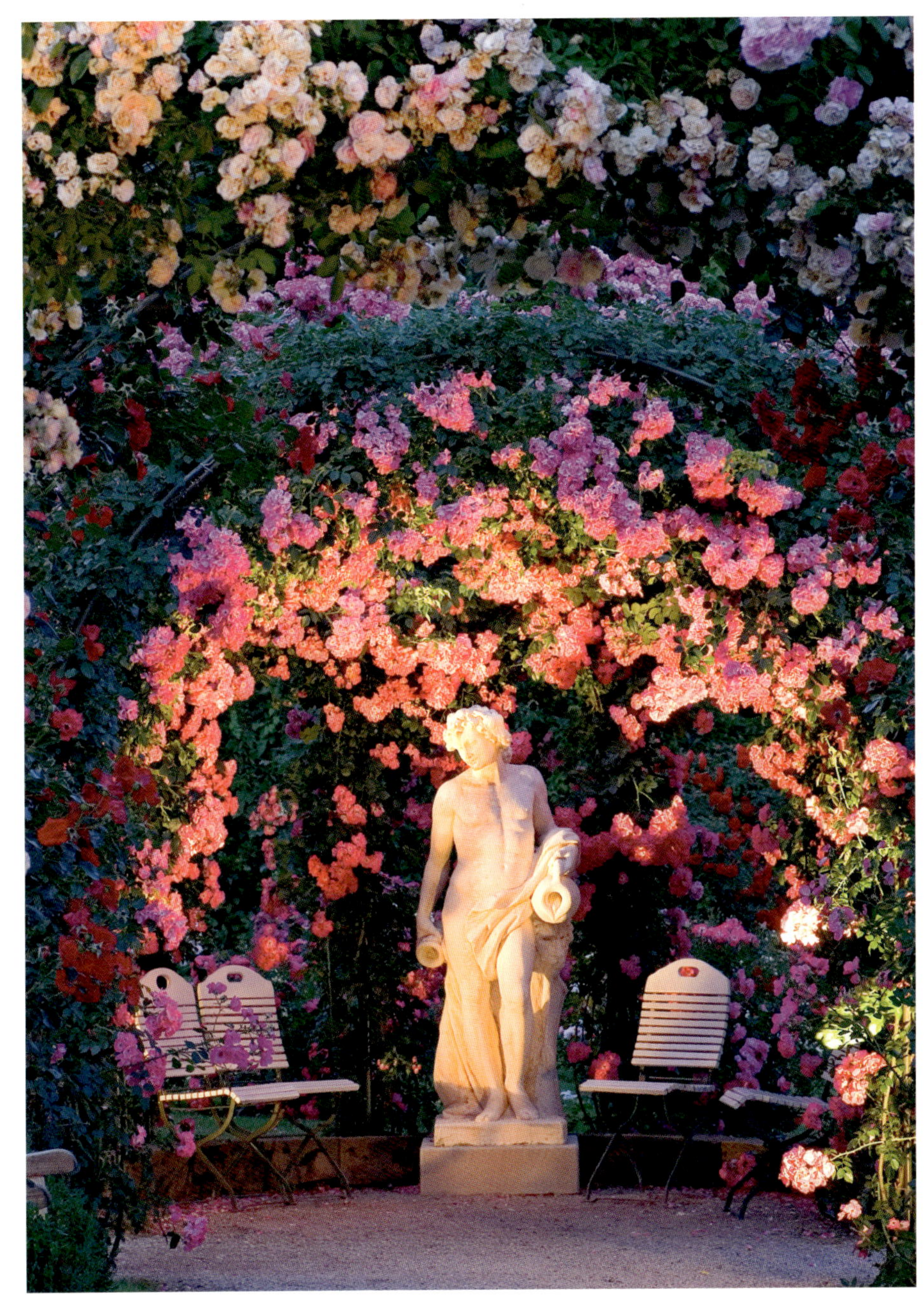

Wie ein Zaubergarten wirkt der Beutig, wenn im Juni die Bögen und Lauben aus Anlass der Rosenkonzerte der Baden-Badener Philharmonie beleuchtet werden und die Rosenblüten vor dem dunklen Nachthimmel zu erglühen scheinen.

Der Schönheit einer Rosenblüte kann sich kaum ein Gartenbesucher entziehen. Die Vielfalt der Farben, die Vollkommenheit der Formen und der oftmals betörende Duft lassen die Rose zur unumstrittenen Königin der Blumen werden. Und die Dornen? Sie gehören zur Rose wie der Schmerz zum Leben. Dabei handelt es sich streng genommen gar nicht um Dornen, sondern botanisch korrekt um Stacheln. Dem praktischen Rosengärtner dürfte diese feine Unterscheidung bei der stacheligen Arbeit aber egal sein.

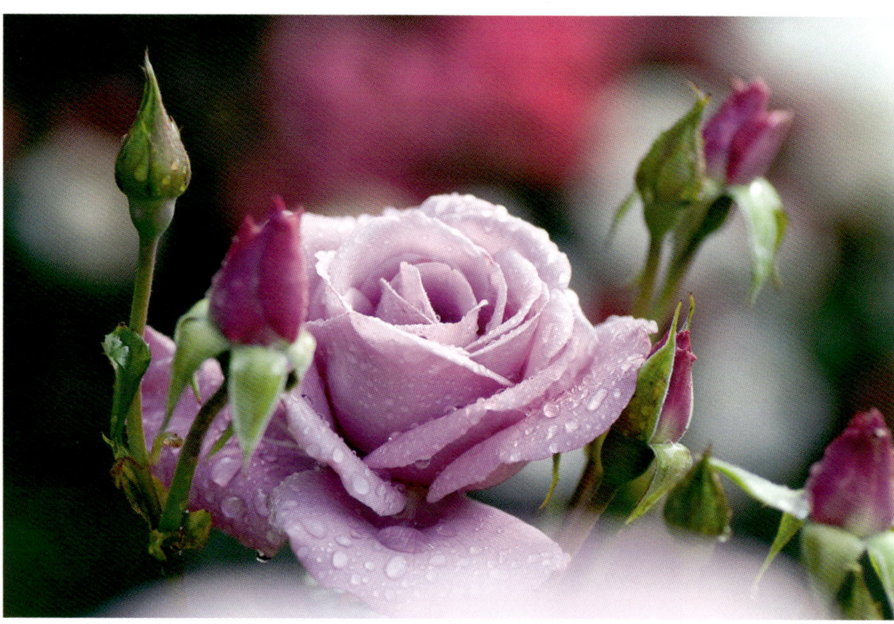

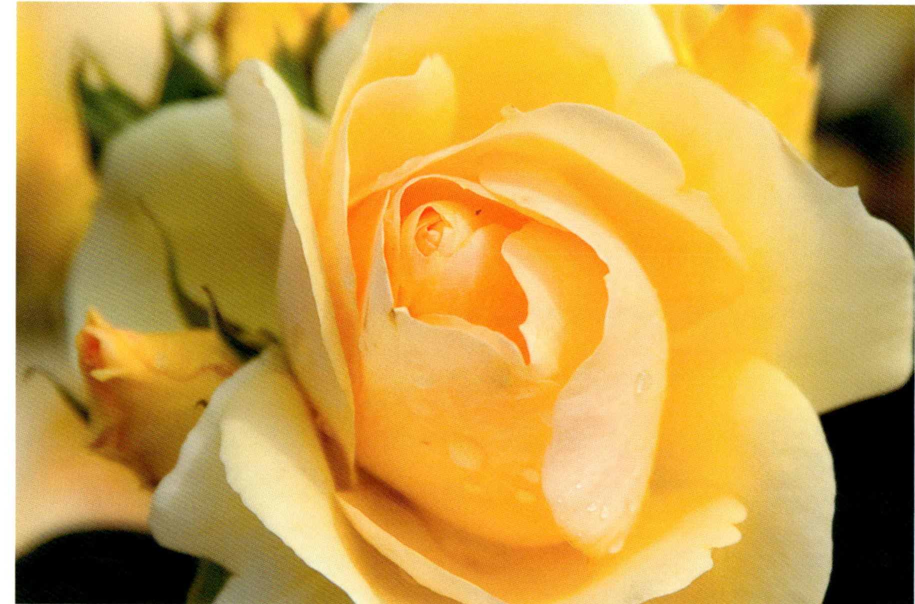

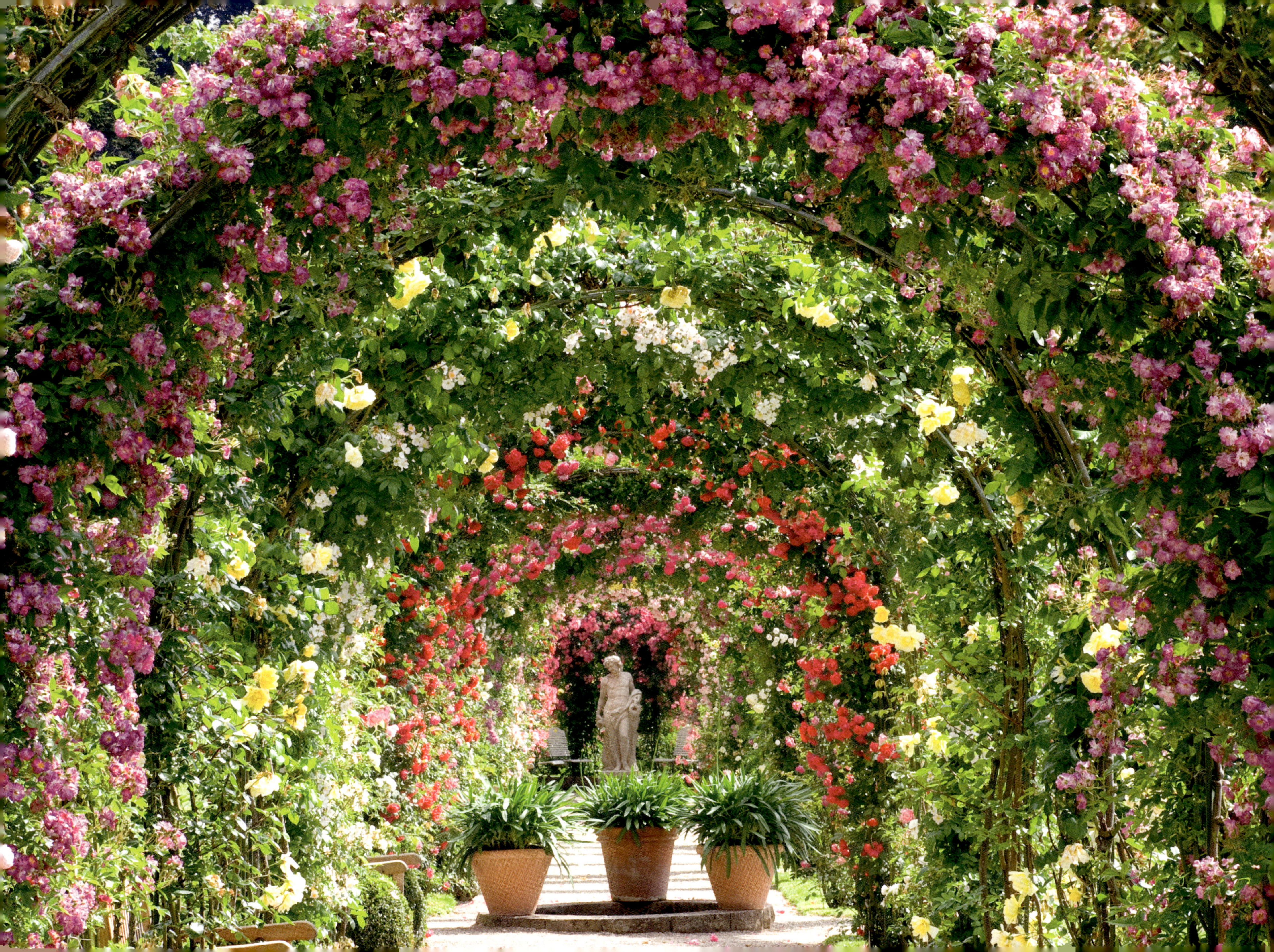

Mediterrane Stimmung am Florentinerberg

Spazieren unter Pinien und Palmen, überragt von den Renaissancegiebeln eines stattlichen Schlosses? Was Erinnerungen an die üppige Vegetation italienischer Gärten weckt, findet sich in Baden-Baden am Florentinerberg zwischen Marktplatz und Neuem Schloss. Auf mehreren Terrassen entfaltet sich am steilen Schlossberg ganzjährig im Freien eine Pflanzenpracht aus mediterranen, asiatischen und nordamerikanischen Gehölzen, die nördlich der Alpen normalerweise nur frostfrei in einem Glashaus überwintern können. Doch in Baden-Baden verbleiben die Pflanzen ohne Winterschutz im Freien und machen diesen Ort zu einem dendrologischen Kleinod.

Ermöglicht wird die besondere Pflanzensammlung nicht nur durch die exponierte Südlage des Florentinerbergs, der seit der Renaissance für Weinbau und die Kultivierung von Zitruspflanzen genutzt wurde, sondern auch durch eine geheime Fußbodenheizung. Unterhalb des Schlossbergs entspringen nämlich die berühmten Baden-Badener Thermalquellen mit einer Temperatur von bis zu 68 Grad und bewirken eine ganzjährige natürliche Erwärmung des Bodens.

Entstanden ist der heutige, öffentlich zugängliche Bereich des Florentinerbergs erst in der zweiten Hälfte des 19. Jahrhunderts, als die dort vorhandene Bebauung mit Wohnhäusern und Badherbergen aufgegeben wurde, um eine Verunreinigung des dicht unter der Oberfläche anstehenden Thermalwassers zu vermeiden. Nach weiteren Gebäudeabrissen im 20. Jahrhundert entstand eine Grünanlage, die ihre heutige Gestaltung aus Anlass der Landesgartenschau 1981 erhielt.

Den unteren Bereich am Marktplatz vor den mächtigen Mauern des Schlosshangs dominieren echte Mittelmeerzypressen, die inzwischen zu einer Höhe von mehr als acht Metern aufgewachsen sind. Sie werden von Lagerstroemien, auch Kreppmyrten genannt, begleitet, die jedes Jahr im August und September mit ihrer purpurnen Blütenpracht begeistern. Die in über 30 Jahren zu stattlichen Exemplaren herangewachsenen Gehölze faszinieren auch ganzjährig durch ihre gefleckte, glatte Rinde. Steigt der Besucher zu den weiter oben gelegenen Terrassen auf, bieten sich durch die interessante Vegetation hindurch immer neue Ausblicke auf die Baden-Badener Altstadt und die Höhen des Schwarzwaldes. So rahmen Hanfpalmen die Aussicht auf den Turm der Stiftskirche; Zwergpalmen, Feigen und Granatapfelbäume säumen den Weg. Einen ganz besonderen Blickfang bietet die frostempfindliche Banksrose, die an Mauern, Zäunen und Gehölzen zu einer Höhe von über sechs Metern hochrankt und sich Anfang Mai mit Kaskaden gelber Rosenblüten schmückt.

Typische Pflanzen der mediterranen Gärten sind aber auch Bitterorangen, Pinien, Kamelien, Erdbeerbäume, Kakipflaumen, Judasbäume, Lorbeer und Aleppo-Kiefern. Und ein ganz besonderes Dufterlebnis bieten die großen weißen Blüten der Immergrünen Magnolien mit ihren gummibaumartigen Blättern, deren Duft so schwer und süß ist, wie er sonst nur in südlichen Ländern angetroffen werden kann. Einen näheren Blick lohnen aber auch die verschiedenen Eichen: Steineiche, Korkeiche, Weidenblättrige Eiche und Immergrüne Eiche bieten eine interessante Sammlung wärmeliebender Eichenarten und ergänzen auf ganz besondere Weise die Eichensammlung in der Lichtentaler Allee. Und am höchsten öffentlich zugänglichen Punkt des

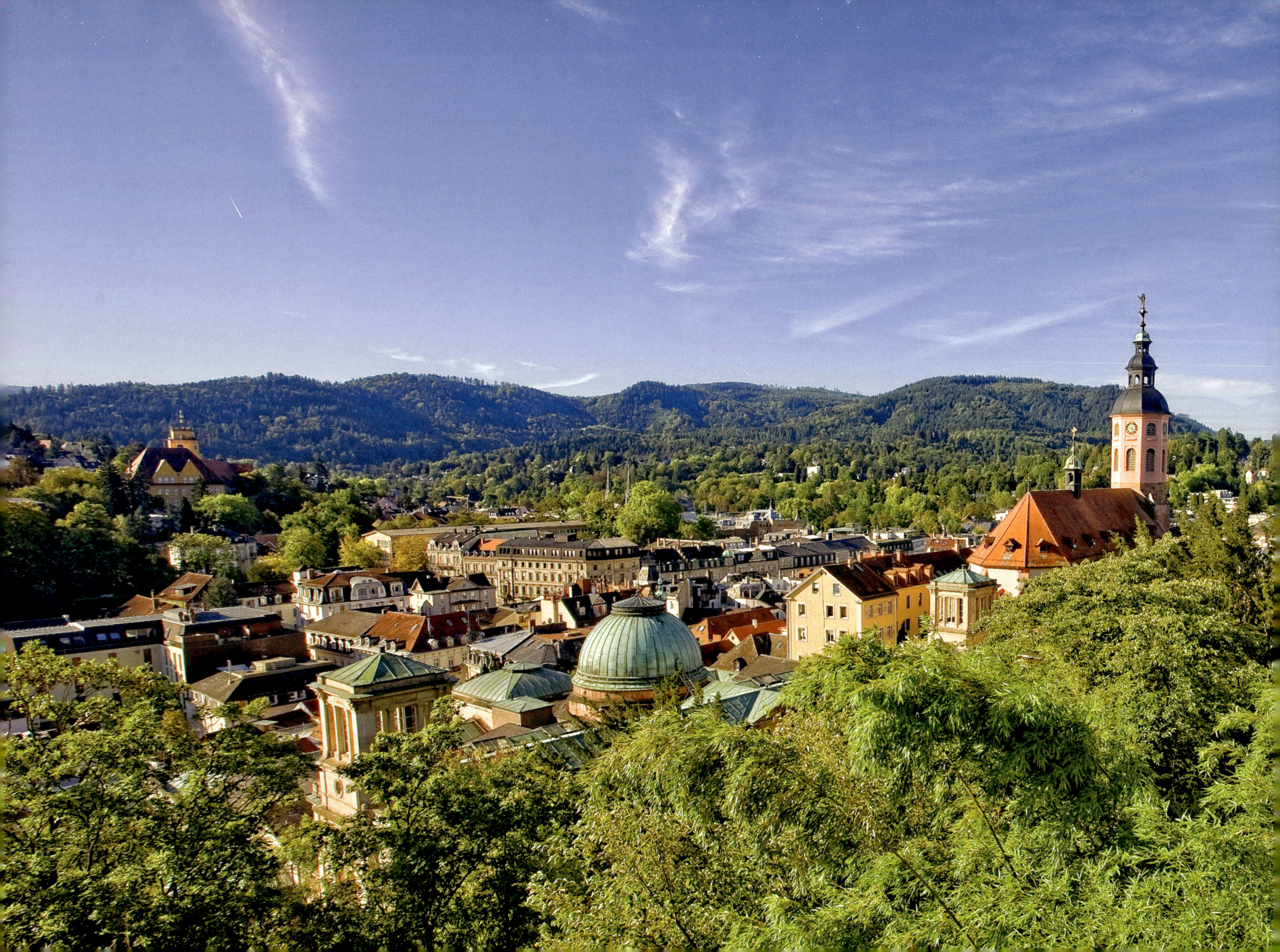

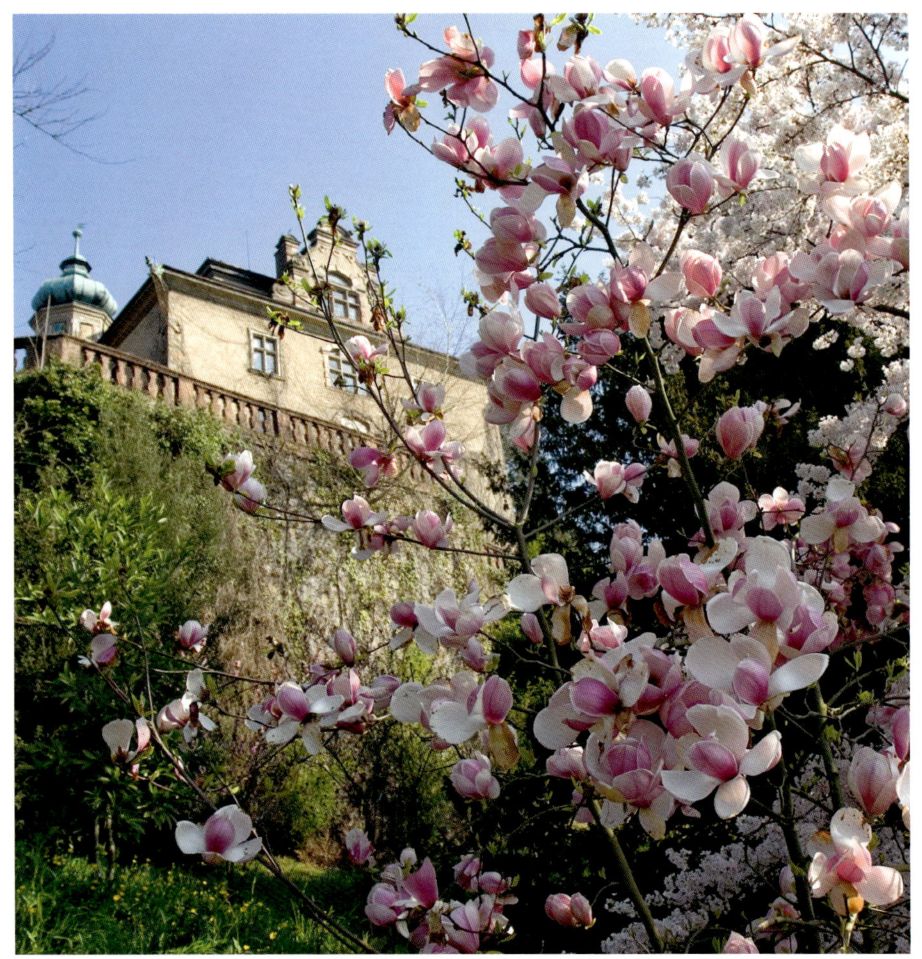

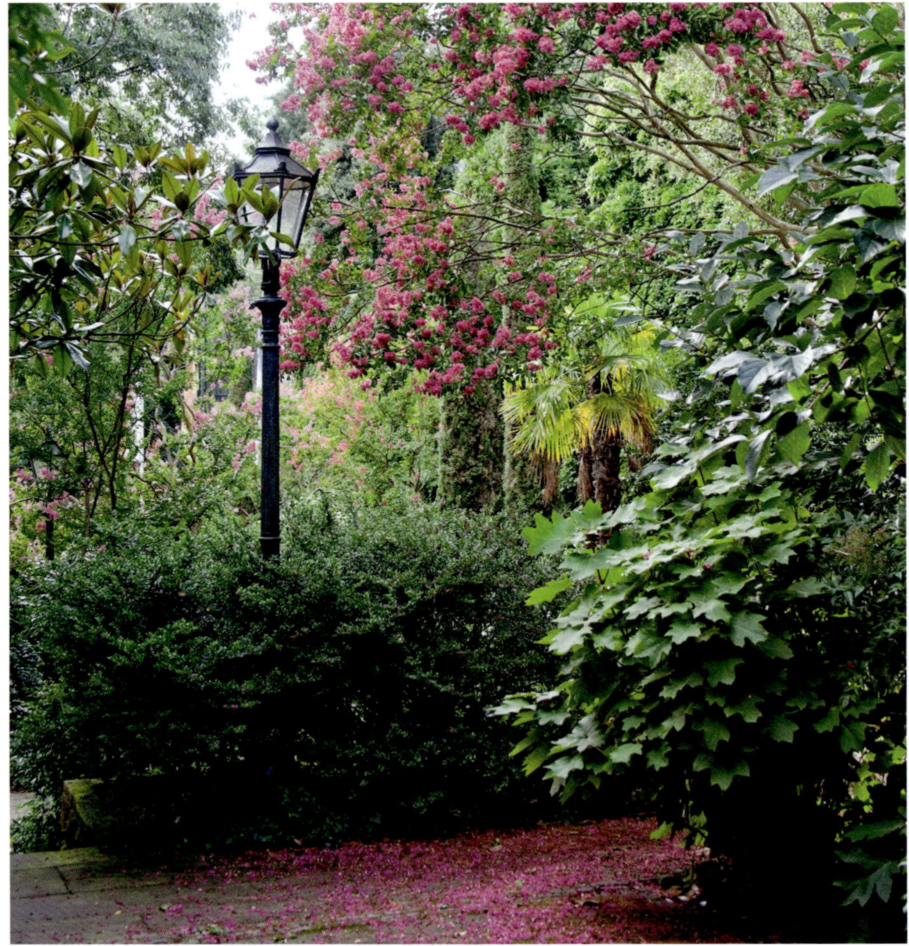

Florentinerbergs findet sich eine kleine Auswahl mächtiger Bambussorten, die an die große Tradition der Bambuskultivierung im Park des Neuen Schlosses in Baden-Baden erinnert, wo sich bis heute eine der ältesten und größten Bambusgruppen Deutschlands befindet.

Allerdings hat die Dynamik des Pflanzenwachstums am Florentinerberg alle Erwartungen übertroffen. So präsentierte sich der Terrassengarten noch vor fünf Jahren mit einem üppigen, oftmals zu dichten Pflanzenbestand, der die wertvollen Arten nicht optimal zur Geltung kommen ließ. In den vergangenen Jahren hat das Gartenamt daher eine behutsame Auslichtung und Erneuerung durchgeführt. Dabei wurden vor allem Gehölze entnommen, für deren Gedeihen die speziellen Bedingungen des Florentinerbergs nicht erforderlich sind, um Platz zu schaffen für empfindliche und exotische Pflanzen. Damit konnte erneut die Grundlage dafür geschaffen werden, dass der Florentinerberg mit seiner einzigartigen Stimmung italienischer Gärten und seiner außergewöhnlichen Gehölzsammlung auch in Zukunft die Pflanzenfreunde begeistern kann.

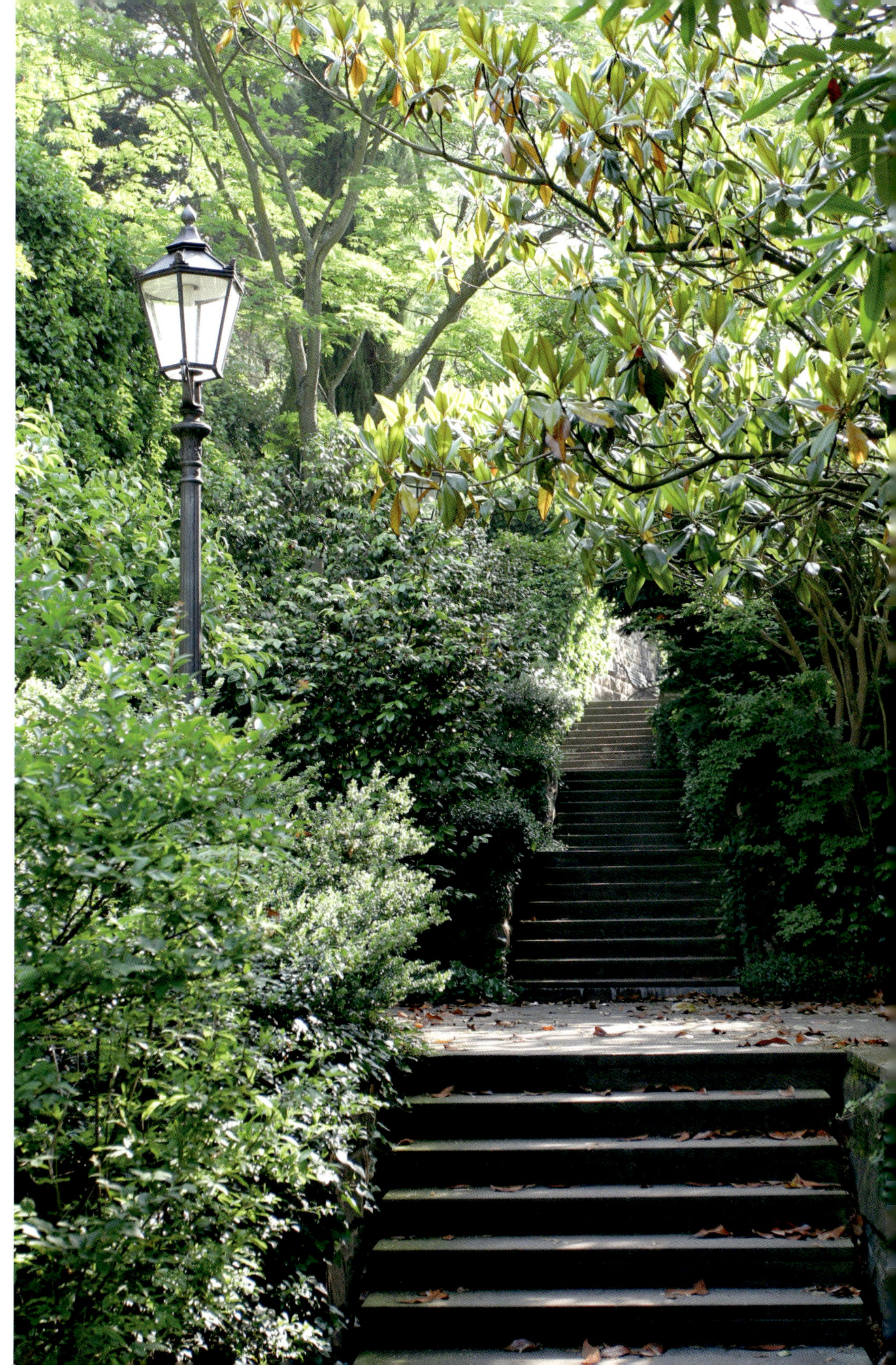

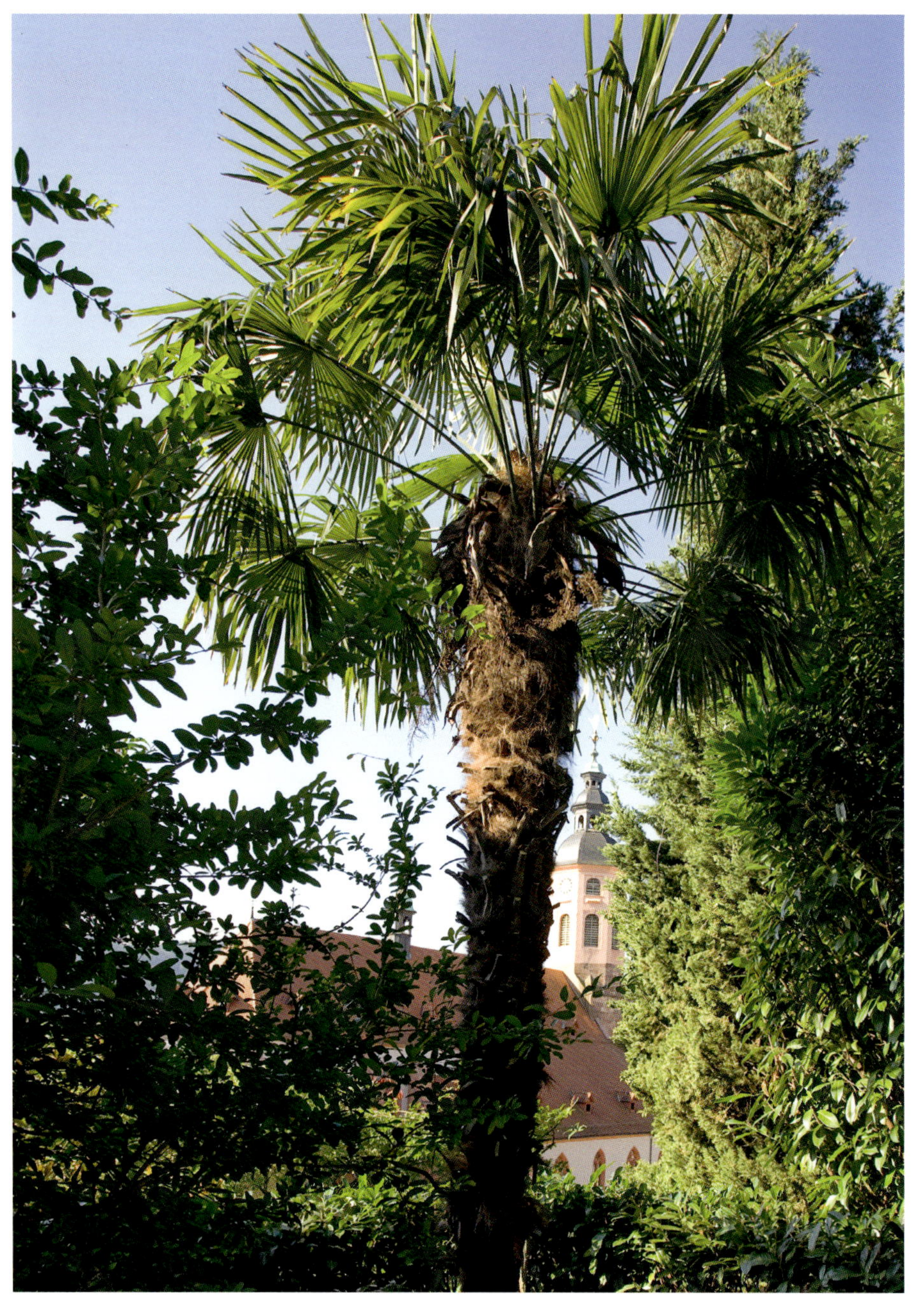

Palmen aus China, Kamelien aus Japan, Magnolien aus Asien und viele Sträucher aus dem mediterranen Raum gedeihen dank der einzigartigen klimatischen Verhältnisse am Florentinerberg unterhalb des Neuen Schlosses.

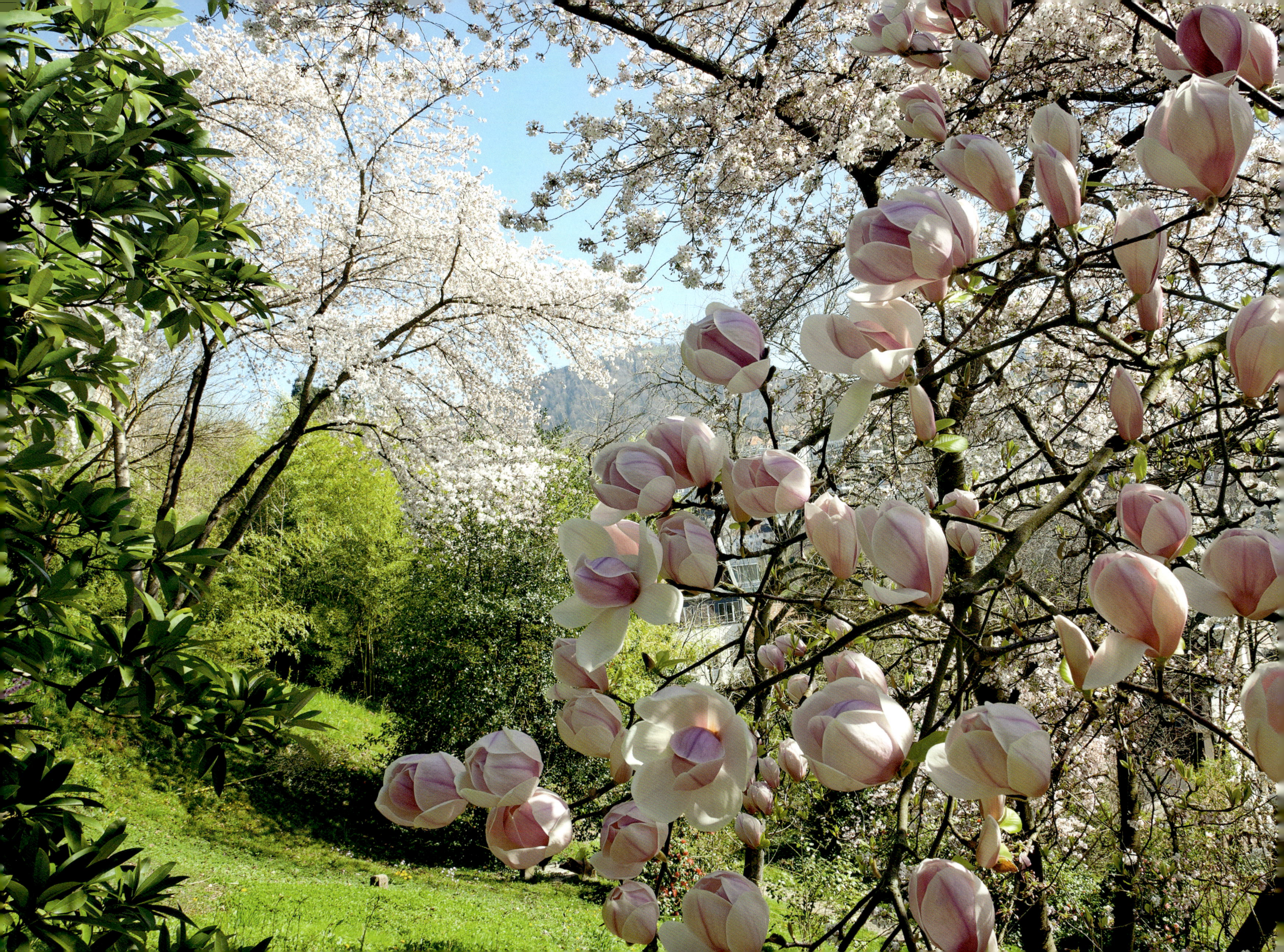

Engelswiese und Hungerberg

Ein großes Fest der Gärten und Parks bot das Jahr 1981 in Baden-Baden. Es war das Jahr der Landesgartenschau, die in Baden-Baden viele grüne Spuren hinterlassen hat. Der Kernbereich der Gartenschau entstand nördlich der Parkanlage des Neuen Schlosses ansteigend an den Hängen des Hungerbergs. Heute breitet sich hier am Südhang oberhalb der Altstadt ein weitläufiges Areal für Spaziergänger und Wanderer aus, das sich besonders im Winterhalbjahr als echter Sonnenbalkon präsentiert, wenn tief unten die Parkanlagen im Oostal am Nachmittag bereits im Schatten der umgebenden Berge liegen. Der Spaziergänger genießt vom höchsten Punkt am sogenannten Weißen Stein ein einzigartiges Panorama, das vom Baden-Badener Hausberg Merkur über Annaberg, Leisberg, Yburg und den entfernten Schwarzwaldhöhen bis zum Fremersberg und seinen Ausläufern reicht. Den Wanderer zieht es weiter bergwärts. Er nutzt den Hungerberg als grüne Verbindung, um von der Altstadt zum Battert und zum Alten Schloss aufzusteigen. Keine störende Straßenquerung kreuzt dabei seinen Weg, denn dank des Tunnels der Schlossbergtangente bahnt sich der Verkehr – für die Parkbesucher unsichtbar – seinen Weg in der Tiefe durch den Hungerberg.

Von der Landesgartenschau haben sich einzelne Elemente erhalten wie das bequeme Wegenetz oder die Station Wein mit ihren Terrassen und weinberankten Pergolen. Bemerkenswert sind auch die Spuren der früheren großherzoglichen Gartennutzung. Da finden sich unweit des Saftlädeles, einem kleinen ehemaligen Ökonomiegebäude unweit der Waldschänke am Hungerberg, vier parallele historische Natursteinmauern, die Ende des 19. Jahrhunderts zur Anzucht besonders empfindlicher Spalierobstsorten errichtet worden waren. Da erinnern einzelne Obstbäume an die Zeit, als die Hänge noch von einer blühenden Obstbaumkultur der badischen Großherzöge bestimmt wurden. Und da beeindrucken mächtige Koniferen wie Zedern und Mammutbäume, mit denen der private Park des Neuen Schlosses seine Fortsetzung auf der anderen Seite der Schlossstraße an den Hängen des öffentlich zugänglichen Hungerbergs gefunden hatte.

Doch vom Neuen Schloss führt nicht nur der Weg den Hungerberg hinauf, sondern auch die Engelswiese hinab. Geradezu dramatisch ist die überraschend steile topographische Situation jenseits des Schlossbergs, die sich bis in das tiefe Pflutterloch und weiter bis zur Fußgängerzone in der Lange Straße herabzieht. Sie wird überragt von dem namensgebenden Engel-Denkmal, das Carl Egon Fürst zu Fürstenberg aus Dankbarkeit für den glimpflichen Ausgang des Reitunfalls seines jungen Nachkommens im Jahr 1870 hatte errichten lassen. Das Fürstenberg-Denkmal wirkt so himmlisch schön als Belvedere und Blickfang oberhalb des steilen Wiesenhangs, dass man dem jungen Adelsspross noch heute dafür dankbar sein muss, dass er gerade hier vom Pferd gefallen ist.

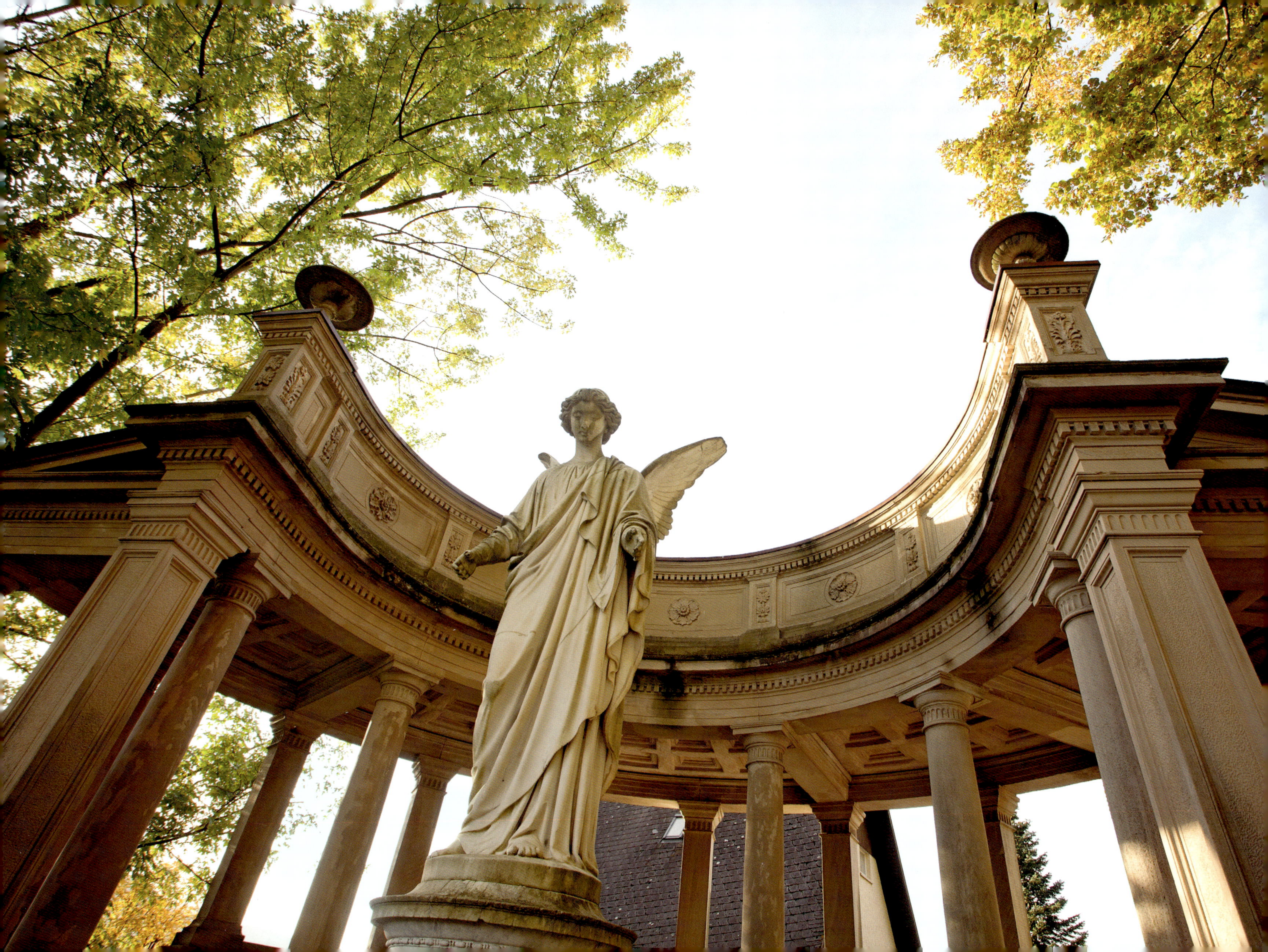

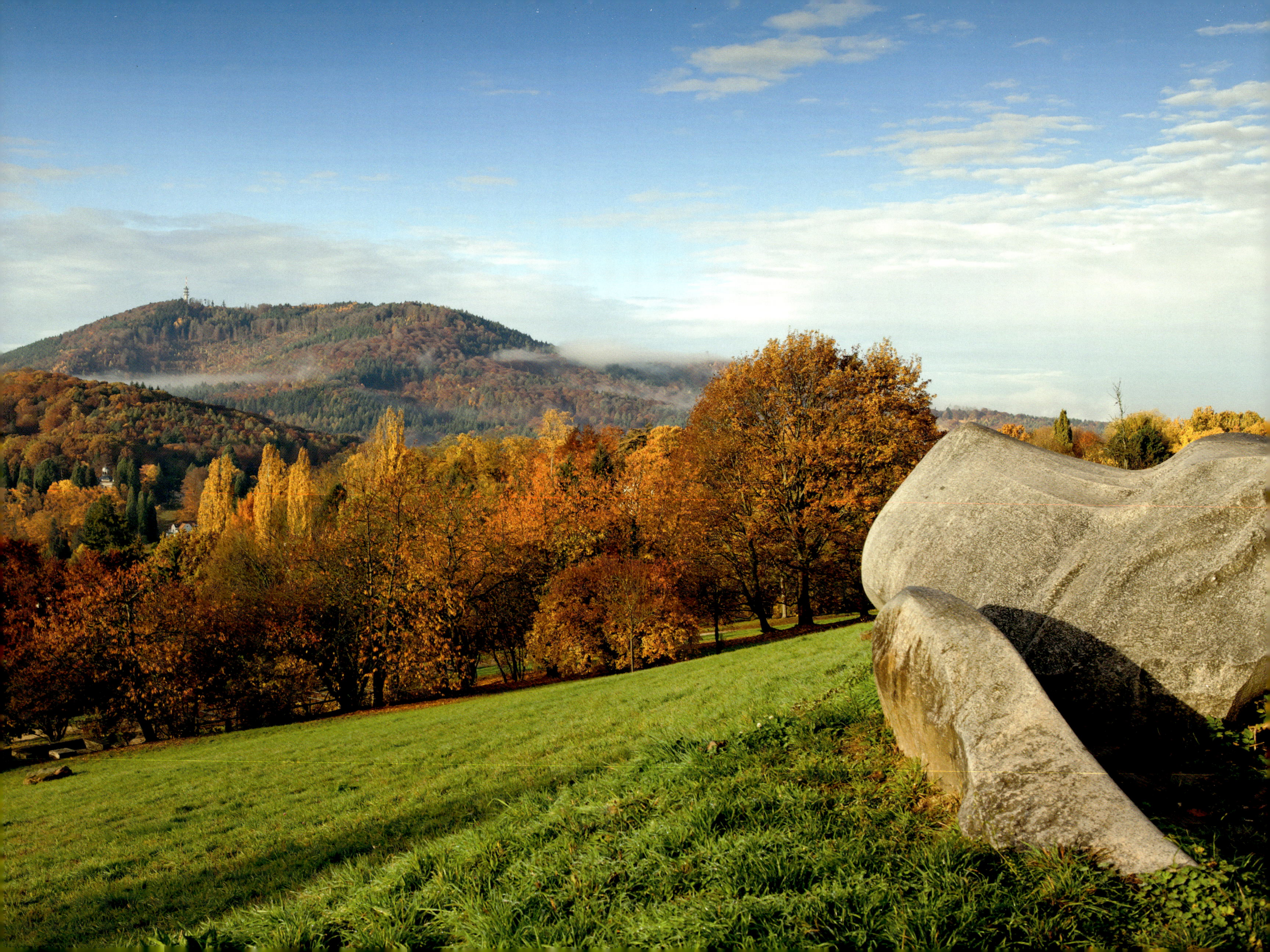

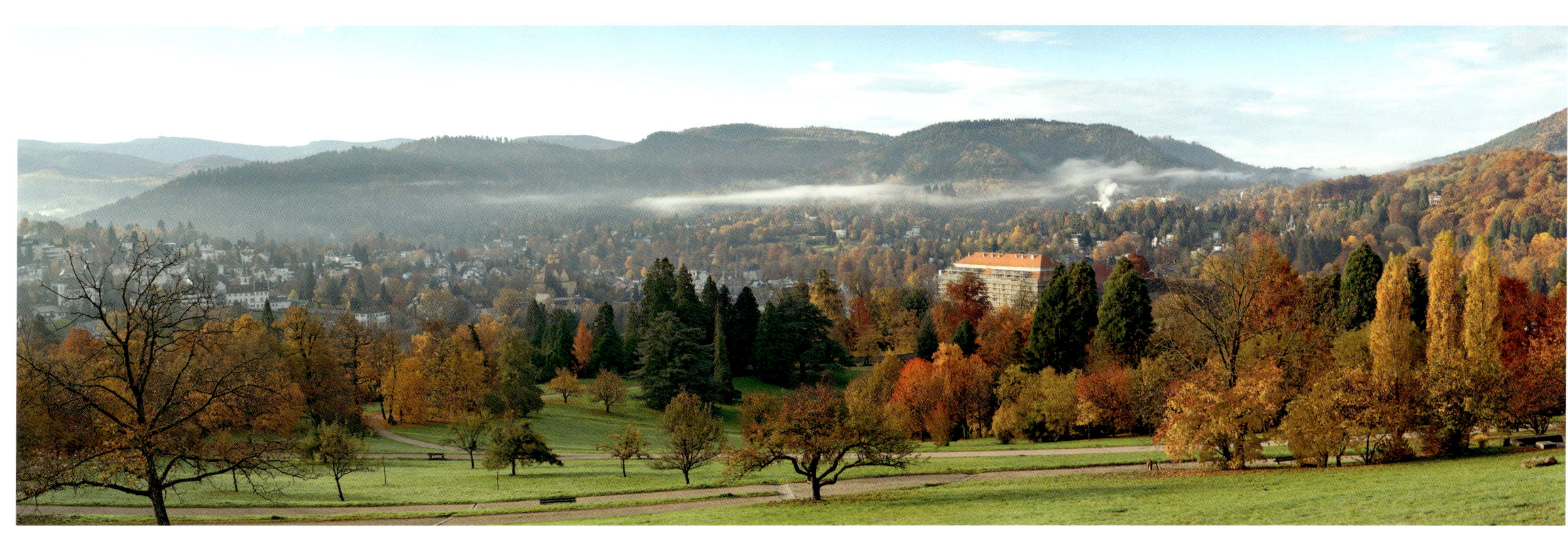

Das Paradies – Wasserkunst am Annaberg

Manchem Besucher mag Baden-Baden wie ein Paradies auf Erden erscheinen. Vielleicht verwundert es daher nicht, dass es hier sogar einen Ort gibt, der nicht nur als irdisches Paradies gelten könnte, sondern den Namen „Paradies" auch trägt. Oben am Annaberg, aussichtsreich über der Altstadt gelegen, dem Merkur und dem Himmel ein Stück näher, findet sich die Wasserkunst Paradies. Sie ist ein Park in der Anmutung italienischer Renaissancegärten, der mit Treppen und Wasserspielen den Hang hinaufsteigt und von Villen gerahmt wird. Alles findet sich in schönster symmetrischer Ordnung und scheint auf den ersten Blick früheren Jahrhunderten entsprungen zu sein. Doch der Eindruck täuscht, denn die Wasserkunst Paradies entstand erst im 20. Jahrhundert als originelle Schöpfung des Architekten Max Laeuger.

Anlass für die Anlage der Wasserkunst Paradies war der anfangs erfolglose Versuch der Stadt Baden-Baden, zu Beginn des 20. Jahrhunderts ein neues Villengebiet östlich der Innenstadt zu entwickeln. Erst in den 1920er-Jahren wurden die Planungen wieder aufgegriffen. Dazu beauftragte die Stadt den Karlsruher Professor Max Laeuger mit der Planung eines am Hang aufsteigenden Parks in Form einer großzügig angelegten Treppenanlage, die einen Höhenunterschied von 40 Metern überwindet. Gleichzeitig entwarf Laeuger acht einheitliche Villengebäude, die in vier Paaren angeordnet auf die Achse der Treppen- und Wasseranlage symmetrisch ausgerichtet sind. Während es dann aber doch noch fast drei Jahrzehnte dauern sollte, bis alle Villen errichtet waren, entstand die öffentliche Gartenanlage der Wasserkunst im Lauf des Jahres 1925 und konnte noch im November eingeweiht werden.

Das Paradies am Annaberg wäre aber keine Wasserkunst, hätte Laeuger in die Parkanlage nicht eine Abfolge verschiedener Brunnen, Grotten, Kaskaden und Fontänen eingefügt, für die er sich durch Vorbilder aus italienischen Renaissancegärten wie dem Garten der Villa Lante in Bagnaia inspirieren ließ. Doch während die Wasserkunst Paradies gestalterisch an alte Zeiten anknüpft, war der verwendete Baustoff zur Entstehungszeit äußerst modern und neu, denn das Paradies wurde aus Beton errichtet. Es gilt damit als eines der frühesten Beispiele für eine Gartenanlage, deren baulichen Elemente ausschließlich aus Beton erstellt wurden. Und dies hat bis in unsere Zeit nachhaltige Folgen, da der Beton, so wie er damals verwendet wurde, nicht den heutigen technischen Anforderungen entspricht, was dazu führte, dass er allmählich seine Stabilität einbüßte und einige Bauwerke sogar einsturzgefährdet waren. Das Paradies wurde somit zum Sanierungsfall.

2006 begann das Gartenamt mit einem auf einen Zeitraum von zehn Jahren angelegten Sanierungsprogramm, das in der Fachwelt deutschlandweite Beachtung fand und auf einem speziell für die Wasserkunst am Annaberg entwickelten Betonsanierungsverfahren basiert. Auf diese Weise konnten nach und nach marode Wasserbecken und Stützmauern stabilisiert werden. Unterstützung fand das Projekt durch den engagierten Freundeskreis Paradies und die baden-württembergische Denkmalstiftung.

Und so kann der Besucher heute bei einem Gang durch das Paradies nahezu unverändert die von Laeuger kunstvoll inszenierte Abfolge von engen Durchgängen und weiten Plätzen, von steilen Treppen und großzügigen Terrassen erleben.

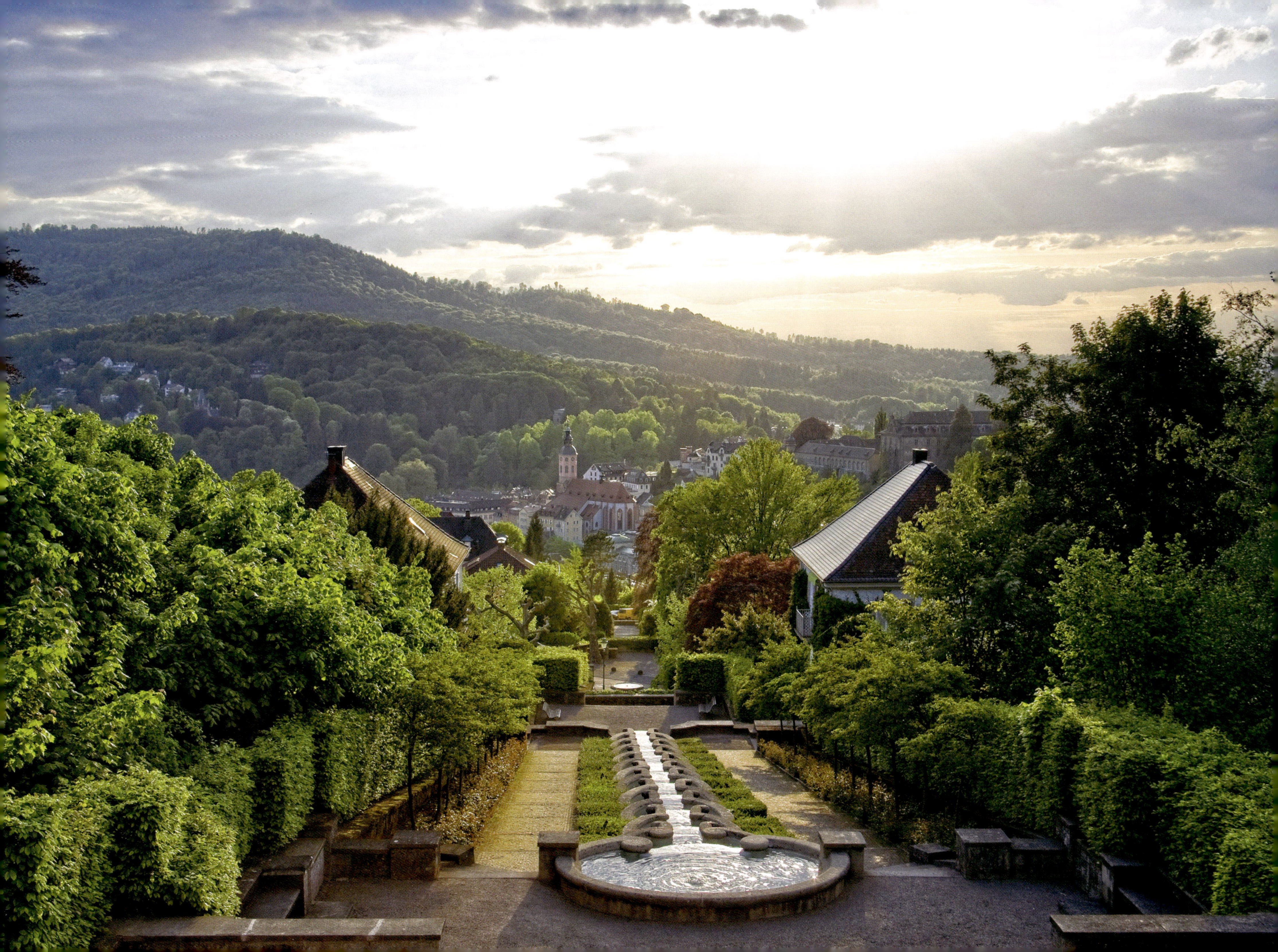

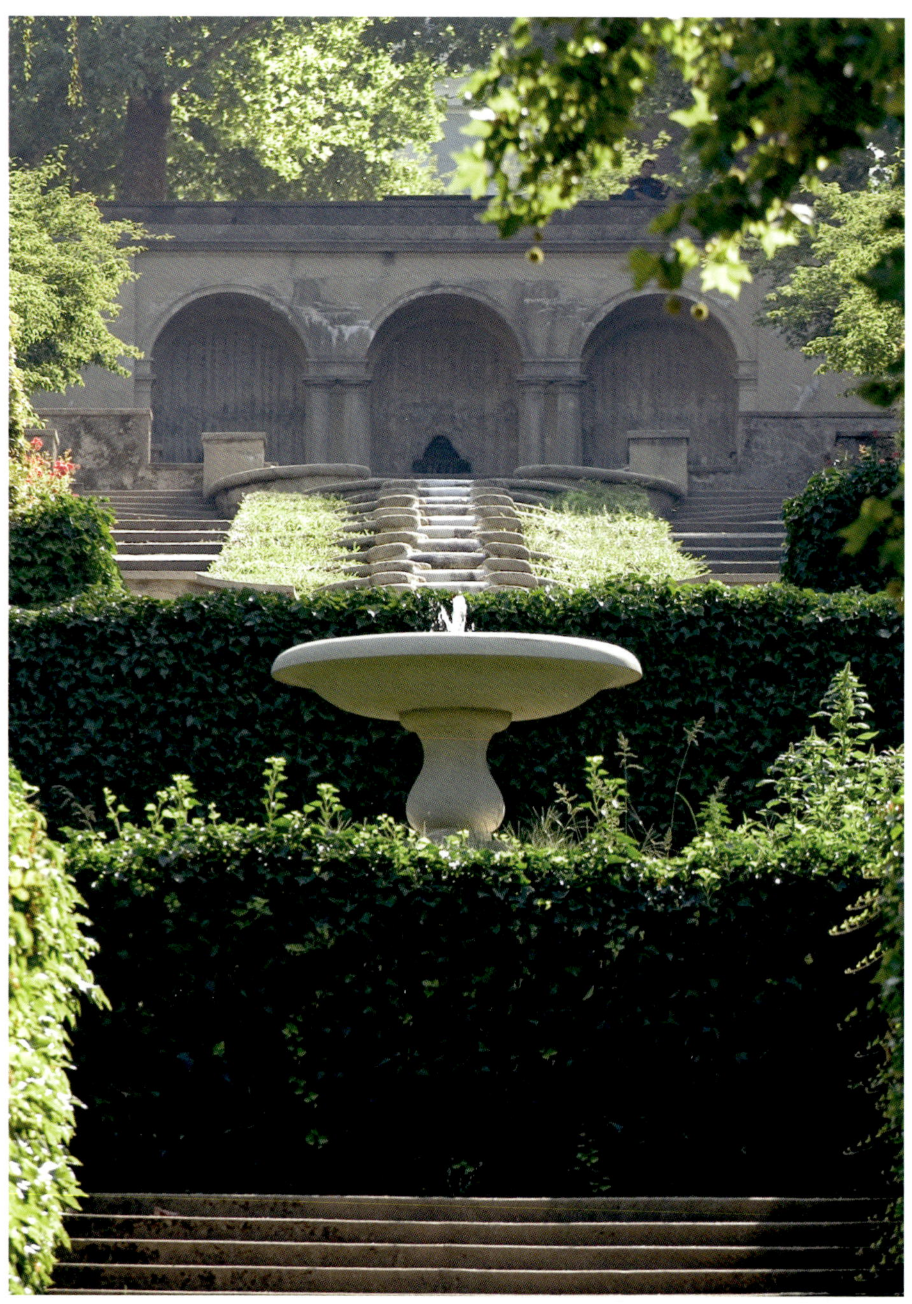

Der römische Brunnen

Aufsteigt der Strahl und fallend gießt
Er voll der Marmorschale Rund,
Die, sich verschleiernd, überfließt
In einer zweiten Schale Grund;
Die zweite gibt, sie wird zu reich,
Der dritten wallend ihre Flut,
Und jede nimmt und gibt zugleich
Und strömt und ruht.

Conrad Ferdinand Meyer

In dieser durchdachten Komposition hat Laeuger mit einem abstrakten Brunnen in Form einer Tafel mit dem Gedicht „Der römische Brunnen" von Conrad Ferdinand Meyer einen besonderen Akzent gesetzt, der den räumlichen und programmatischen Mittelpunkt der Gesamtanlage bildet. Die eindrucksvollste Situation öffnet sich jedoch in Höhe des oberen Villenpaares mit der Kaskade, der Grotte und den seitlich rahmenden Säulenbäumen, die an mediterrane Zypressen erinnern. Hier werden die Bezüge zu italienischen Vorbildern wohl am deutlichsten erkennbar, die Laeuger von seinen Italienreisen gekannt haben dürfte. Vor allem im warmen Abendlicht mit Blick von der obersten Terrasse auf die Stadt und die sie umgebende Landschaft wird die mediterrane Stimmung an diesem Ort besonders spürbar. Und mancher Besucher mag sich hier dem Paradies tatsächlich ein Stück näher fühlen.

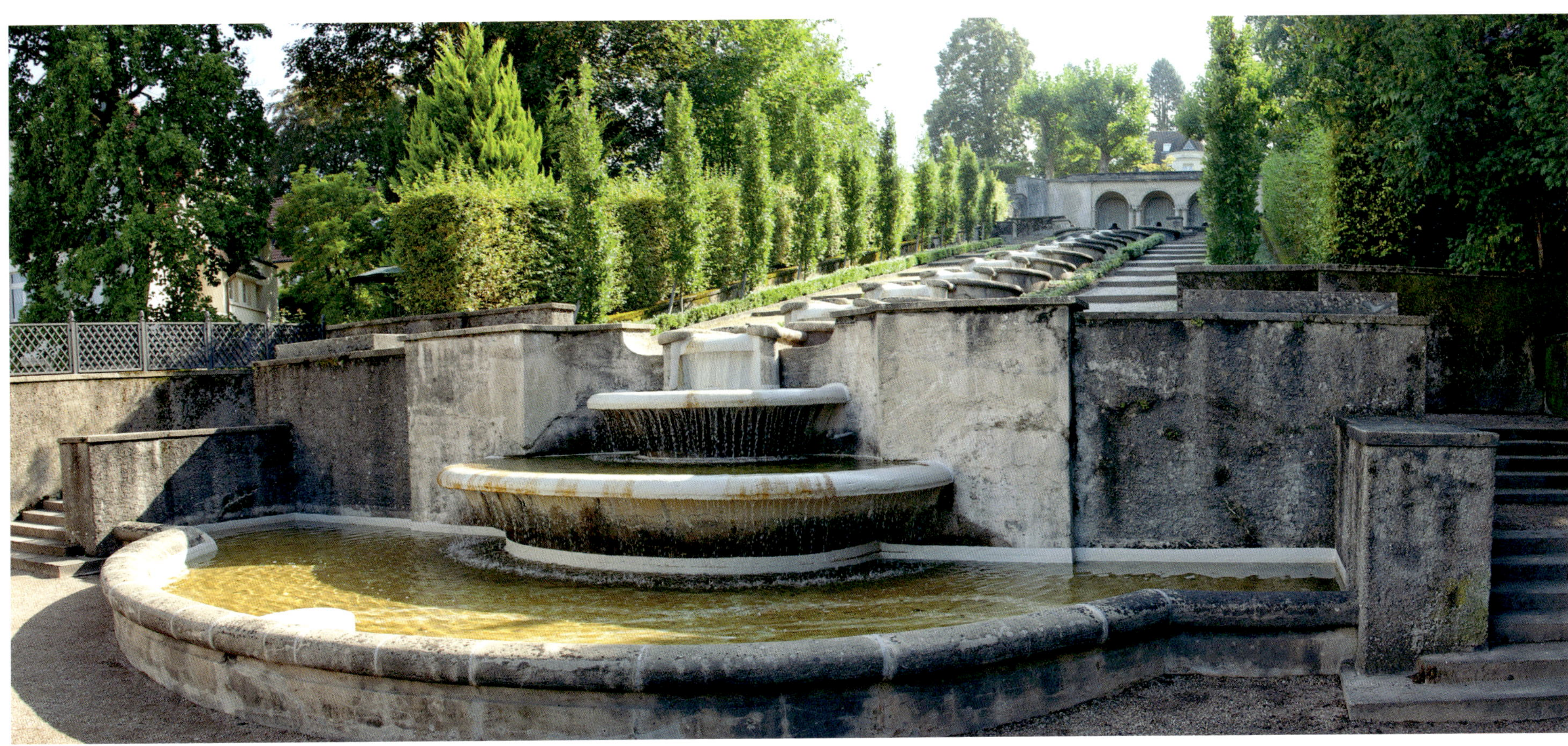

Hotelgärten – Gärten für die Gäste

Als im 19. Jahrhundert Baden-Baden seine große Blütezeit als europäische Sommerhauptstadt erlebte, entstand eine Vielzahl bedeutender öffentlicher Kurparkanlagen und privater Villengärten, die schnell zum unverwechselbaren Flair des Modebads beitrugen. Schon bald konnten die Hoteliers der neuen Grandhotels nicht nachstehen und ließen rund um ihre prachtvollen Hotelbauten nicht minder aufwändig gestaltete Gärten anlegen. Nicht alle haben den Lauf der Zeit überstanden. Von mancher eindrucksvollen Gartenanlage vermitteln heute nur noch die vielen historischen Abbildungen im Stadtmuseum einen Eindruck vergangener Gartenpracht.

Doch glücklicherweise haben einige Hotels ihre lange Tradition bewahrt und ihre historischen Gärten erhalten, allen voran natürlich das weltberühmte Brenners Park-Hotel & Spa an der Lichtentaler Allee. Entlang des Oosufers erstrecken sich die gepflegten Brenners Gärten von der Frühstücksterrasse im Südosten bis zu den neu gestalteten Spa-Gärten im Nordwesten.

Geradezu intim wirkt dagegen der rundum eingefriedete Garten des Hotels Belle Epoque, zu dem vom Hotel eine breite Freitreppe herabführt. Wie ein Gartensalon ergänzt der kleine Park im französischen Stil das edle Stadtpalais.

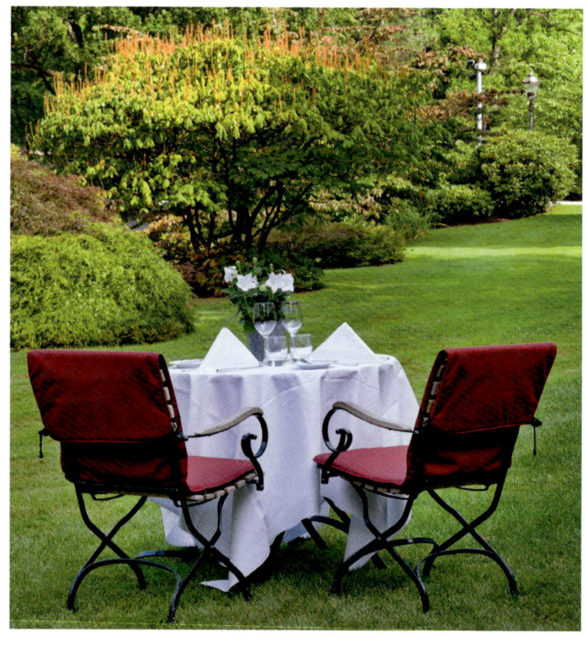

Ganz anders wiederum zeigt sich die großzügige Weite des Parks der Kurpark-Residenz Bellevue mit seinen eindrucksvollen Bäumen und malerischen Rasenflächen, einem von Säulen getragenen Pavillon und dem Brunnen im Rosenrondell. Wie beim Brenners erfährt die Lichtentaler Allee auch hier eine eindrucksvolle Erweiterung auf der rechten Uferseite der Oos.

Zu besonderer Berühmtheit gelangte der Garten am Hotel Badischer Hof durch seinen Thermalwasserbrunnen, der als telegener Dreischalenbrunnen zu einem der bekanntesten Wahrzeichen Baden-Badens avancierte. So sind die Hotelgärten mehr als der schmückende grüne Rahmen bedeutender Hotels, sie sind unverzichtbarer Teil der grünen Baden-Badener Gartenlandschaft.

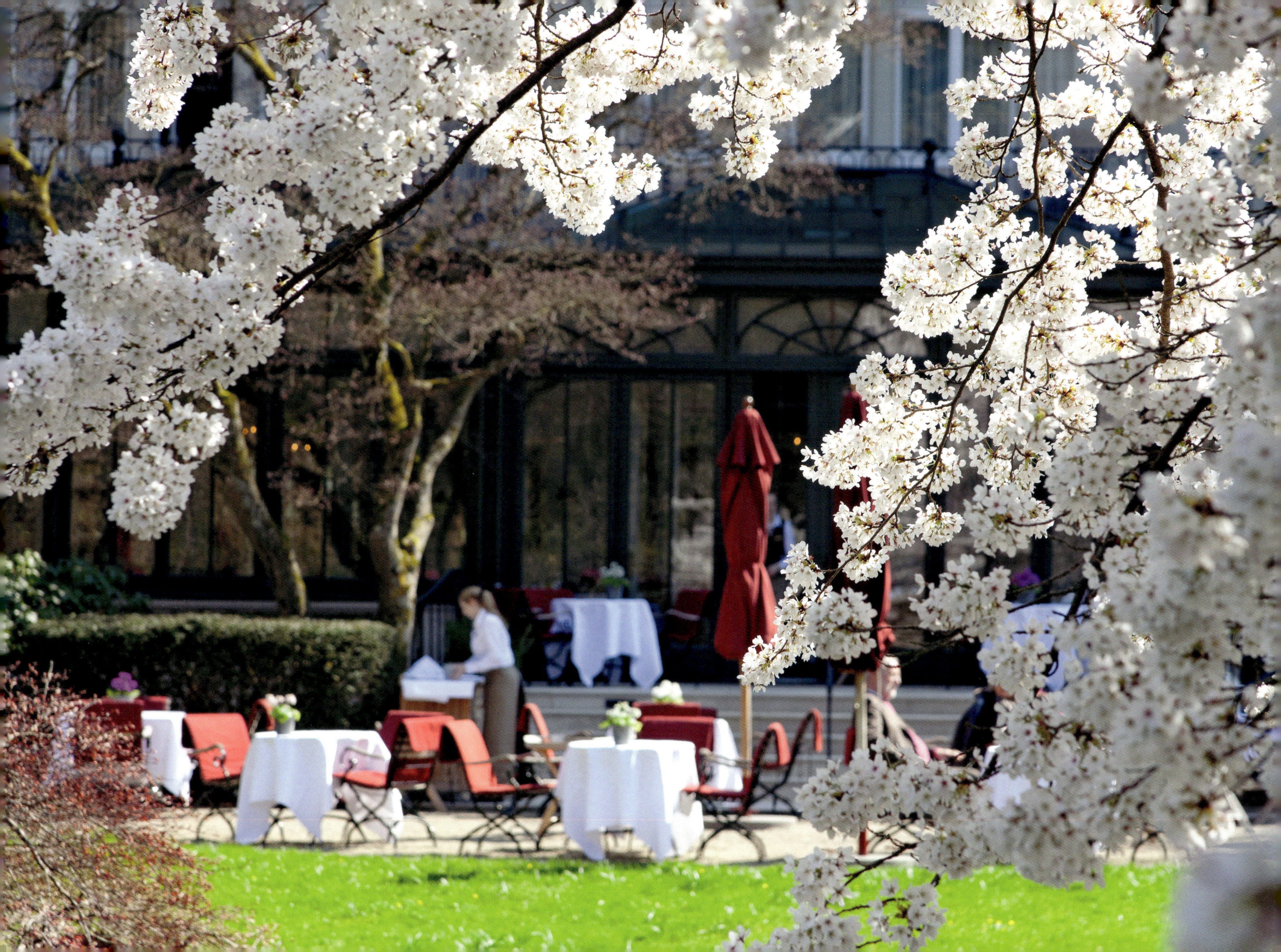

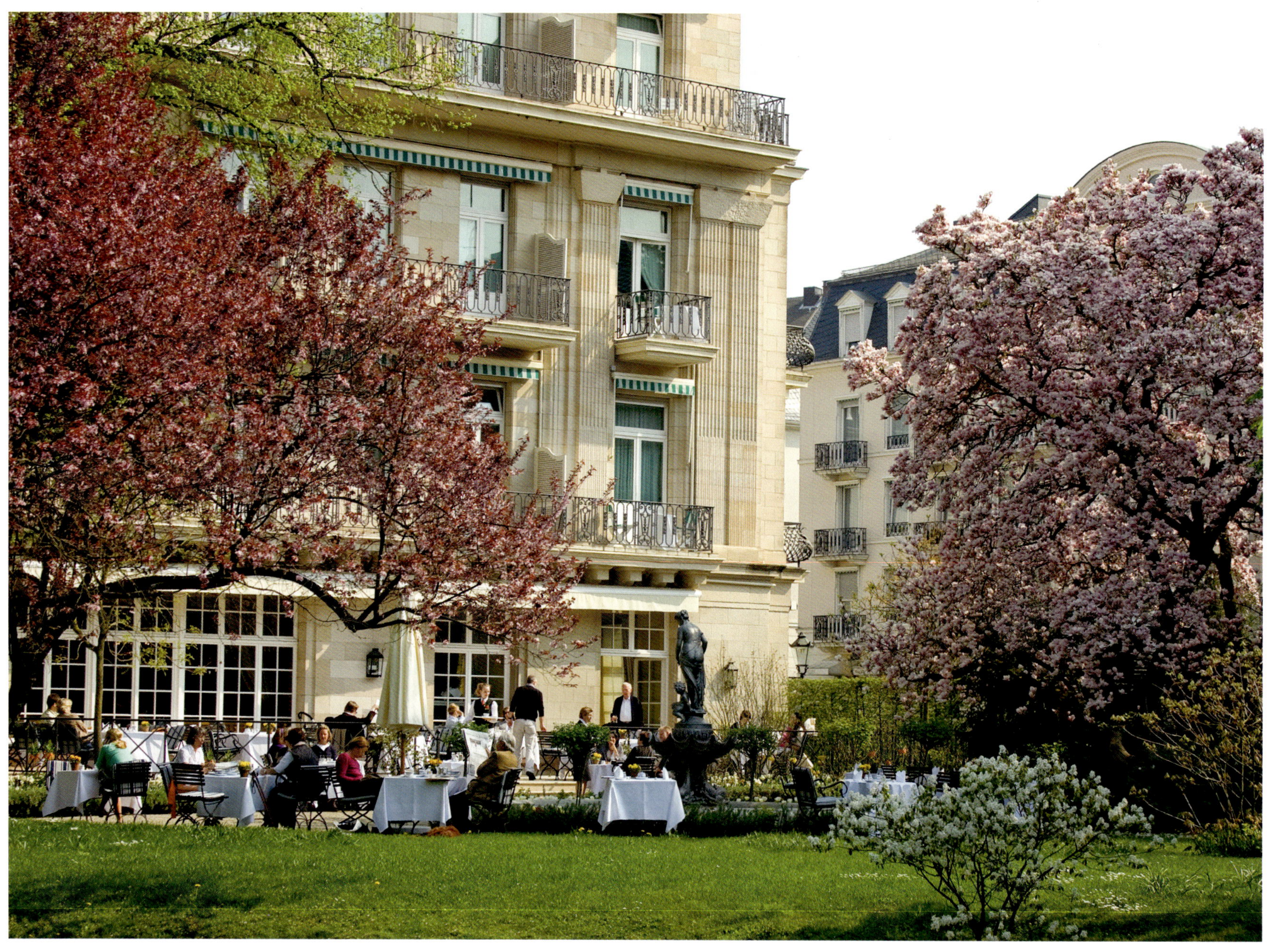

Speisen im grünen Salon: Genuss pur im Garten von Brenners Park-Hotel & Spa

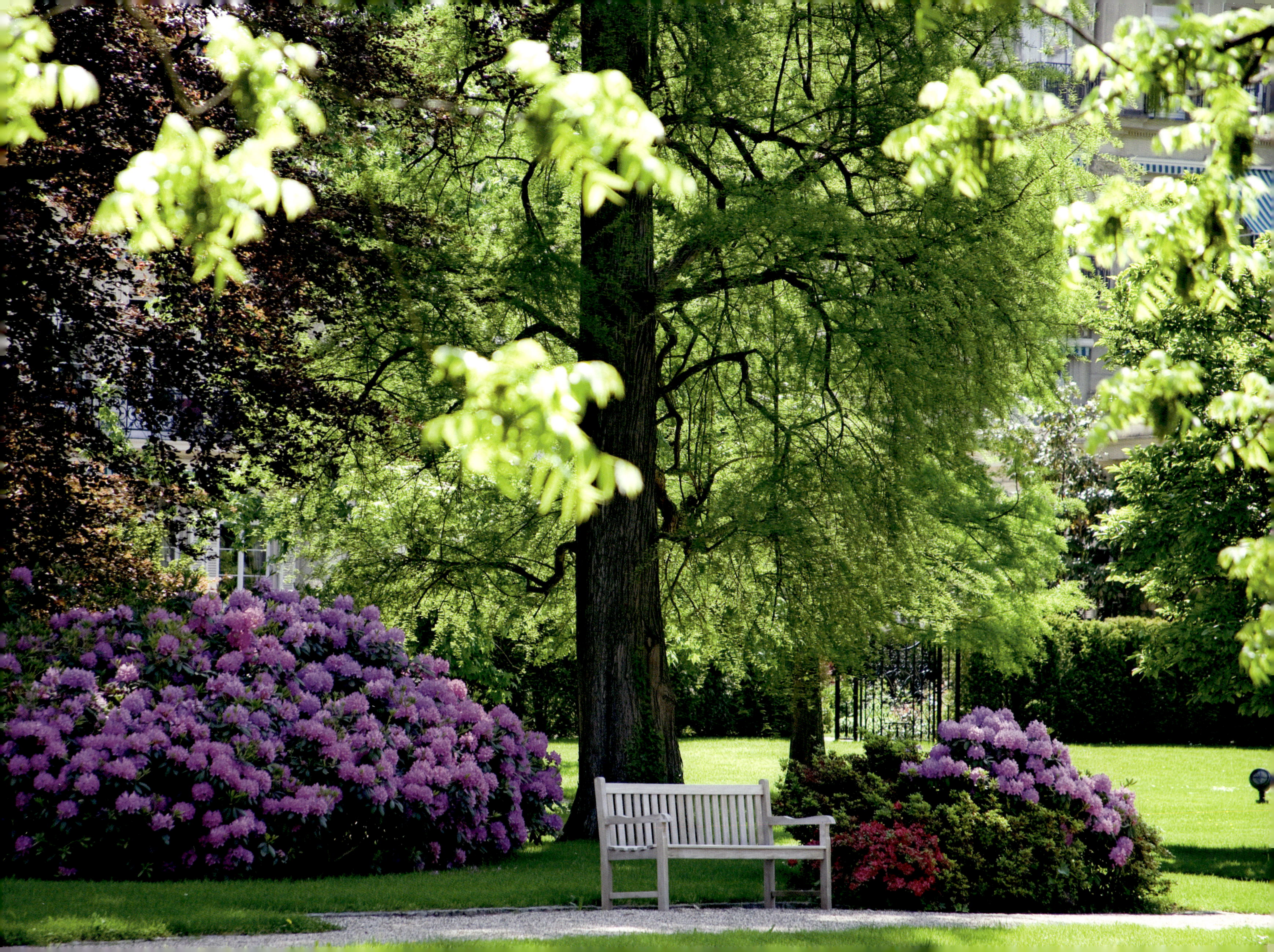

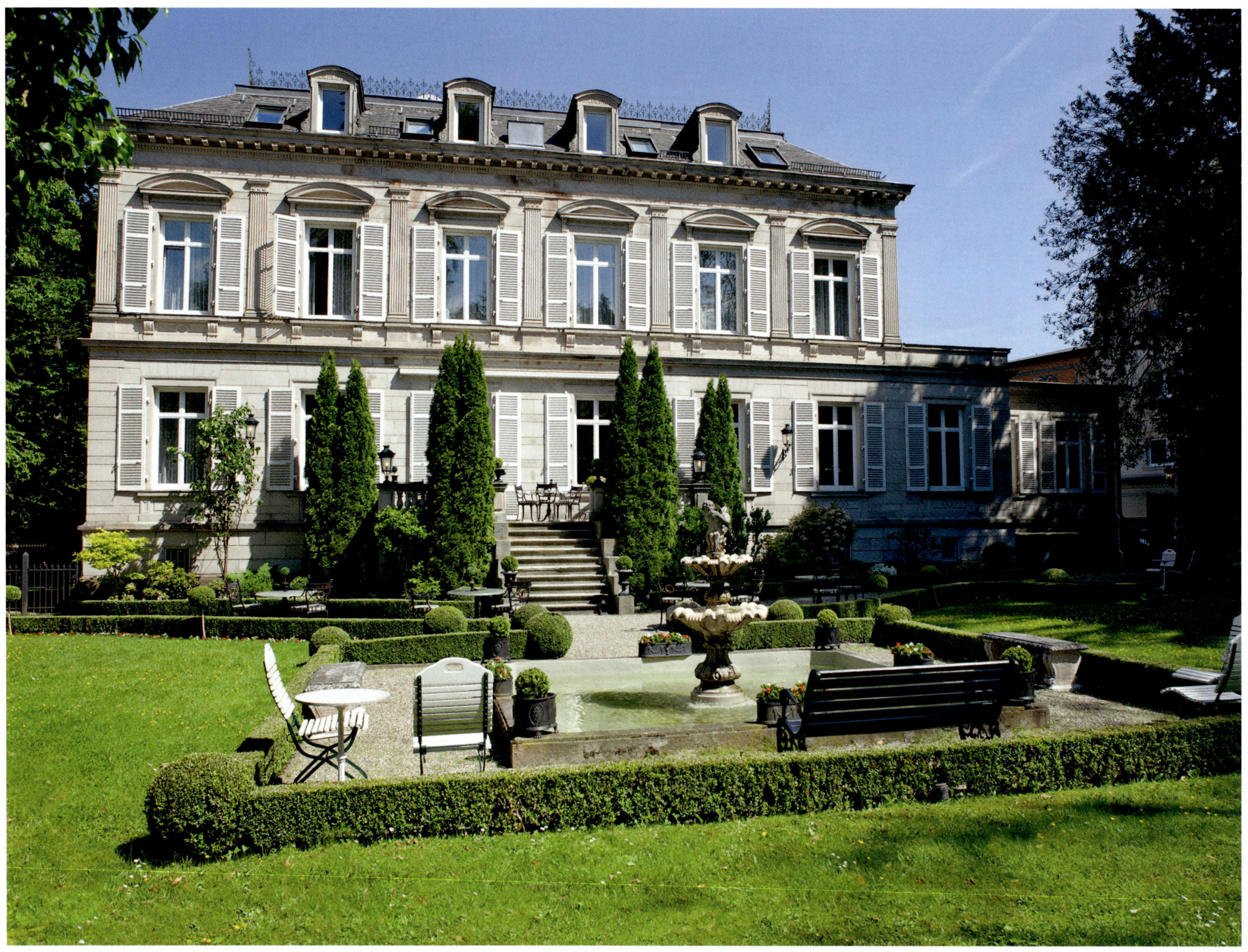

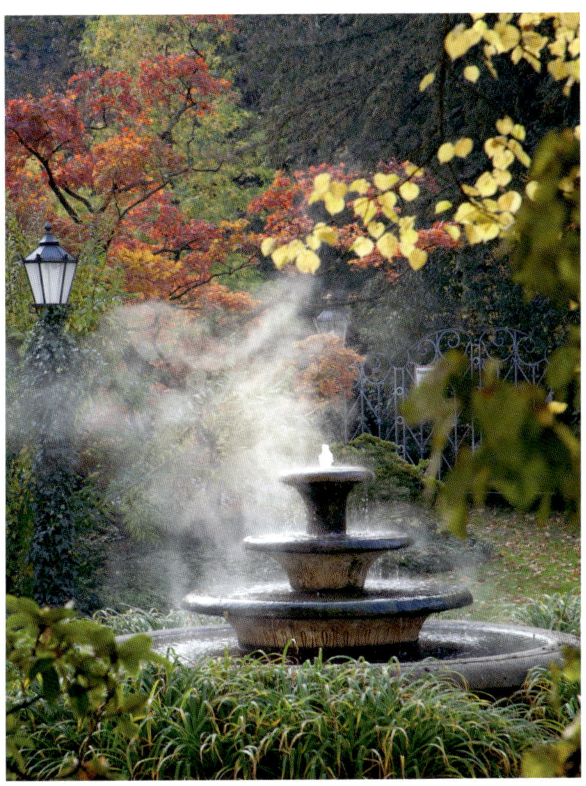

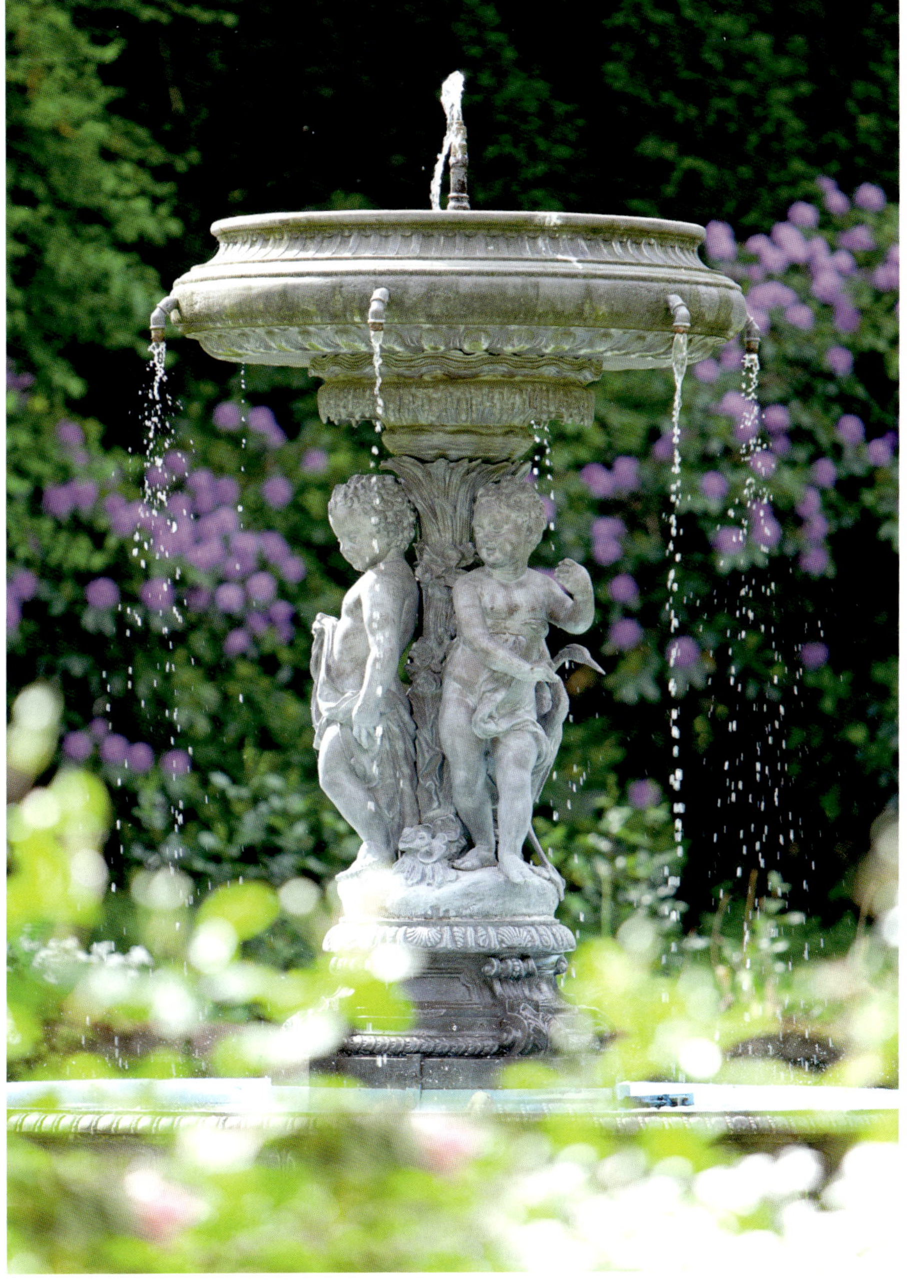

Unverzichtbarer Bestandteil eines Gartens an einem Grandhotel der Bäderstadt waren Brunnen. Das Hotel Belle Epoque, die Kurpark-Residenz Bellevue und der Badische Hof schaffen bis heute mit ihren historischen Brunnen markante Blickpunkte in ihren Park- und Gartenanlagen.

Der Hauptfriedhof – mehr als ein Ort der letzten Ruhe

Ein Ort der Stille, des Erinnerns und des Gedenkens ist der Hauptfriedhof, der seit mehr als 170 Jahren als wichtigster Bestattungsplatz in Baden-Baden dient. Und doch ist der Hauptfriedhof viel mehr als ein einfacher Begräbnisplatz: Er ist ein Ort der Geschichte, der Kontemplation und zugleich ein ungewöhnlicher Park mit eindrucksvollem Baumbestand und bemerkenswerten Denkmälern.

Friedhöfe gehören zu den ältesten gestalteten Freiräumen der mittelalterlichen Städte, in denen die Verstorbenen zumeist in oder unmittelbar an den Kirchen bestattet wurden. Auch in Baden-Baden befand sich der erste Begräbnisplatz an der Stiftskirche im Zentrum der Stadt. Erst ab 1452 wurden alle Begräbnisse vor der Stadtmauer auf dem Friedhof an der Spitalkirche vorgenommen, der fast drei Jahrhunderte am Fuß des Schlossbergs bestehen blieb. Doch die beengte Situation und der aufstrebende Kurbetrieb erforderten im 19. Jahrhundert die Anlage eines neuen Begräbnisplatzes abseits der Innenstadt und der Thermalquellen. An den Ausläufern des Merkurbergs gelegen, fand sich ein langgestrecktes Areal, an dem ab 1840 mit der Anlage eines neuen Friedhofs begonnen wurde. Seitdem wurde der Hauptfriedhof, ergänzt um eine Kapelle von Heinrich Hübsch und ein Krematorium, immer wieder erweitert und ausgebaut.

Heute ist ein Spaziergang über den Friedhof zugleich ein Streifzug durch die jüngere Baden-Badener Geschichte. Bedeutende Schriftsteller, Architekten, Maler und Musiker, Unternehmer und Mäzene fanden hier ihre letzte Ruhe. Ihre eindrucksvollen Grabdenkmäler und Mausoleen tragen zur besonderen Atmosphäre des Friedhofs bei. Doch manchmal sind es nur eine einzelne marmorne Urne oder eine Engelsgestalt zwischen blühenden Rhododendren und Azaleen, die das Außergewöhnliche des stimmungsvollen Friedhofs besonders spürbar werden lassen.

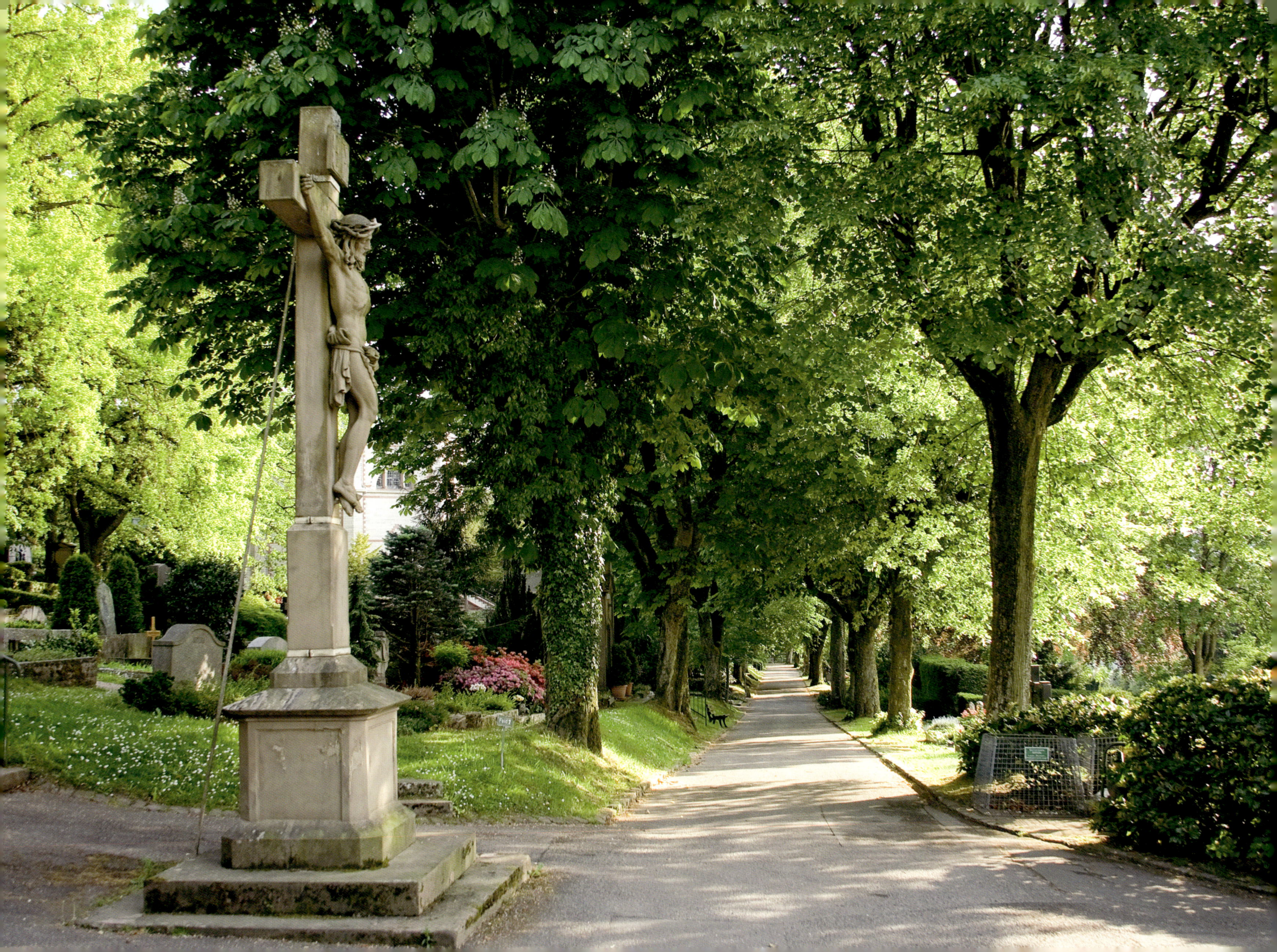

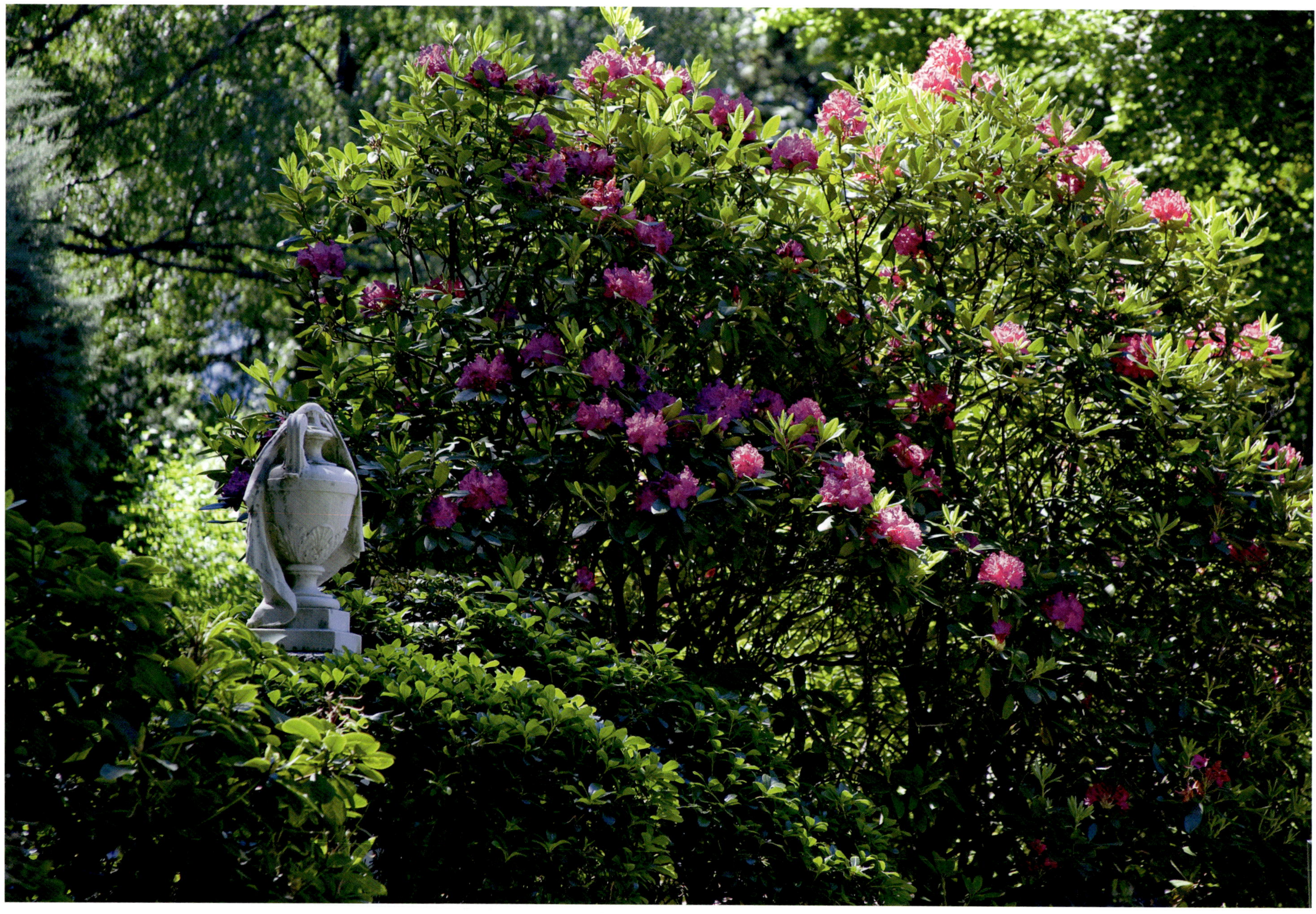

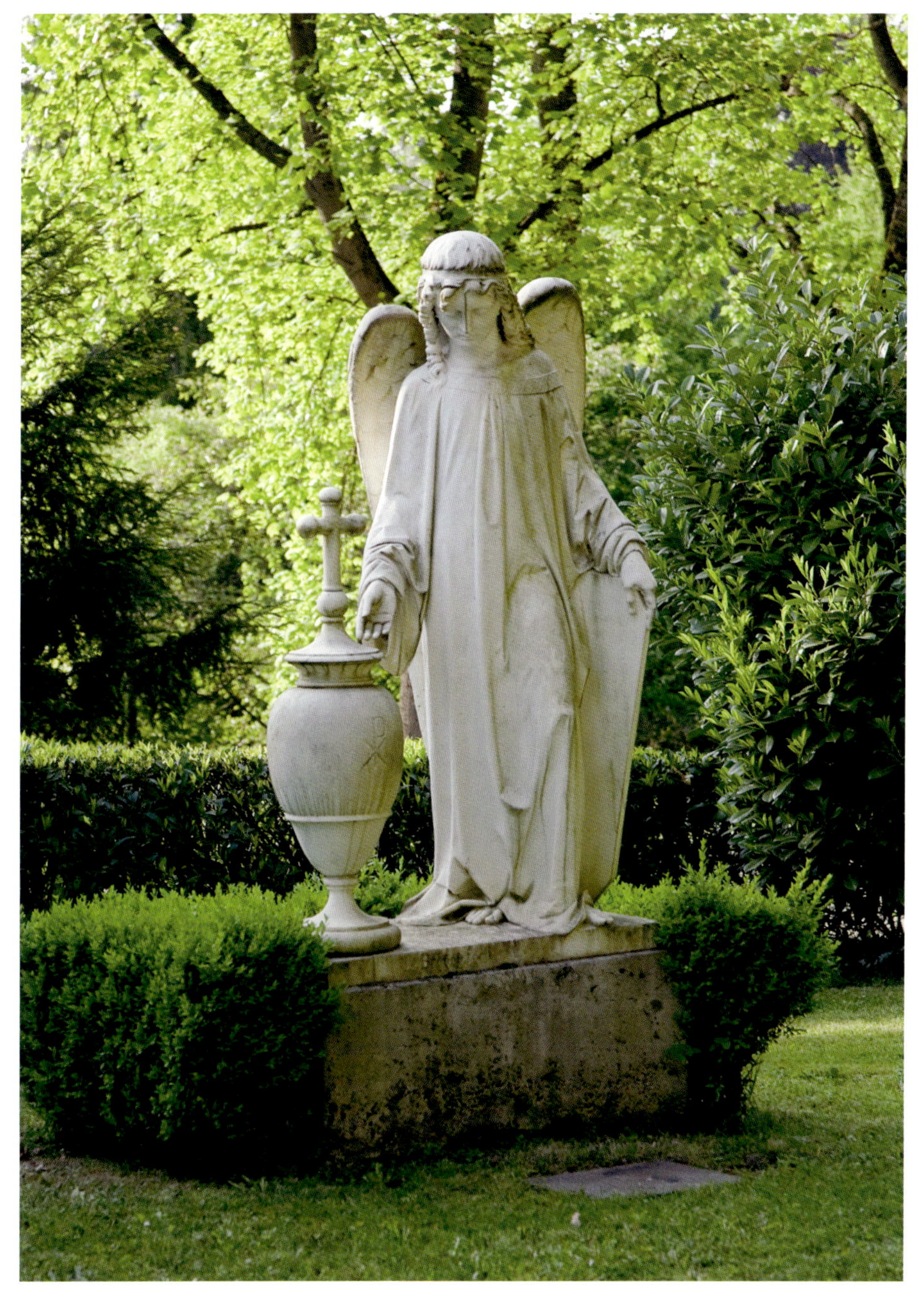

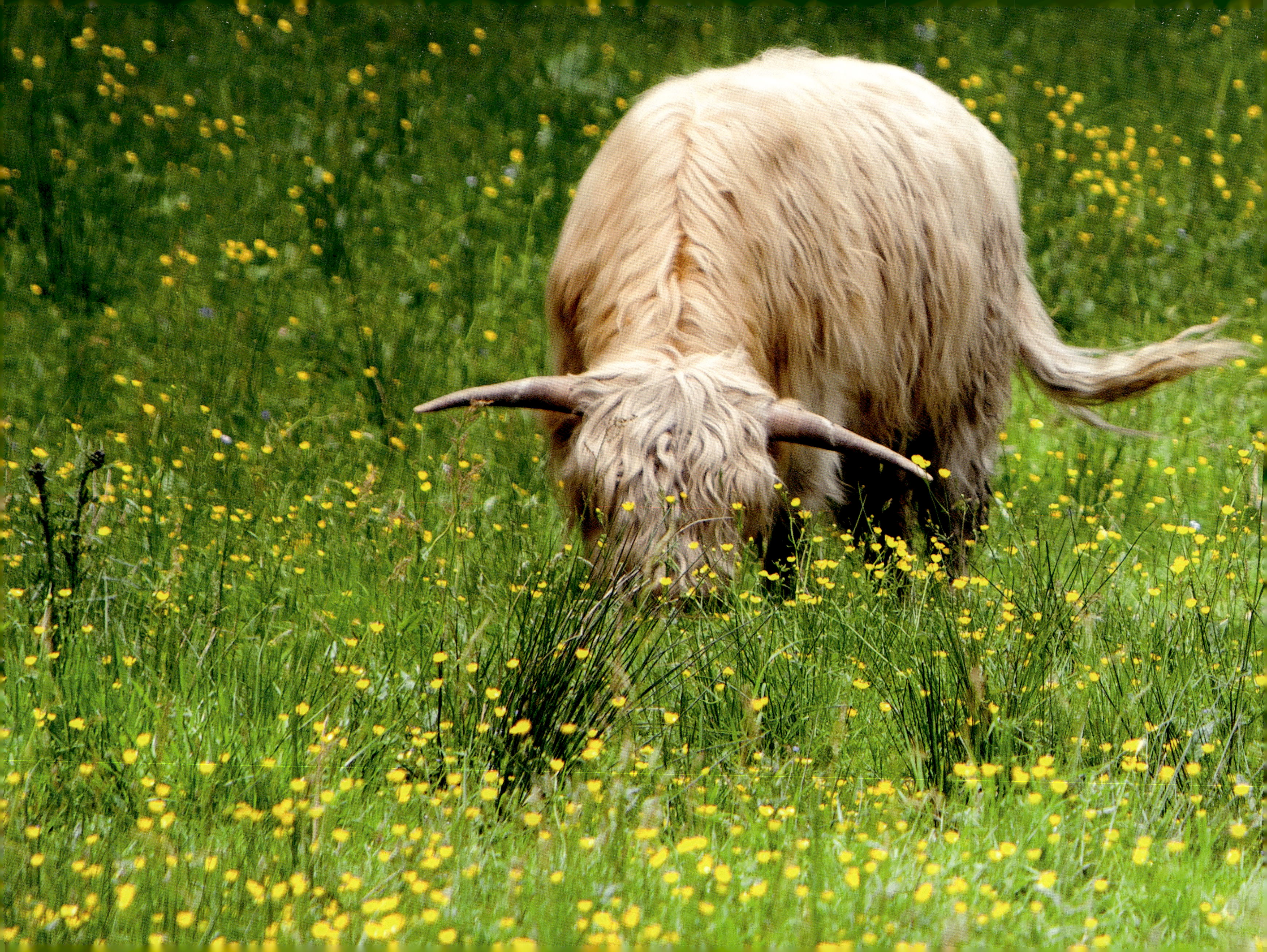

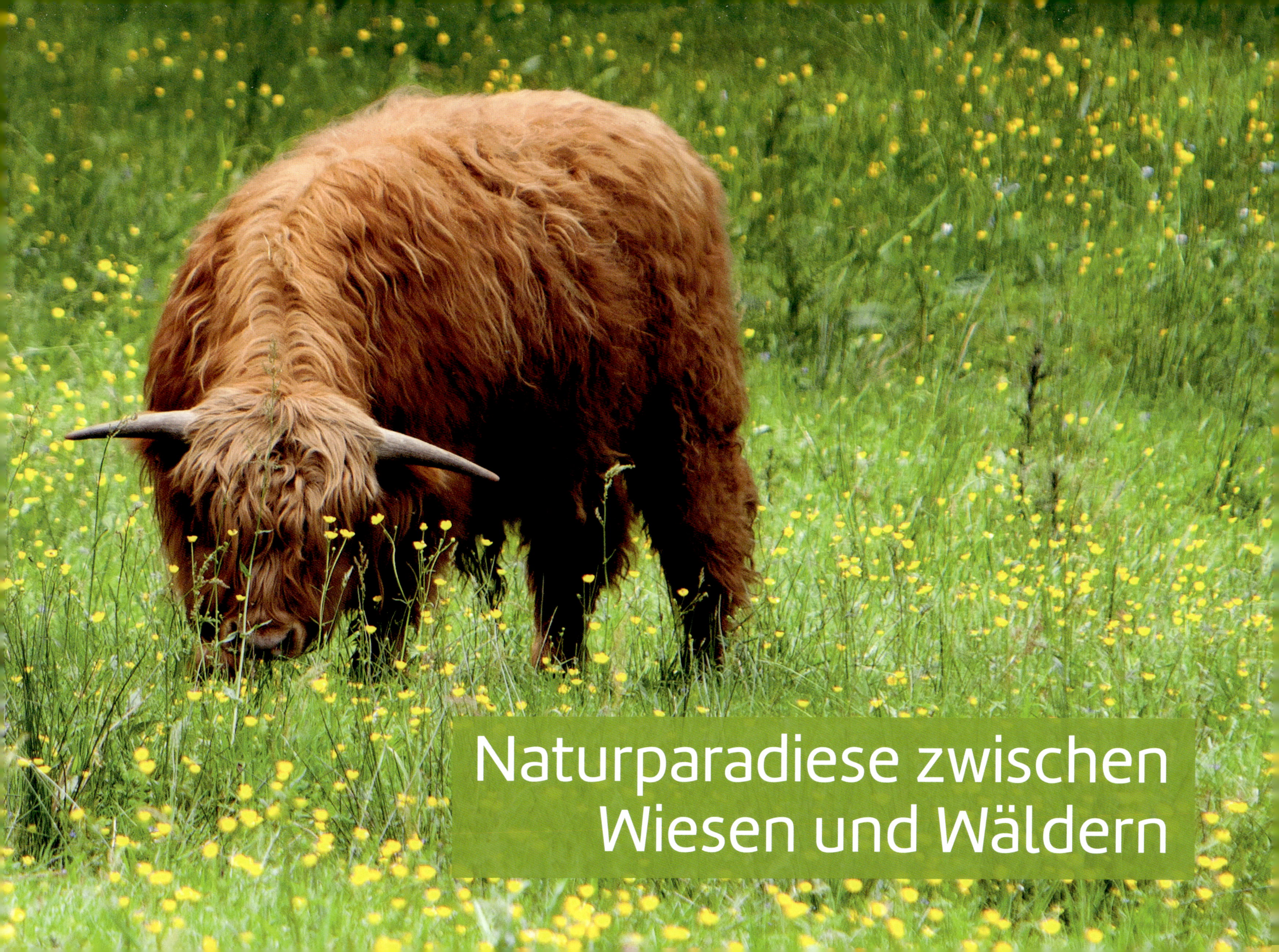

Naturparadiese zwischen Wiesen und Wäldern

Streuobstwiesen – blühender Gürtel um Baden-Baden

Die Streuobstwiesen umgeben Baden-Baden wie ein grünes Band und sind der Übergang zwischen den Parkanlagen und Gärten der Stadt und dem angrenzenden Stadtwald. Die Übergänge zum Wald sind oftmals fließend, und so ist es gut, dass seit vielen Jahren die Pflege dieser Grünflächen in den Händen des städtischen Forstamtes liegt. Viele alte Obstbaumsorten mit so wohlklingenden Namen wie ‚Goldrenette' oder ‚Gravensteiner' finden sich auf diesen Wiesen. Hier wachsen noch die alten, knorrigen Hochstämme, die für den Naturschutz so wertvoll sind und wo Grünspechte und Fledermäuse ihren Lebensraum finden. Heute erscheint uns diese Landschaft so vertraut, als wäre sie schon immer da gewesen.

Doch alte Fotografien und Karten zeigen, dass die heutigen Wiesen oftmals als Äcker genutzt wurden. Der aufmerksame Betrachter erkennt noch an vielen Hanglagen die Terrassierung, die auf den Einsatz des Pfluges und den Ackerbau zurückgeht. Als Wiesen wurden nur ortsferne Lagen oder nasse Talauen genutzt. Reste davon finden sich noch heute im hinteren Stadtwald im Oostal oder im oberen Grobbachtal. Häufig wurden diese Wiesen durch ein wohldurchdachtes System an hangparallelen Gräben be- und entwässert. Größere Gehölze waren dort nur selten zu finden, nur zur Brennholzgewinnung gab es sogenannte Niederwälder aus Eichen, Kastanien oder Haselnüssen. Diese haben die Fähigkeit, erneut aus dem abgesägten Wurzelstock auszutreiben. So konnte man sie alle paar Jahre nutzen und „auf den Stock setzen".

Heute müssen die Wiesen stetig gepflegt werden, um den natürlich vordringenden Wald zurückzuhalten. Viele der Grundstücke fallen brach, da sie im Eigentum von Privatleuten sind, welche die Nutzung aufgegeben haben. Auf diesen Flächen werden die alten Zäune abgebaut, damit sie beweidet werden können. Die Baden-Badener Wiesen beherbergen so viele seltene Pflanzen- und Tierarten, dass ein großer Teil von ihnen als europäisches Schutzgebiet Natura 2000 ausgewiesen wurde. Das Sauersboschtal und die umliegenden Wiesen wurden im Jahr 2013 zum Naturschutzgebiet erklärt. Hier erfreuen Orchideen und Schmetterlinge das Auge.

Die Erzeugnisse der regionalen Landwirte und das Wildfleisch aus dem Baden-Badener Wald können im Naturparkmarkt „Geroldsauer Mühle" erworben oder gleich in der angeschlossenen Gastwirtschaft verzehrt werden.

Der Panoramaweg, ein 42 Kilometer langer prämierter Wanderweg, führt den Wanderer rund um die Stadt Baden-Baden. Er schlängelt sich durch die schönen Wiesentäler, Streuobstwiesen und naturnahen Wälder und gewährt immer wieder wunderschöne Ausblicke auf die Stadt. In mehrere Etappen aufgeteilt, bietet er auch einen guten Zugang zu Hotels und Pensionen. Am besten erwandert man den Panoramaweg im Frühjahr zur Blüte, oder im Herbst, wenn sich die Blätter verfärben und die Wälder in allen Farben erblühen lassen.

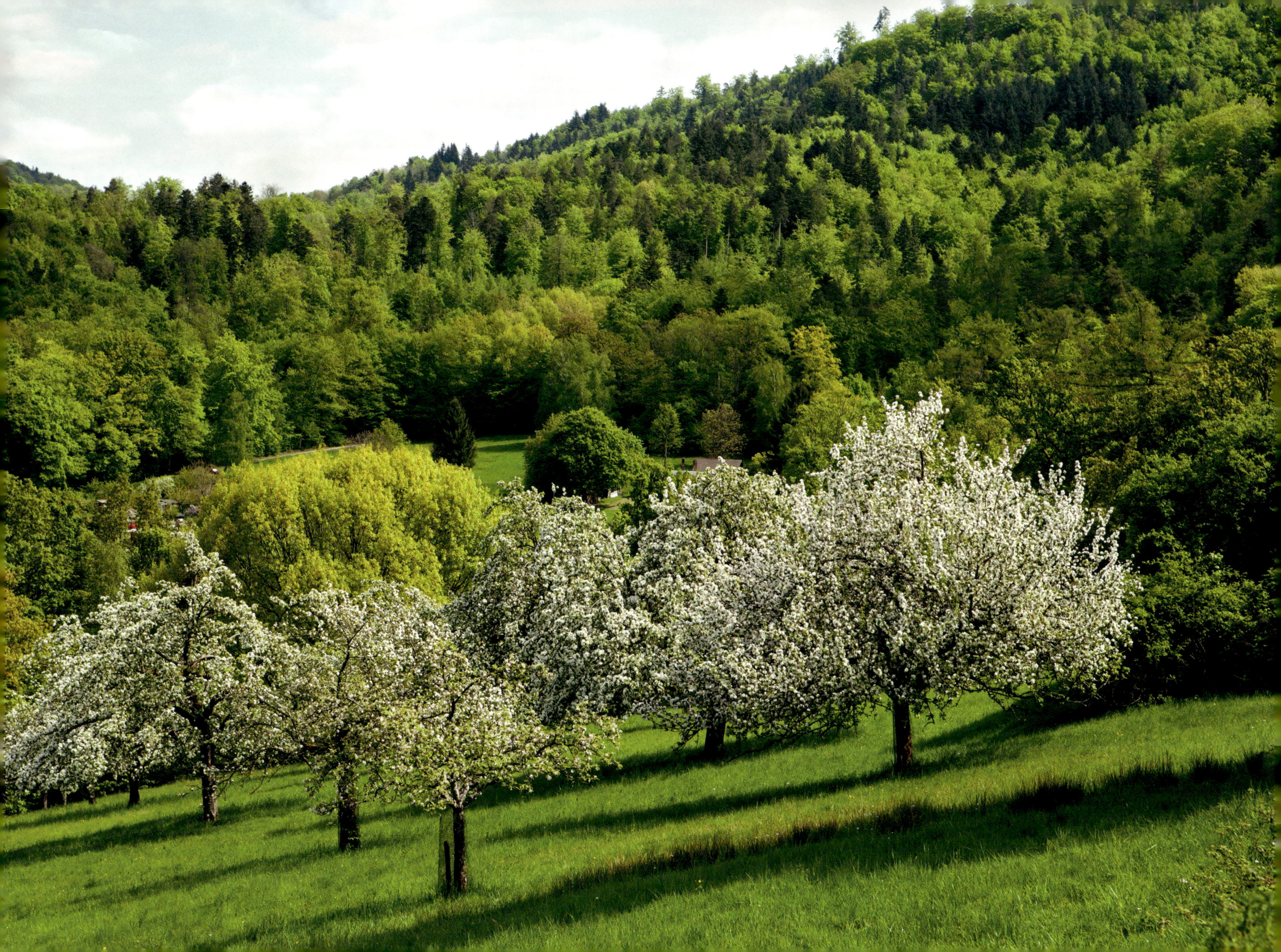

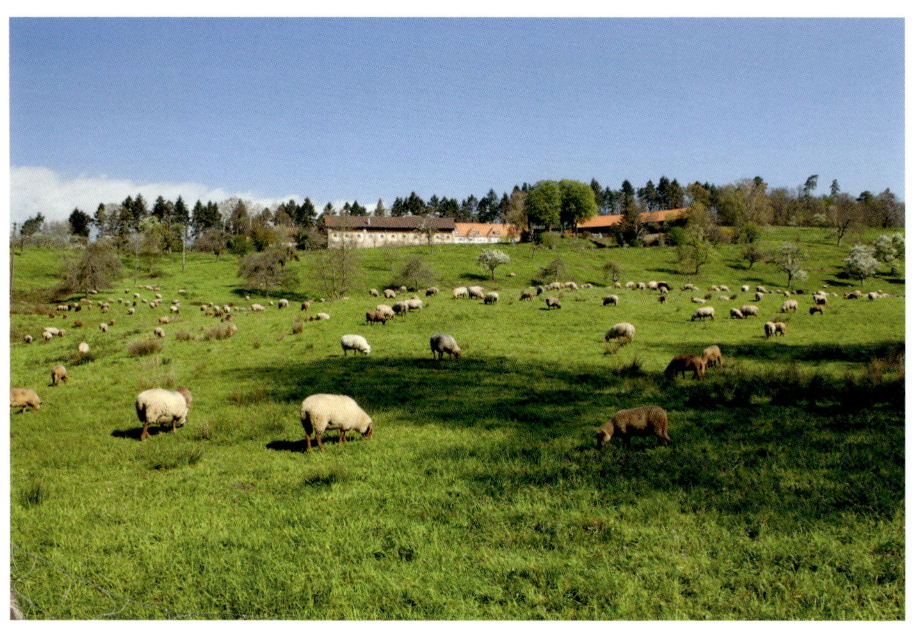

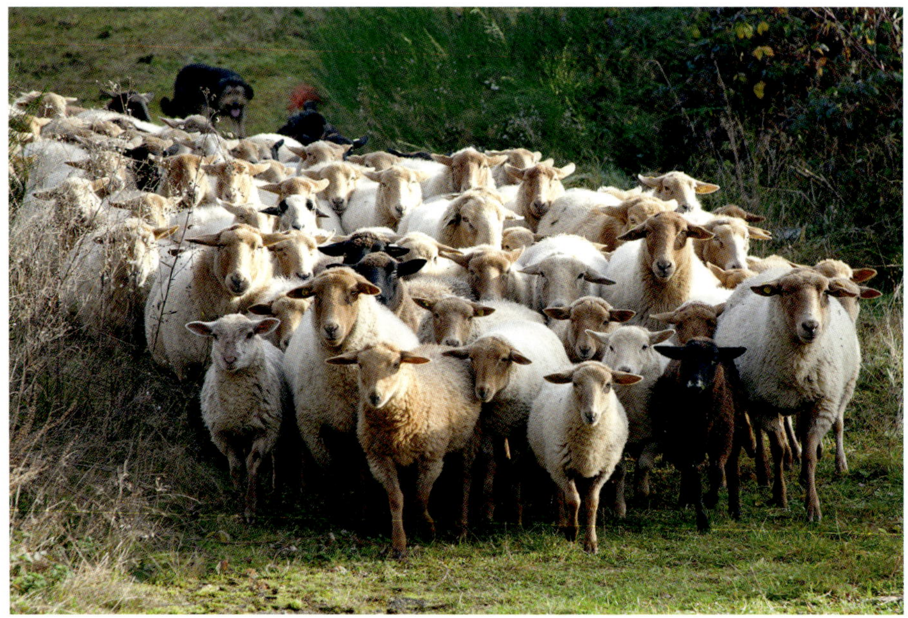

Ohne die Baden-Badener Landwirte wäre eine Pflege der Streuobstwiesen nicht möglich. Vor etwa sechzig Jahren wurde auf Initiative des städtischen Forstamtes mit der Rinderweide in den Wiesentälern begonnen, kurz darauf folgte die Schafweide um die Ortsteile herum. Heute grasen einige hundert Schafe in ursprünglicher Hütehaltung rund um Baden-Baden, unterstützt von Ziegen, die auch jene Gehölze fressen, die von den Schafen verschmäht werden. Auf den Waldwiesen weiden inzwischen auch Schottische Hochlandrinder. Zur Landschaftspflege sind diese Tiere unabdingbar, zusätzlich liefern sie aber auch ein wohlschmeckendes und gesundes Fleisch.

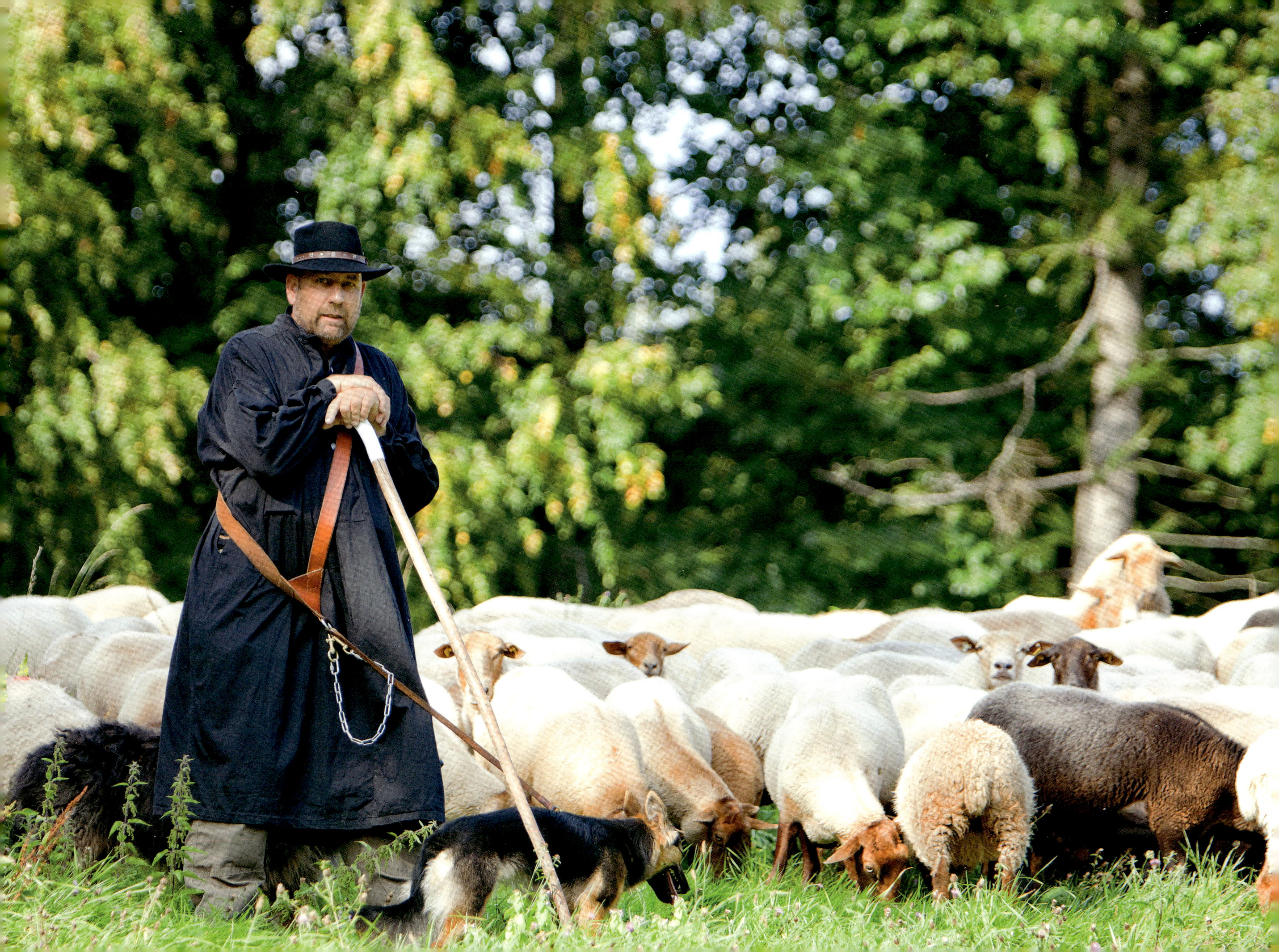

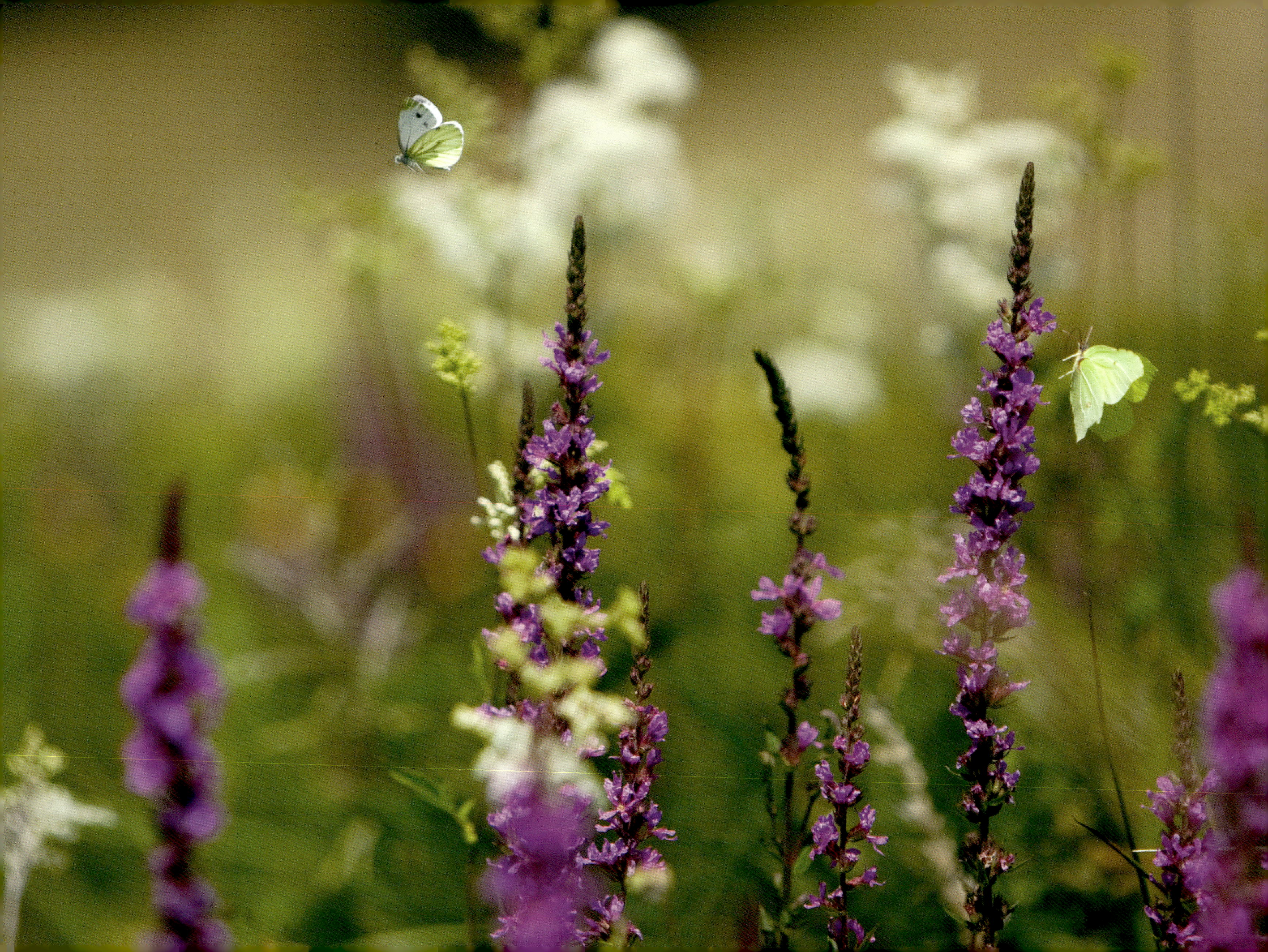

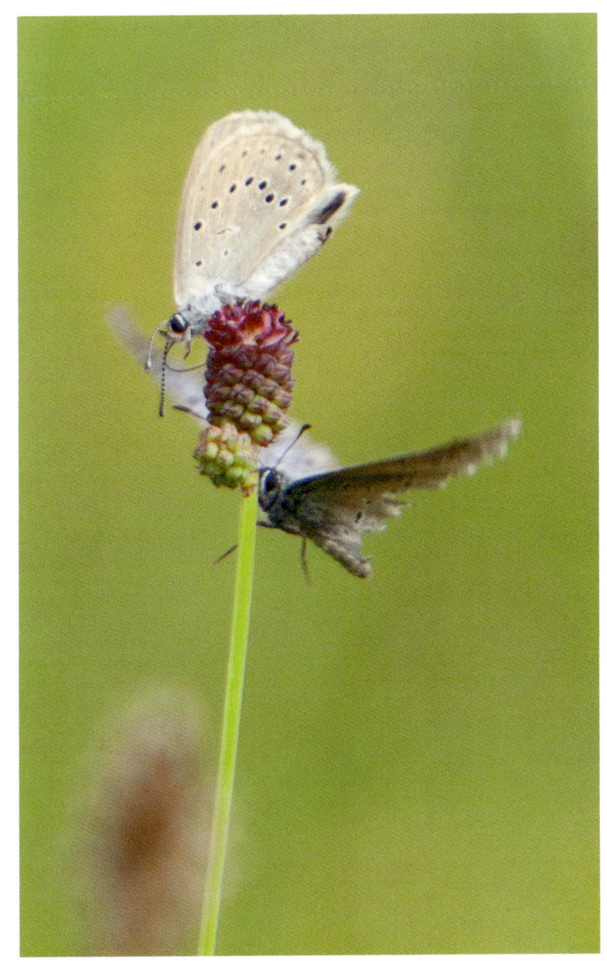

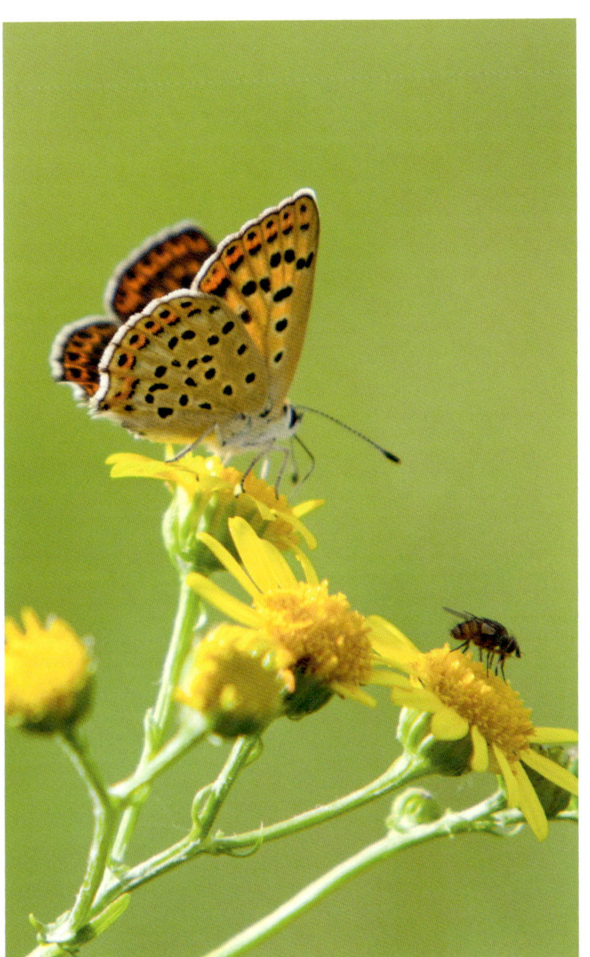

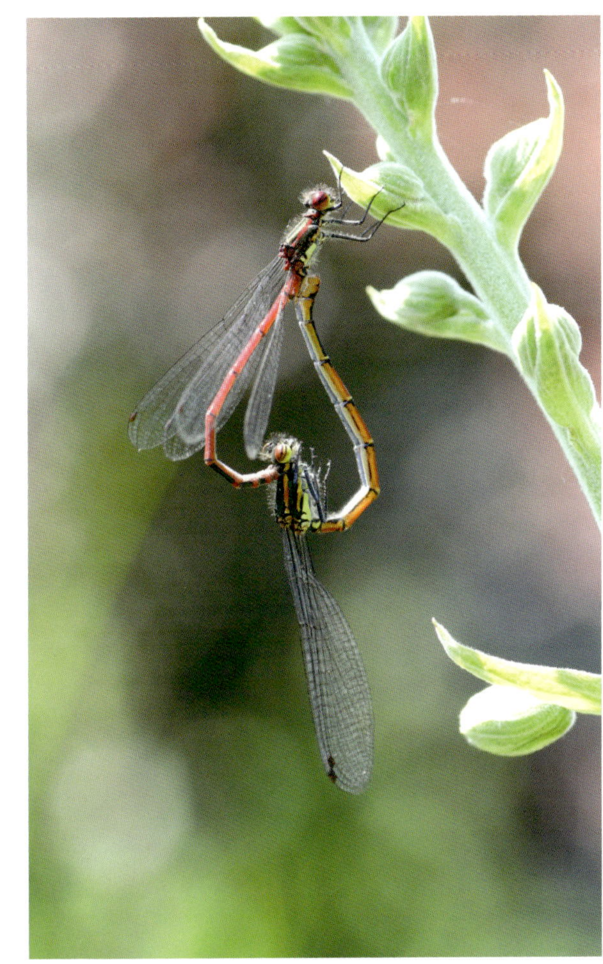

Der Stadtwald

Silva Nigra, der „schwarze Wald" – düster erschien den Römern der Schwarzwald, als sie durch das Rheintal nach Aqua Aurelia zogen. Heute zeigt sich der Baden-Badener Stadtwald von seiner freundlichen Seite: Naturnahe Mischwälder mit viel Laubholz, wie der heimischen Buche, begleiten den Besucher. Auch die Tanne, ein wichtiger Bestandteil des natürlichen Bergmischwaldes, erlebt eine Renaissance: Jeder sechste ältere Baum ist hier inzwischen wieder eine Tanne –und ihr Anteil steigt weiter an.

Nachhaltigkeit hat im Baden-Badener Stadtwald eine sehr lange Tradition, und so wird nie mehr Holz eingeschlagen als nachwächst. Dies ist allerdings nicht immer so gewesen. Denn die starken Holznutzungen der vergangenen Jahrhunderte haben auch vor dem Stadtwald nicht haltgemacht. Die ersten Erhebungen über die Vorräte und Baumartenanteile sind aus dem Jahre 1857 überliefert: Damals war der Wald sehr stark geprägt von Tannen und Buchen, die Fichte war nur selten vorhanden. Durch die intensiven Nutzungen und die Reparationsleistungen nach den Weltkriegen wurde die Fichte dann verstärkt angepflanzt, da sie sehr schnell wächst und mit dem extremen Klima auf den großen Kahlflächen gut zurechtkam, die Schatten liebende Tanne hingegen hatte es hier schwer.

Einen Einschnitt erlebte der Stadtwald mit den großen Orkanen der neunziger Jahre des letzten Jahrhunderts: „Lothar" verwandelte an Weihnachten 1999 knapp ein Drittel der Waldfläche Baden-Badens innerhalb weniger Stunden in ein undurchdringliches Dickicht aus übereinandergeworfenen Stämmen und zeigte die Naturgewalt solcher Ereignisse. Doch was für den Menschen ein immenser wirtschaftlicher Schaden war, ist für den Wald nur ein kurzer Moment in seiner Lebensspanne. Der neu heranwachsende Wald zeigte, wozu die Natur fähig ist. Eine reichhaltige Verjüngung verschiedenster Baumarten unter der behutsamen Regie der städtischen Förster ließ einen schönen und stabilen Mischwald für die nächsten Generationen entstehen.

Seither und mit dem Waldumbau hin zu mehr Laubholz nehmen die reinen Fichtenbestände kontinuierlich ab. Denn die naturgemäße Waldwirtschaft setzt auf die natürliche Verjüngung der Tanne und der Laubhölzer. Dies ist zudem der beste Weg, um den Wald in Zeiten des Klimawandels stabil zu halten. Die Sommer werden trockener, und auch die Orkane werden häufiger über den Wald fegen. Und daran ist die flach wurzelnde und kühles Klima liebende Fichte nicht angepasst. Dafür aber die Tanne und die Buche.

Gepflegt wird dieser junge Wald durch das städtische Forstamt sehr naturgemäß. Nur durch ganz wenige Arbeiten werden einzelne Bäume durch Entfernen ihrer Rinde, das sogenannte „Ringeln", zum Absterben gebracht. Dadurch bekommen die schönen und gesünderen Nachbarn mehr Platz zum Wachsen.

Der Wald und die Tiere, die darin leben, sind untrennbar miteinander verbunden. Viele seltene Tierarten finden im Stadtwald ideale Lebensbedingungen: Neben dem Charaktervogel des Schwarzwaldes, dem Auerhuhn, kann der aufmerksame Besucher auch den Rauhfußkauz und den Schwarzspecht entdecken. Sogar die heimische Wildkatze streift durch die Wälder, zu Gesicht bekommt man dieses scheue Tier allerdings nur selten. In den letzten Jahren hat

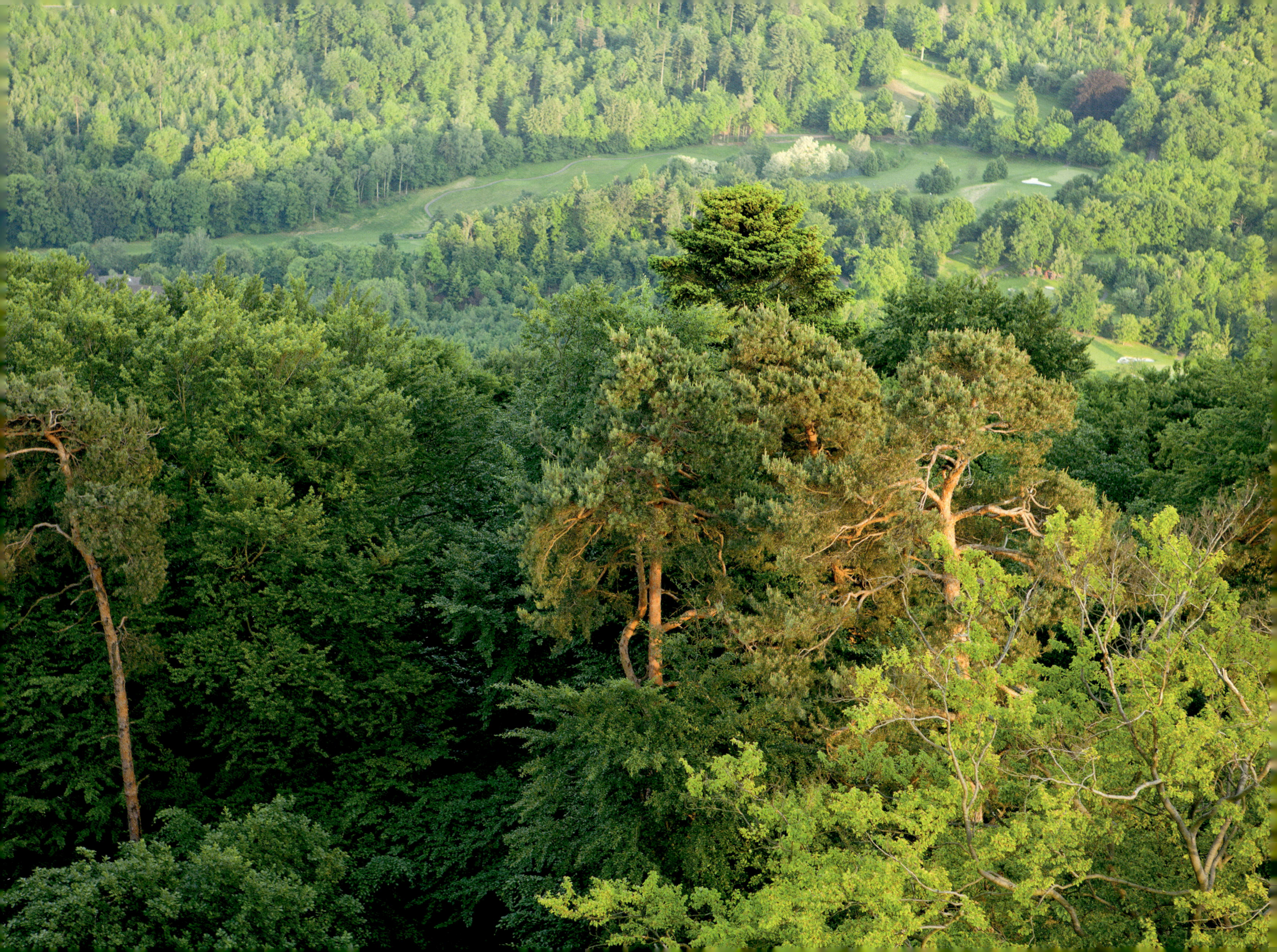

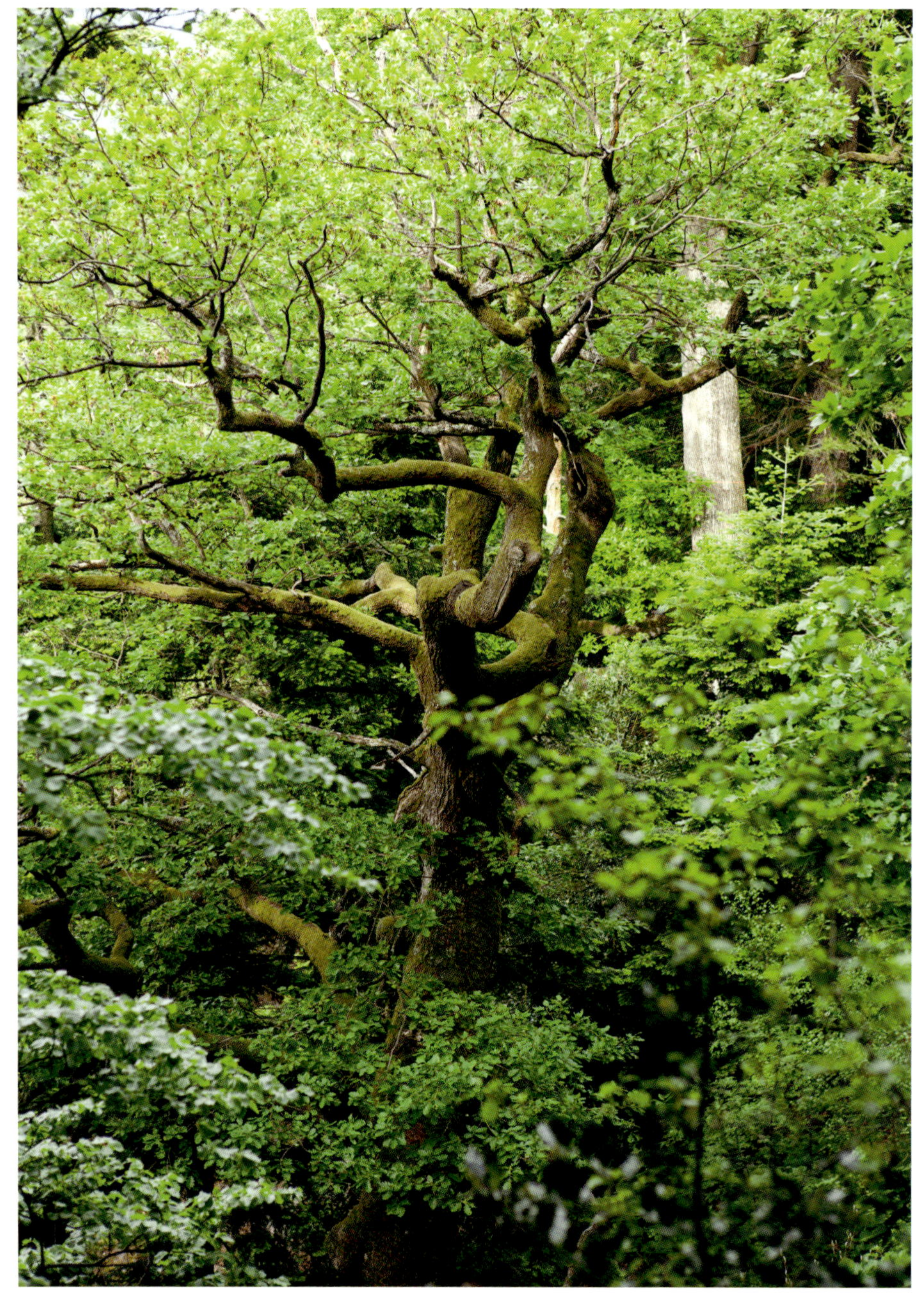

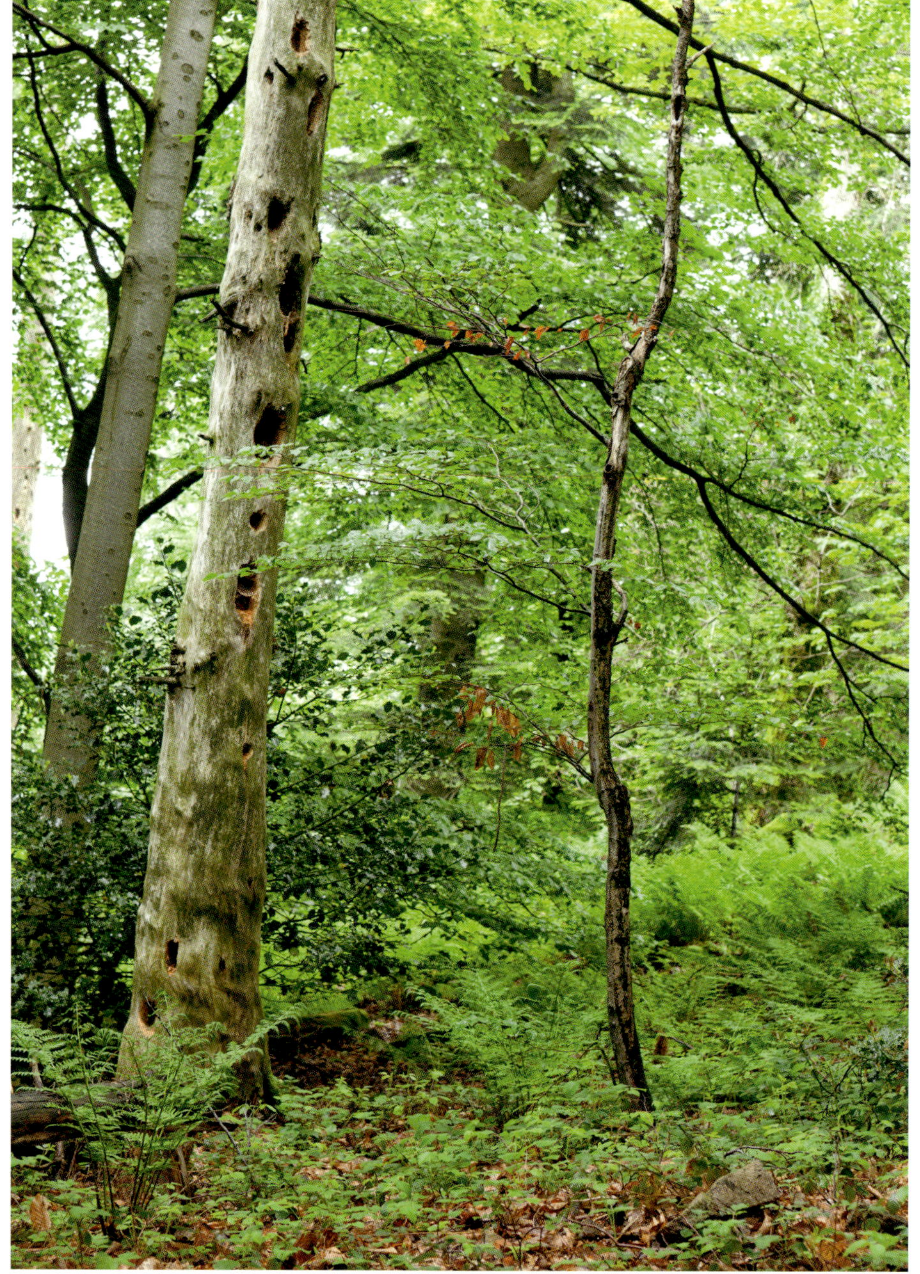

das städtische Forstamt zum Schutz dieser Tiere und ihrer Lebensräume alle Bäume mit Spechthöhlen markiert und unter besonderen Schutz gestellt. Mit dem Nationalpark wurden auch im Stadtwald über 400 Hektar der Natur überlassen. Sie stellen so ein einmaliges Wildnisgebiet dar.

Keine andere Stadt in Süddeutschland hat so viel eigenen Waldbesitz wie Baden-Baden. Die Übergänge vom Wald zu den Parkanlagen und Gärten der alten Villen sind fließend – zu Recht kann sich Baden-Baden auch Waldstadt nennen, immerhin bestehen zwei Drittel der Fläche aus Wald. Bewohner und Gäste lieben ihn gleichermaßen und nutzen ihn zum Wandern und Mountainbiken. Auch das gute Trinkwasser der Stadt kommt zum großen Teil aus seinen Quellen. Und nicht zuletzt: Die frische und im Sommer kühle Luft in der Stadt wäre ohne den Wald nicht vorhanden.

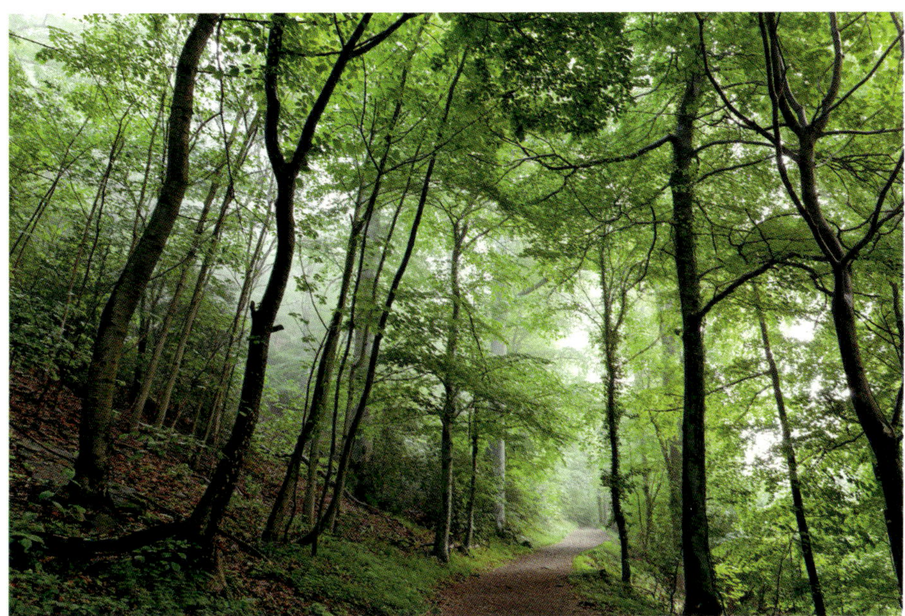

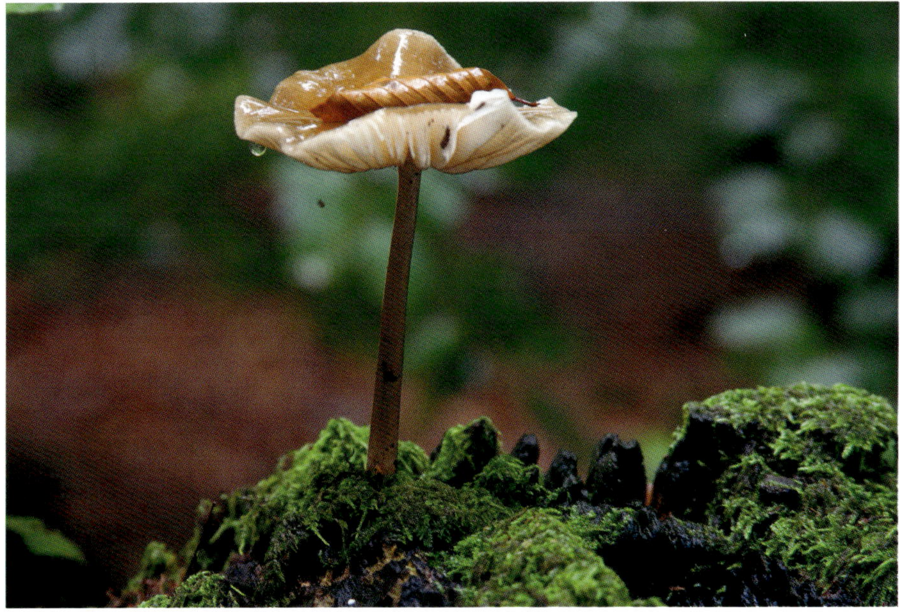

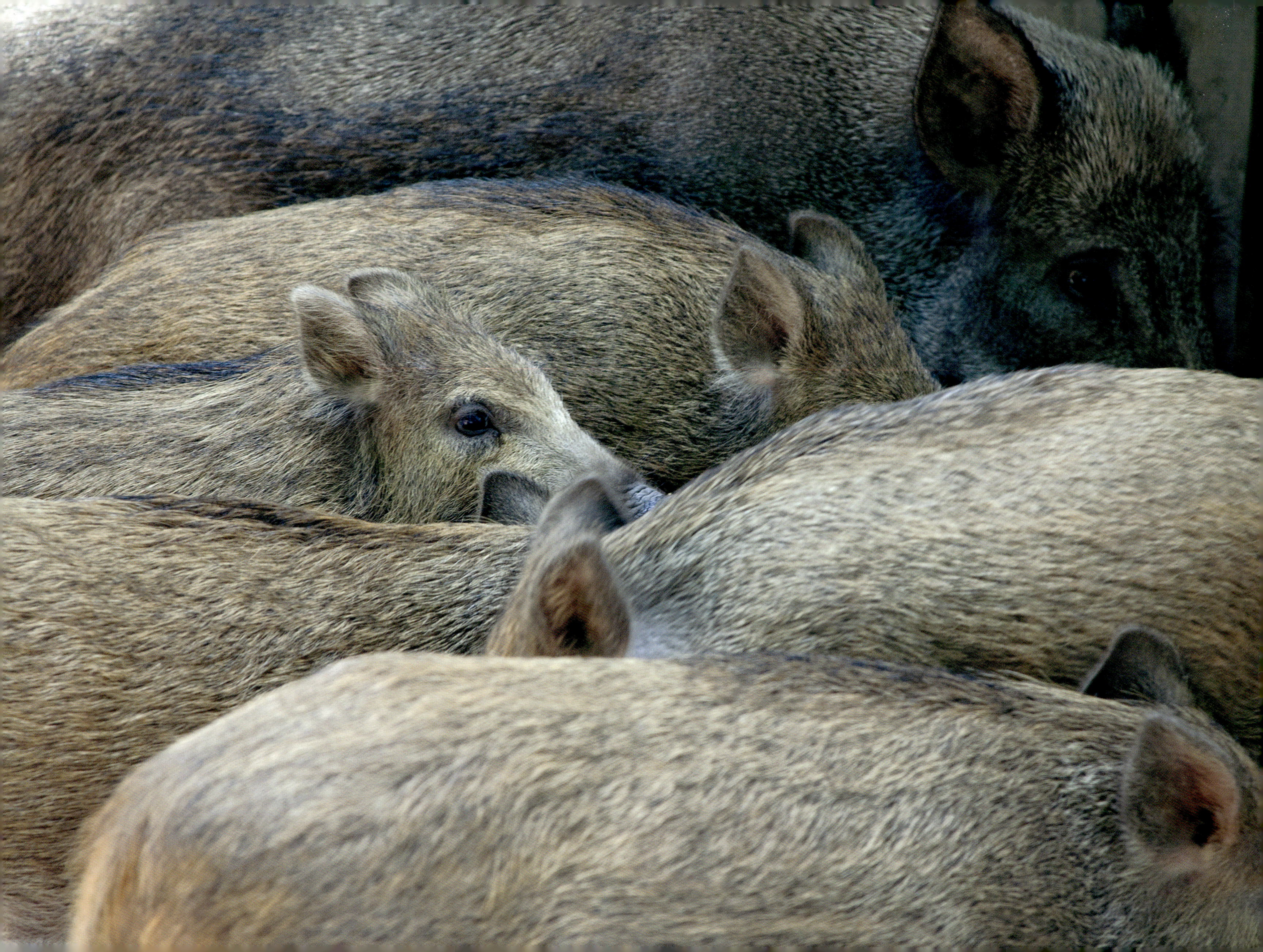

Die größten Tiere im Stadtwald sind Rotwild, Rehe und Wildschweine. Gerade letztere machen den Landwirten und Gartenbesitzern schwer zu schaffen, ihre Zahl muss daher kontrolliert werden. Auch Rehe und Rothirsche schaden dem Wald, wenn sie in zu großer Zahl vorkommen, denn sie lieben insbesondere die Triebe der jungen Tannen und machen allen Bemühungen, einen stabilen und artenreichen Mischwald zu erziehen, schlagartig ein Ende. Das erlegte Wild wird über die Geroldsauer Mühle als hochwertiges und gesundes Lebensmittel vermarktet und findet sich auf den Speisekarten der guten Restaurants in Baden-Baden wieder.

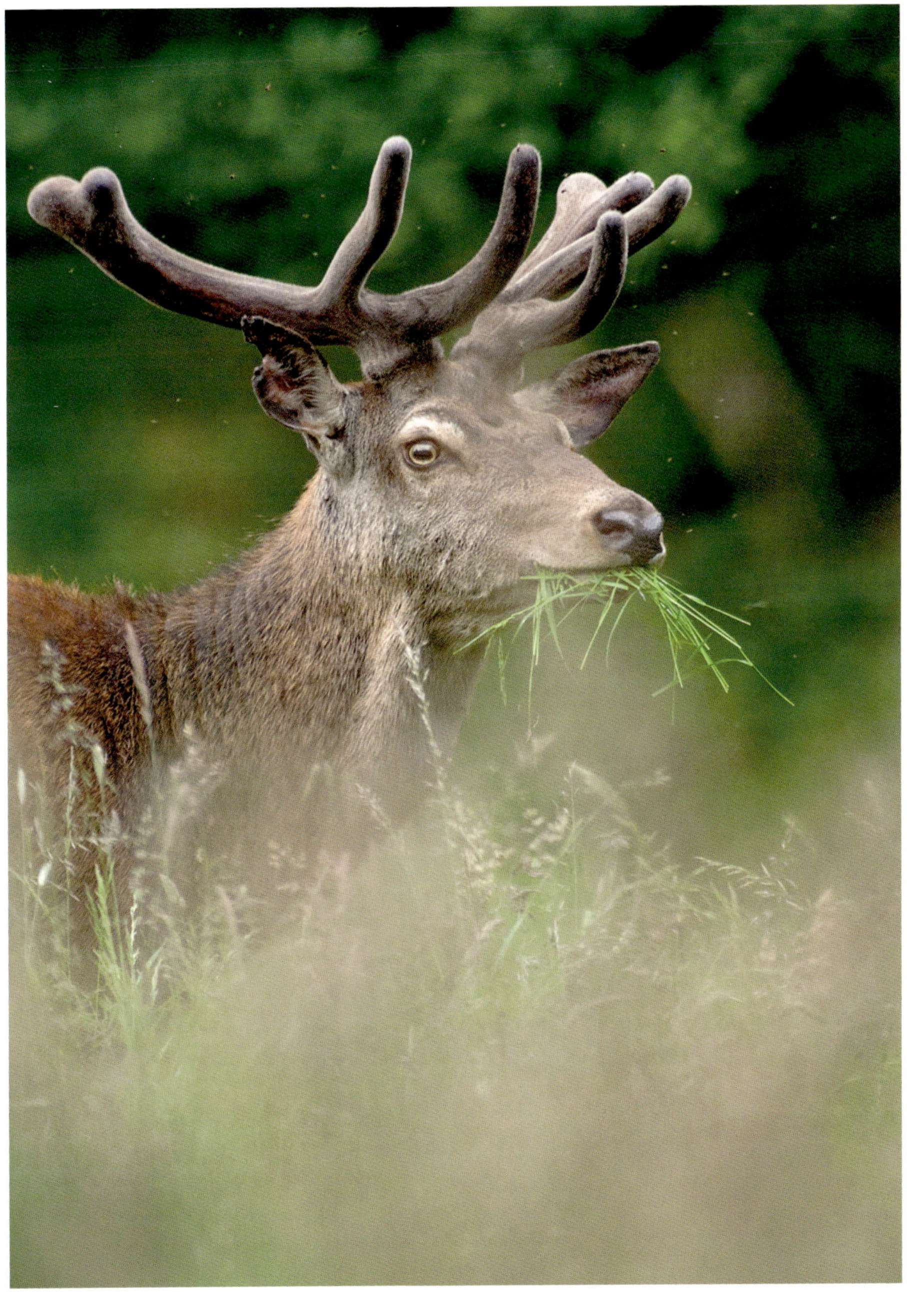

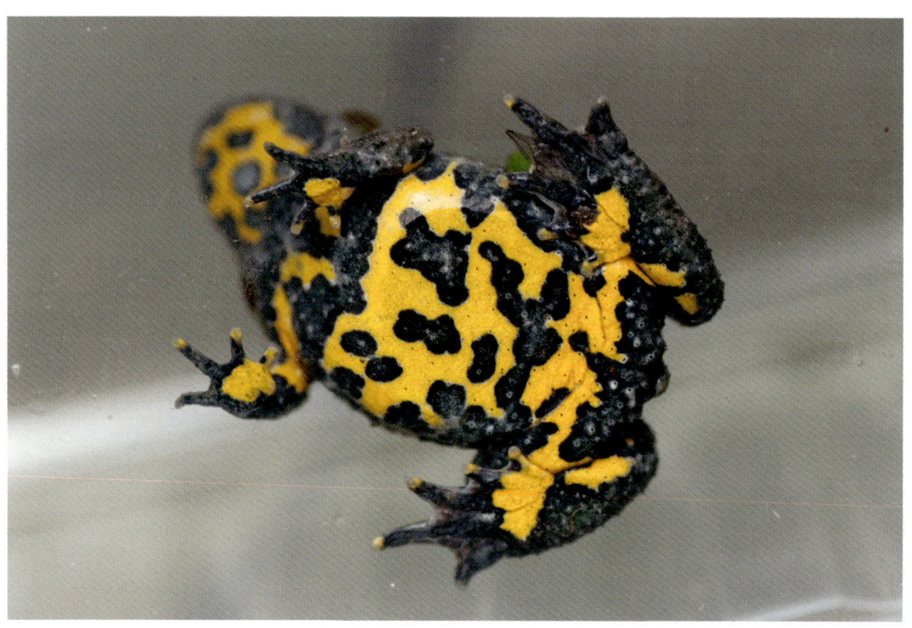

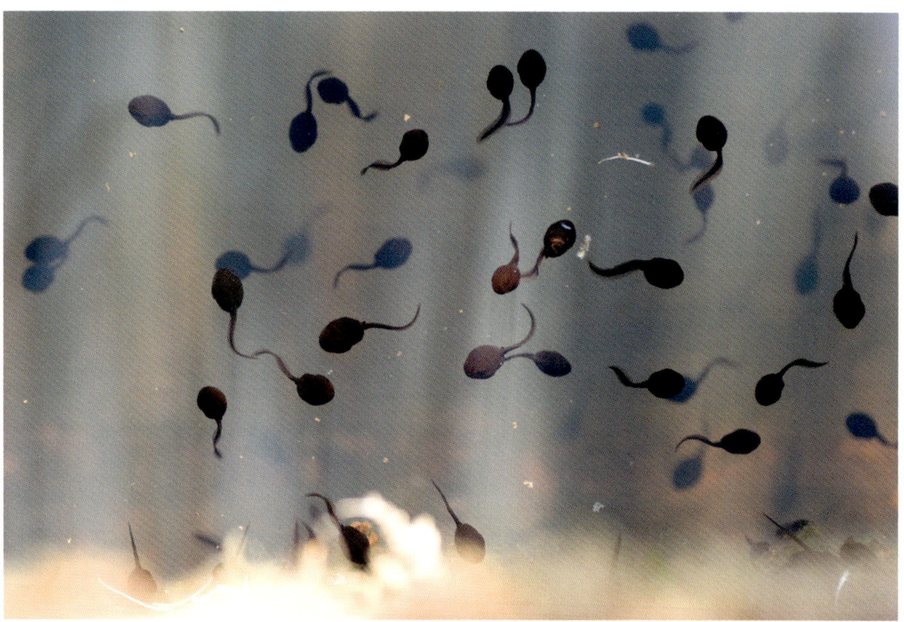

Im bewirtschafteten Stadtwald wird großer Wert auf eine naturverträgliche Nutzung und den Artenschutz gelegt. In den für Amphibien angelegten Feuchtbiotopen findet sich auch die seltene Gelbbauchunke. Sie laicht am liebsten in den frischen Fahrspuren, die durch die Holzernte im Wald entstehen.

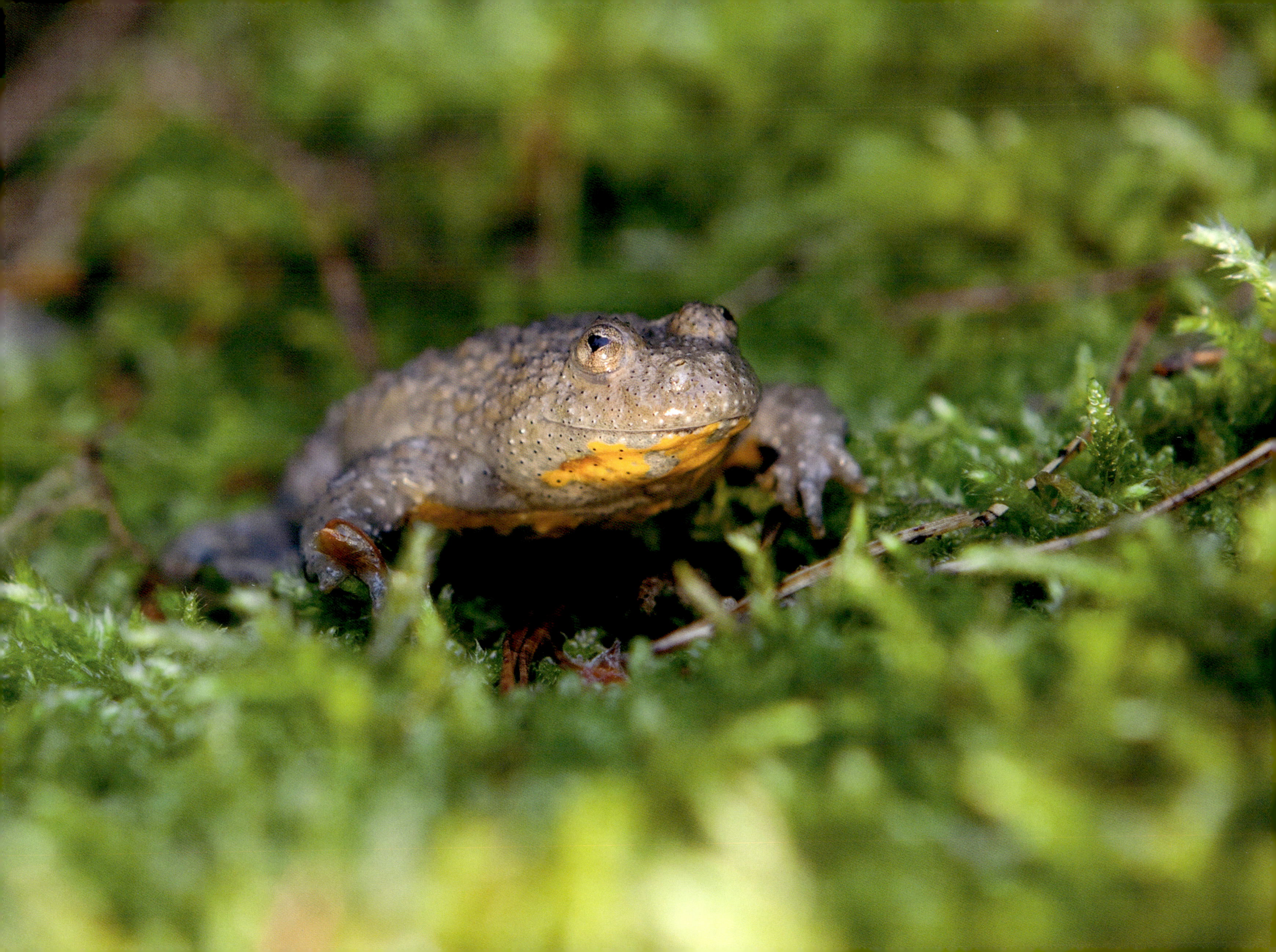

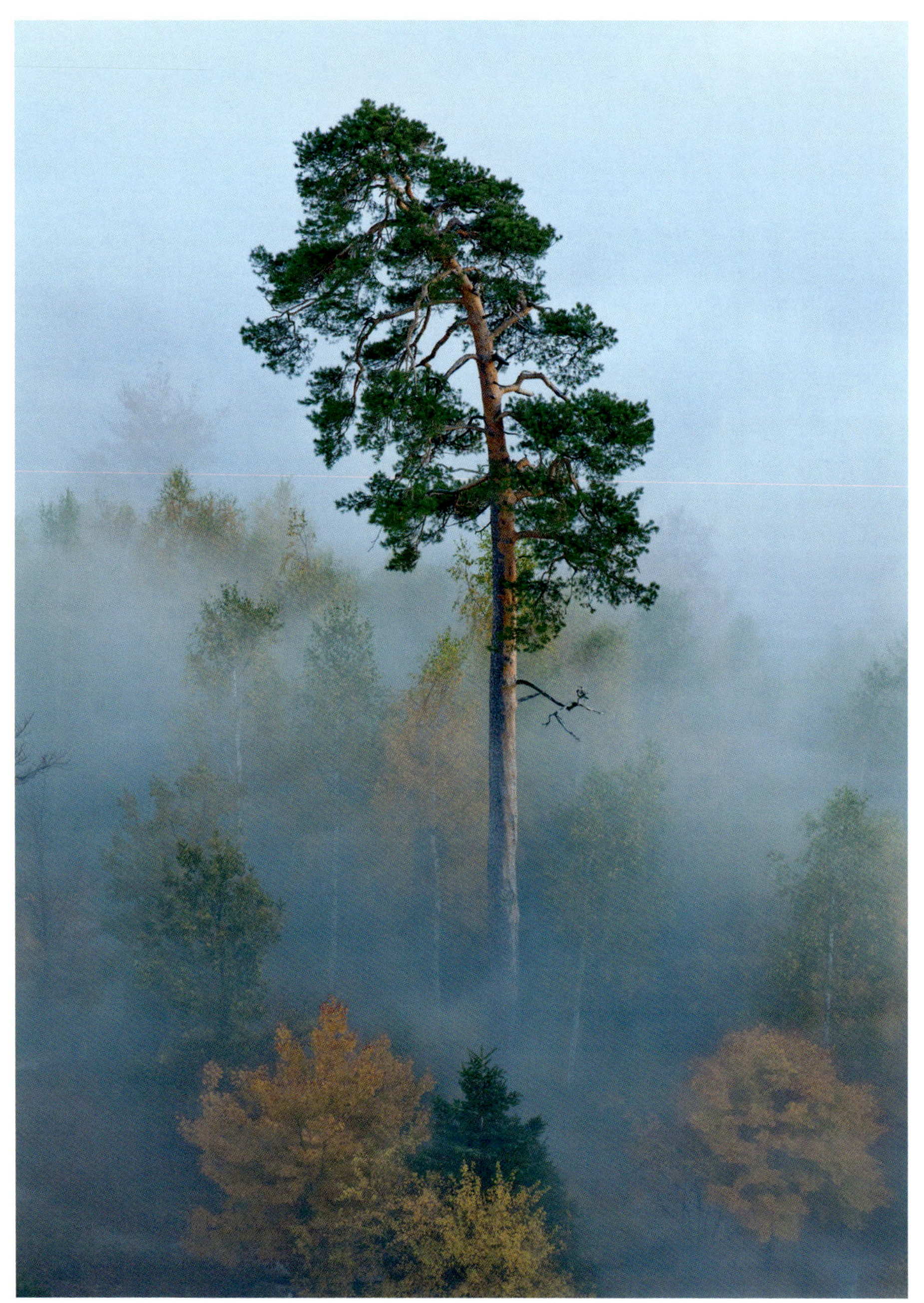

Über den Nebel streckt sich diese Kiefer der Sonne entgegen. Markante, landschaftsprägende Einzelbäume werden im Stadtwald dauerhaft erhalten.

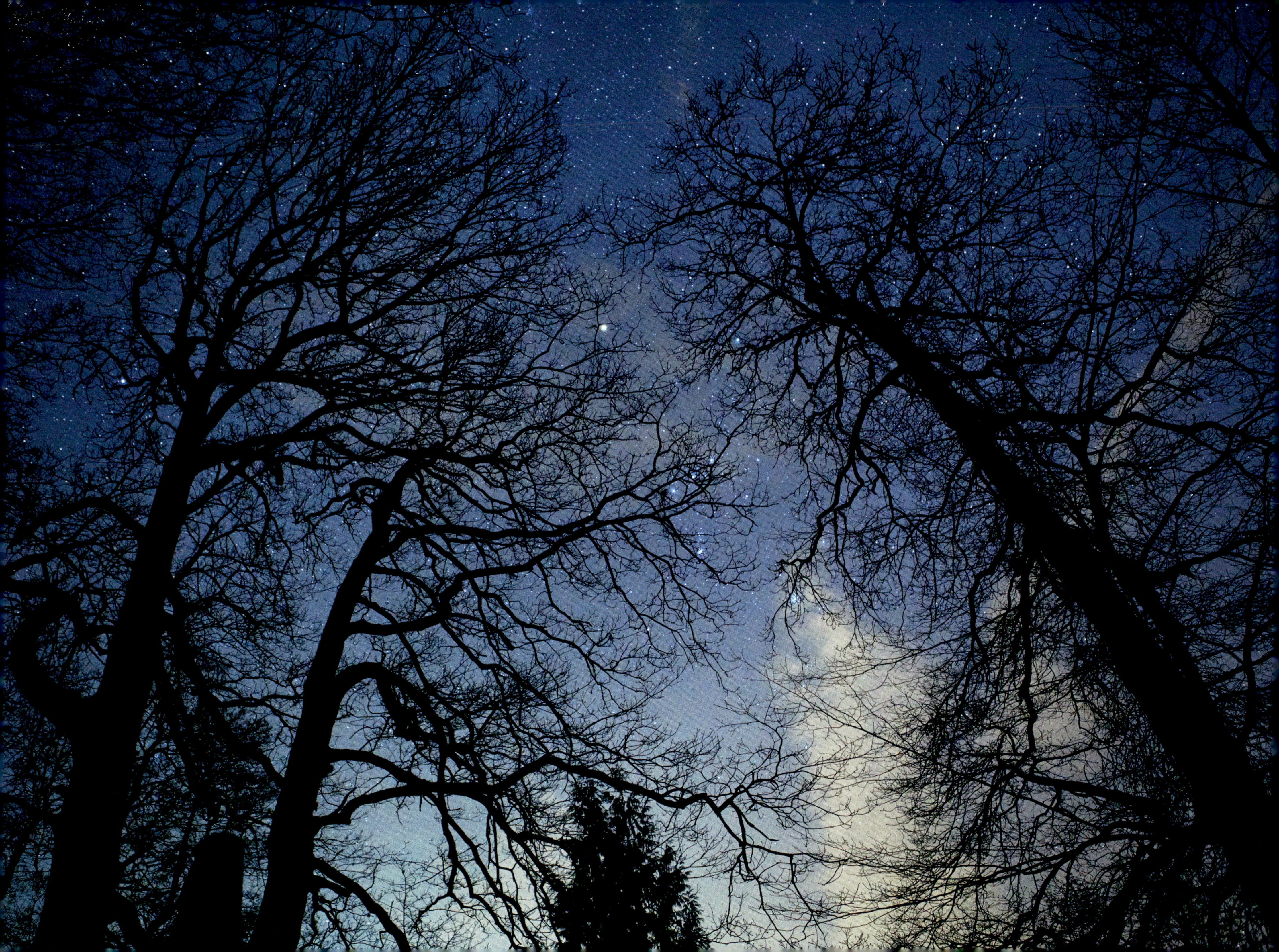

Merkur – der Hausberg von Baden-Baden

Benannt wurde der Baden-Badener Hausberg nach einem altrömischen Gott, denn auf seinem Gipfel fand man einen Votivstein, den die Römer ihrem Gott Mercurius geweiht hatten. Bis zu seiner Entdeckung hieß der Berg Großer Staufen. Ein Aussichtsturm belohnt den Ausflügler mit einem herrlichen Rundblick: Nach Süden und Osten schweift der Blick über das Tal von Baden-Baden bis zur Badener Höhe und der Hornisgrinde, dem höchsten Berg des Nordschwarzwaldes, nach Westen geht der Blick hinab in die Rheinebene bis zu den im Elsass gelegenen Vogesen. Die Wälder um den Merkur dienen in besonderem Maß der Erholung der Besucher und werden daher schon seit vielen Jahren sehr schonend bewirtschaftet.

Zum 668 Meter hohen Merkurgipfel führt neben wunderschönen Wanderwegen auch die Merkur-Bergbahn. Sie ist eine der steilsten Standseilbahnen Deutschlands. Im Frühsommer ist die Fahrt besonders schön, denn jetzt blühen entlang der Strecke die vielen alten Rhododendronbüsche. Auf dem Gipfel angekommen, bieten eine großzügige Liegewiese mit Liegestühlen und ein kleiner Spielplatz Erholung für Jung und Alt.

Beachtenswert ist die Vielfalt der Baden-Badener Gesteine: Die wichtigsten werden in einer Ausstellung als große Felsen gezeigt, am Fuße des Merkurturmes sind sie in Form eines riesigen Würfelspieles erlebbar. Und auch für Gleitschirmflieger ist der Berg aufgrund seiner exponierten Lage interessant: Zwei Startplätze sind direkt neben der Bergstation der Standseilbahn für sie eingerichtet.

Aber nicht nur vom Gipfel, auch von der Talstation der Merkur-Bergbahn führen herrliche Wanderwege durch einen wunderschönen naturnahen Wald mit alten Eichen. Beliebtes Ziel ist das 15 Hektar große Wildgehege mit seinen weitläufigen Wiesen und Wäldern. Das Rotwild ist besonders zur Paarungszeit mit dem urtümlichen Ruf des Hirsches beeindruckend.

Auch Dam- und Muffelwild lassen sich schön beobachten. Wer Glück hat, kann sogar einen der seltenen weißen Damhirsche beobachten, die von Natur aus eigentlich eine braune Färbung haben. Die Wildschweine haben zwei eigene Gehege: Sie müssen alle paar Jahre umziehen, damit sich der umgewühlte Boden wieder erholen kann. Auf dem Weg zum Wildgehege lohnt der Besuch der Kneippanlage oder der Liegewiese an der Häslichmatte.

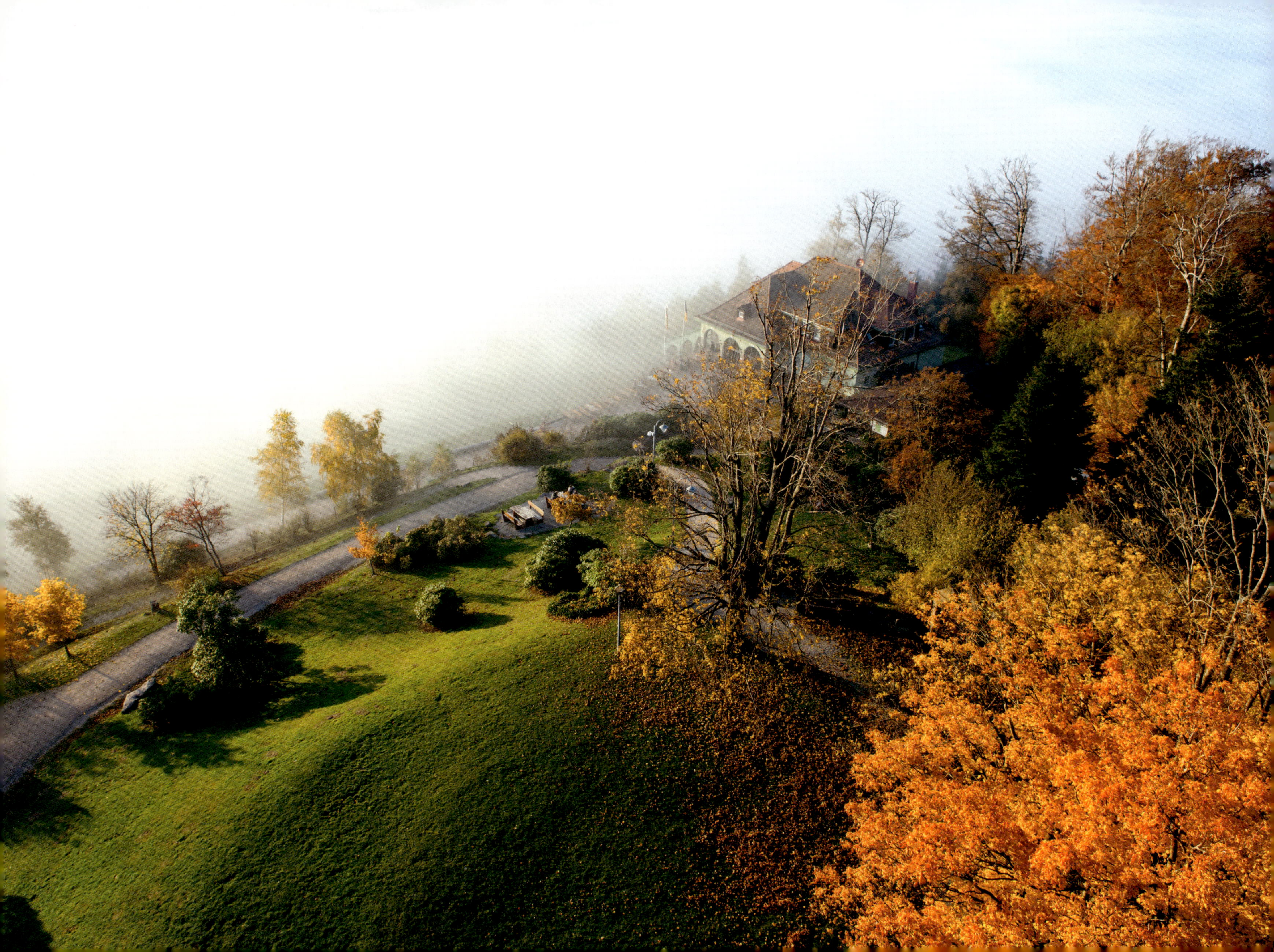

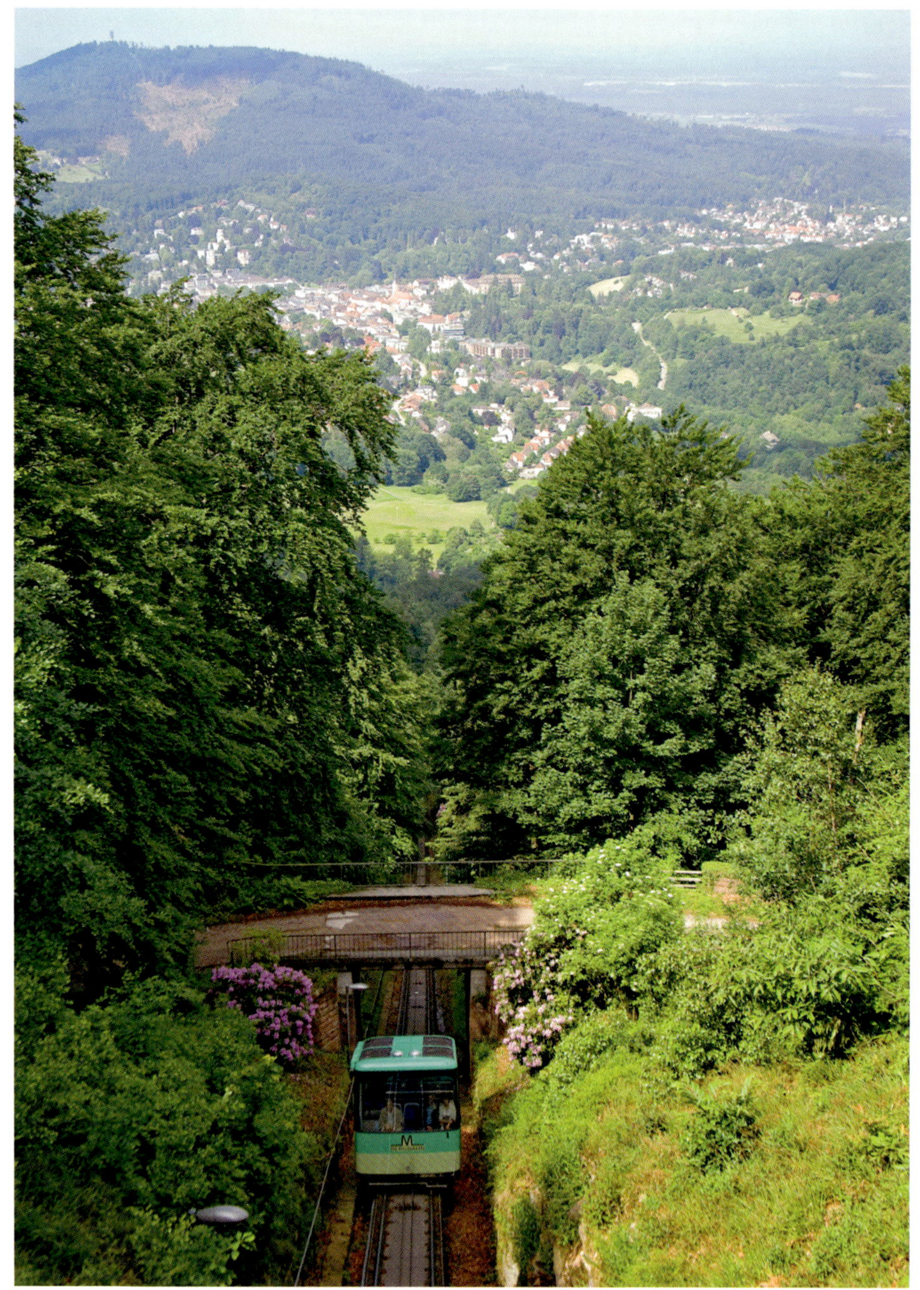

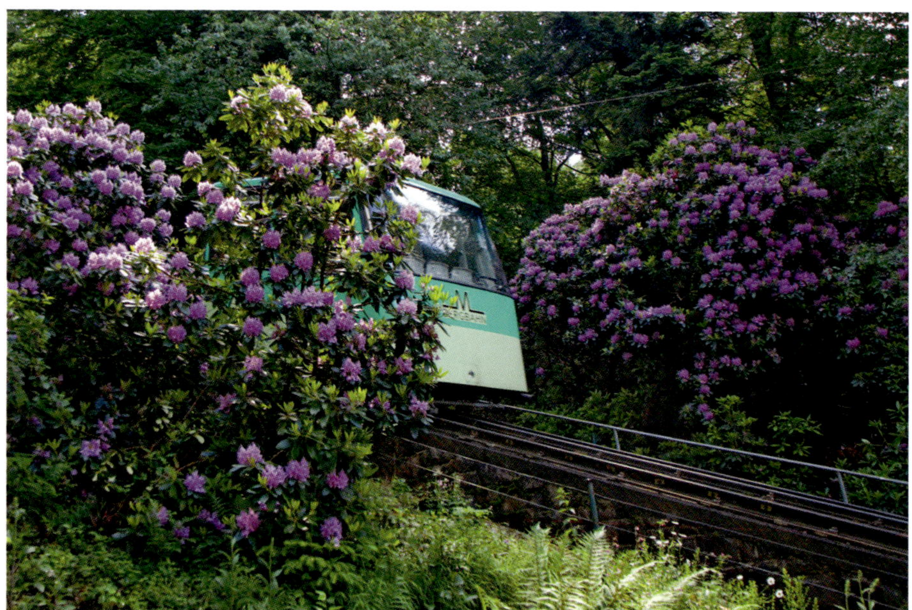

Im Jahre 1913 fuhr zum ersten Mal eine Bahn zum Merkurgipfel. Diese erste Ära dauerte gut fünfzig Jahre, dann wurde die Bahn stillgelegt. Auf Druck der Baden-Badener Bürger und Gäste wurde sie jedoch im Jahr 1979 modernisiert wieder in Betrieb genommen und bringt bis heute die Fahrgäste sicher den, insbesondere im letzten Stück, sehr steilen Berg hinauf.

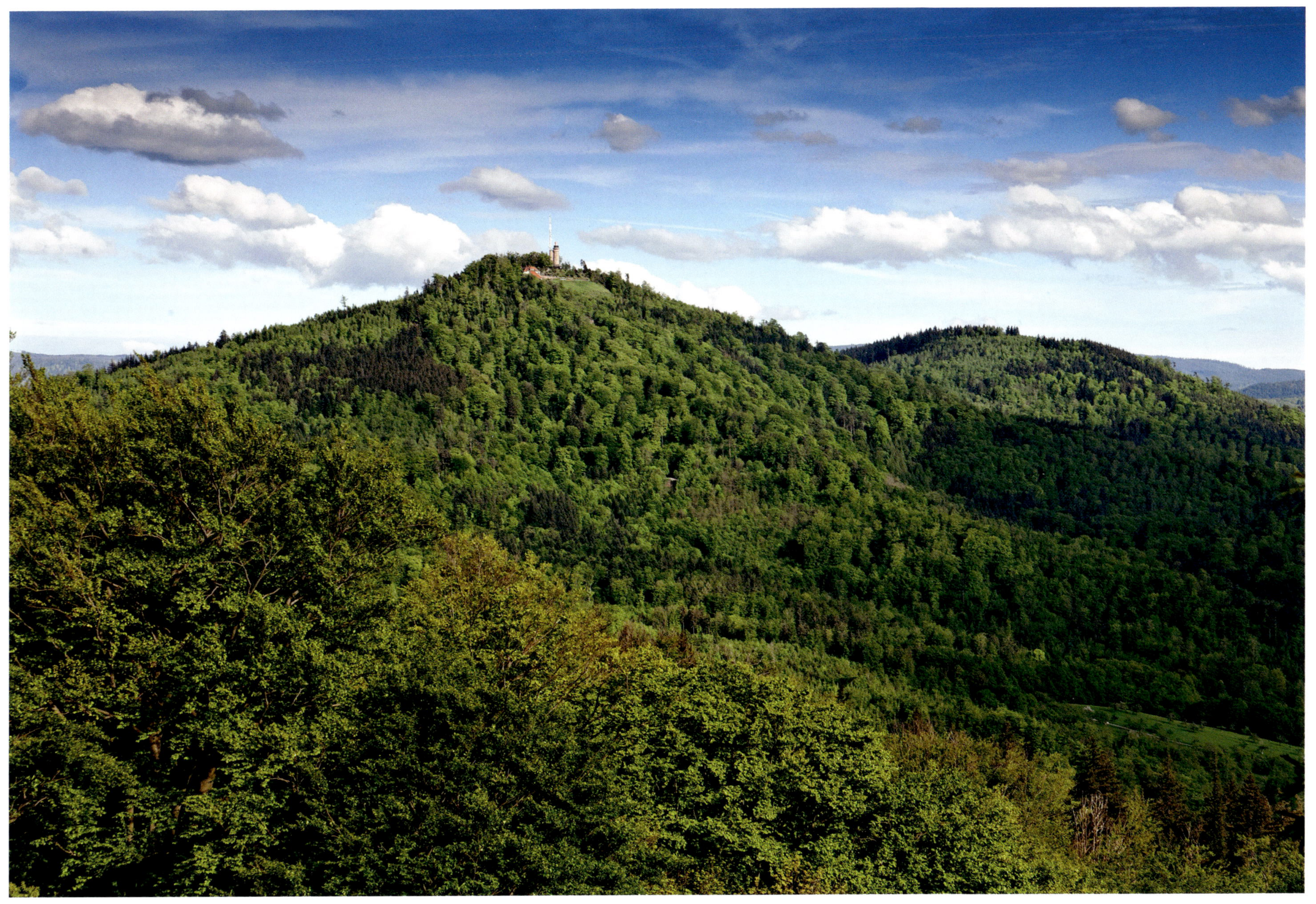

Battert – ein wildes Felsmassiv

Am besten beginnt man die Erkundung des Felsmassives Battert am Alten Schloss, das hoch über Baden-Baden liegt. Das Schloss wurde erbaut von den Markgrafen von Baden, seine ältesten Teile gehen auf das 12. Jahrhundert zurück und präsentieren sich heute als eindrucksvolle Ruine, die gut erhalten ist und über kleine Pfade und Treppen erkundet werden kann. Ein Blick von den hohen Mauern ist atemberaubend schön. Die in diesen Mauern eingebaute Windharfe verzaubert mit ihren Klängen die Besucher und schafft eine geradezu mystische Atmosphäre.

Eine spektakuläre Kulisse bilden die hinter dem Alten Schloss aufsteigenden Battertfelsen mit ihren mächtigen Felswänden, ihren Geröllhalden und schmalen, felsigen Wegen. Sie sind eines der ältesten und beliebtesten Ausflugsziele im Baden-Badener Wald. Schon seit vielen Jahrzehnten ist der Wald hier Naturschutzgebiet und Bannwald, jegliche Nutzung ist untersagt. Mächtige Buchen und knorrige Eichen zeugen von der rauen Geschichte. Ein Rundweg führt unten an den Felsen entlang und dann über eine steile Treppe in das Felsenlabyrinth hinein und hinauf auf das Plateau.

Ein besonderes Erlebnis ist der Besuch der Felsenbrücke, die auf eine ausgesetzte Felsnadel führt und einen grandiosen Blick auf das Tal von Baden-Baden und den Stadtwald erlaubt.

Das Battertmassiv ist eines der größten Klettergebiete des Schwarzwaldes. Nicht nur im Sommer kann man die Sportkletterer im Fels beobachten und mit ihnen an der Bergwachthütte oben auf den Felsen ins Gespräch kommen. Im Frühjahr allerdings ist das Klettern in der Badener Wand untersagt und die Felsenbrücke geschlossen, denn dann brüten Wanderfalke und Kolkrabe in den Felswänden, und die Natur genießt Vorrang vor dem beliebten Freizeitsport.

Ein schöner Rundweg führt vom Battert zur Burgruine Ebersteinburg. Von dort geht es durch alte Buchen- und Eichenwälder zum Verbrannten Felsen, der einen Ausblick ins Murgtal ermöglicht. Auf dem Rückweg wird die Wolfsschlucht, die der Sage nach von Wölfen bewohnt wurde, mit einer kleinen Brücke gequert.

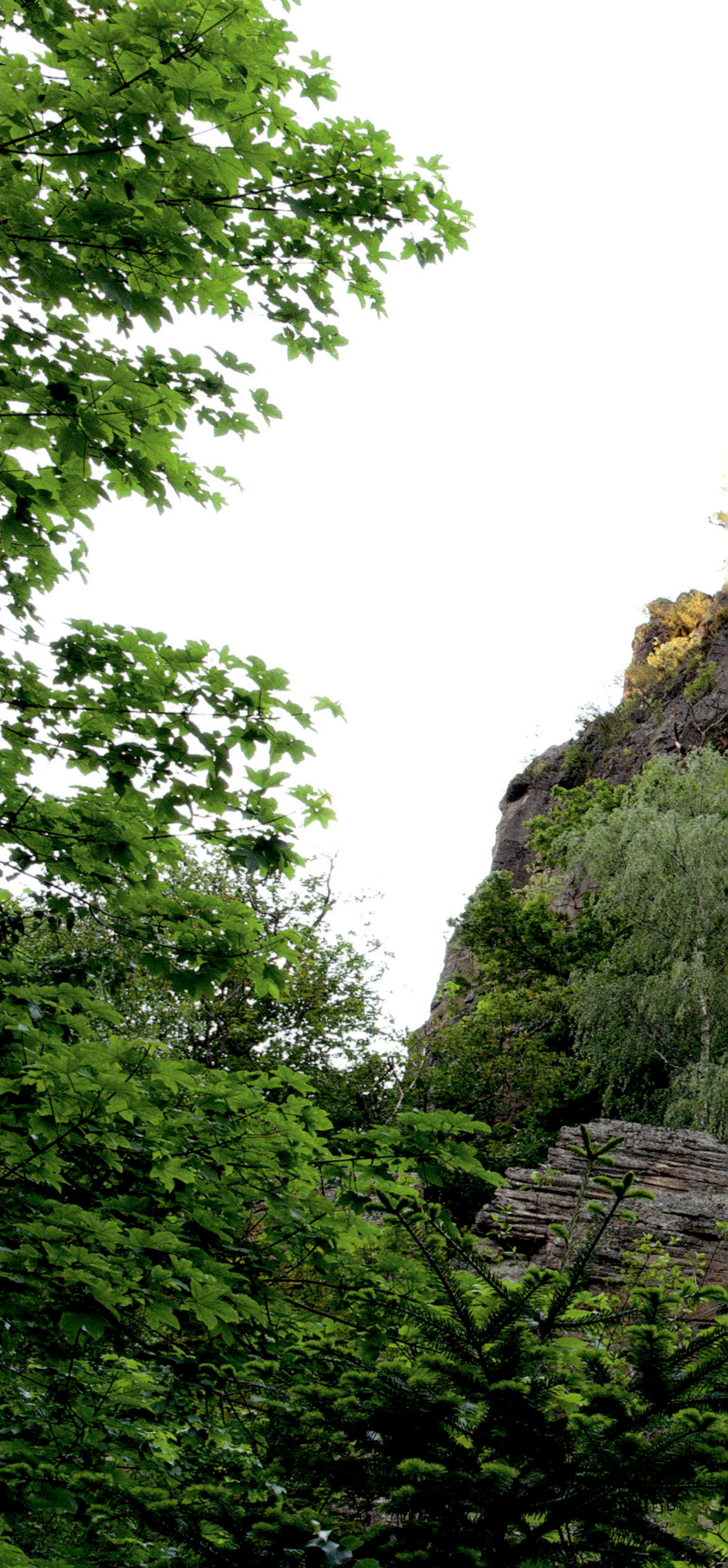

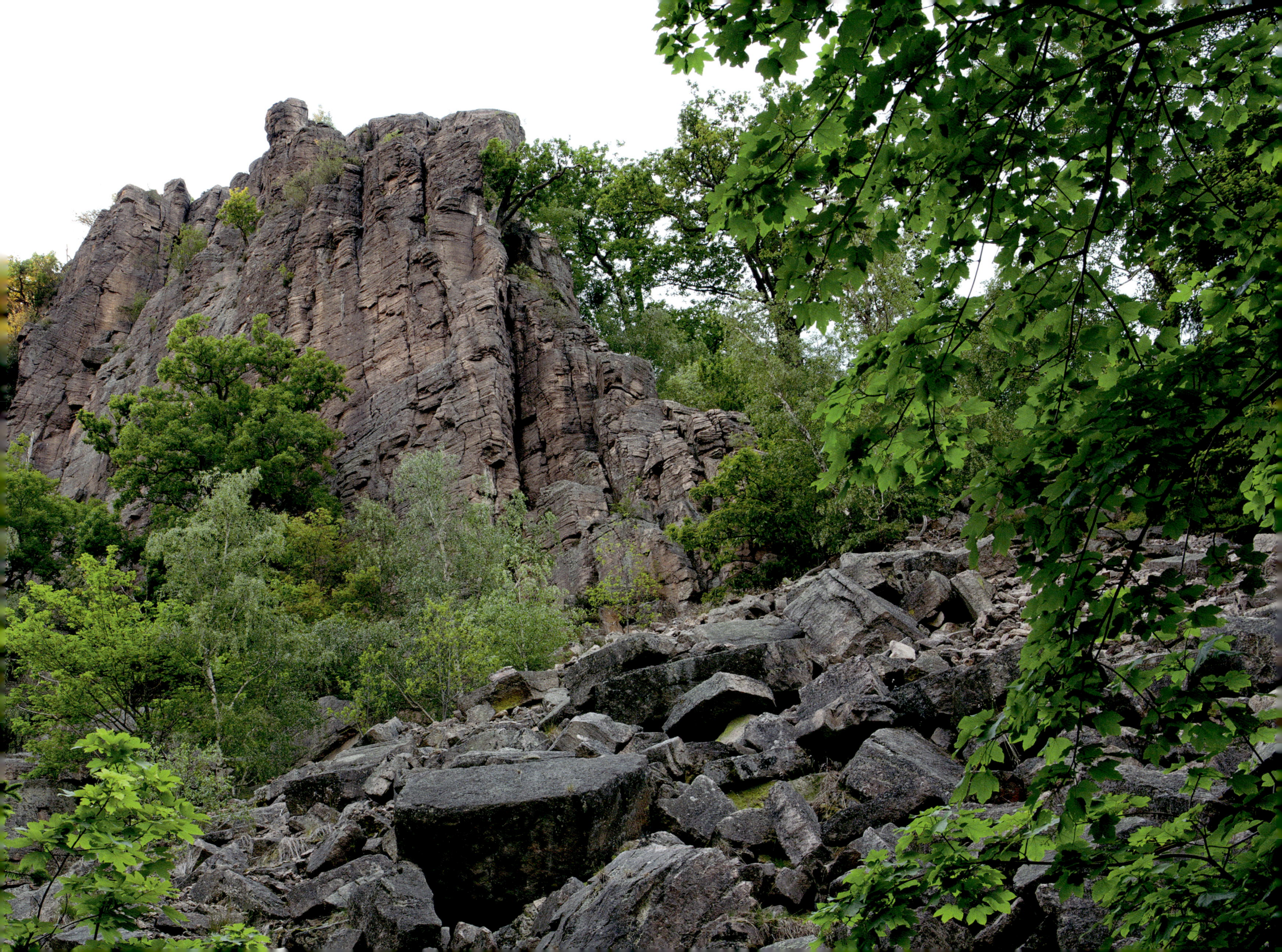

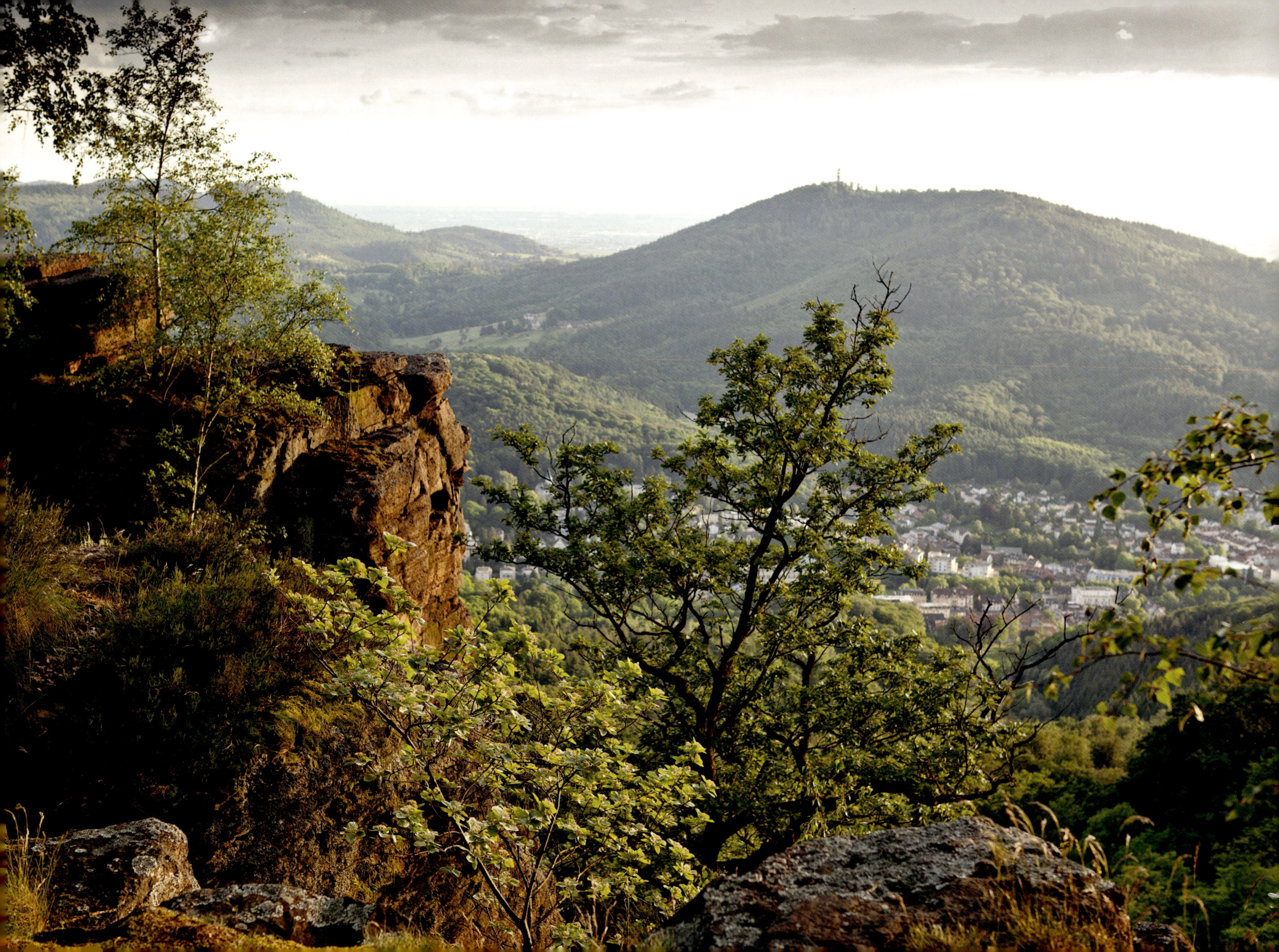

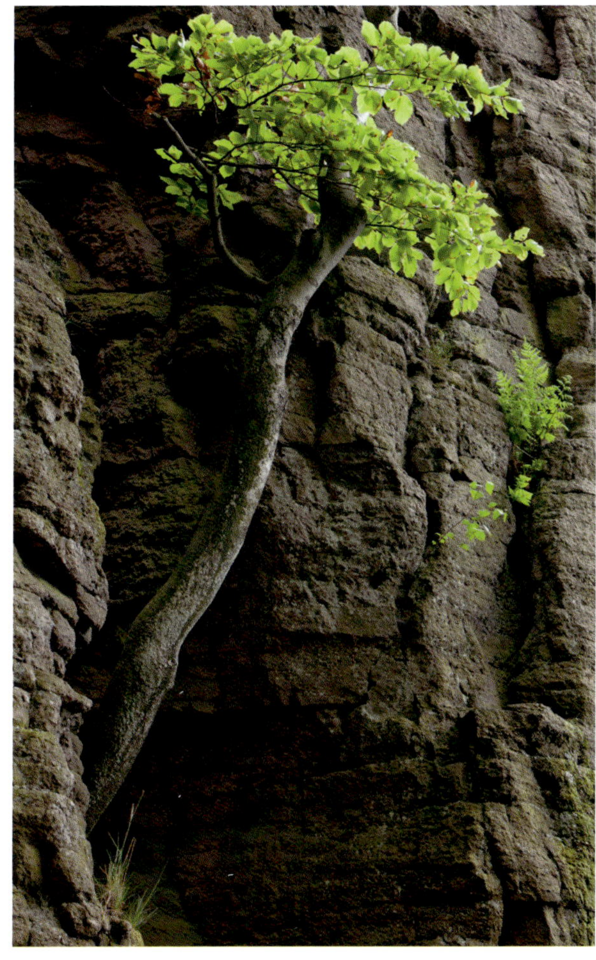

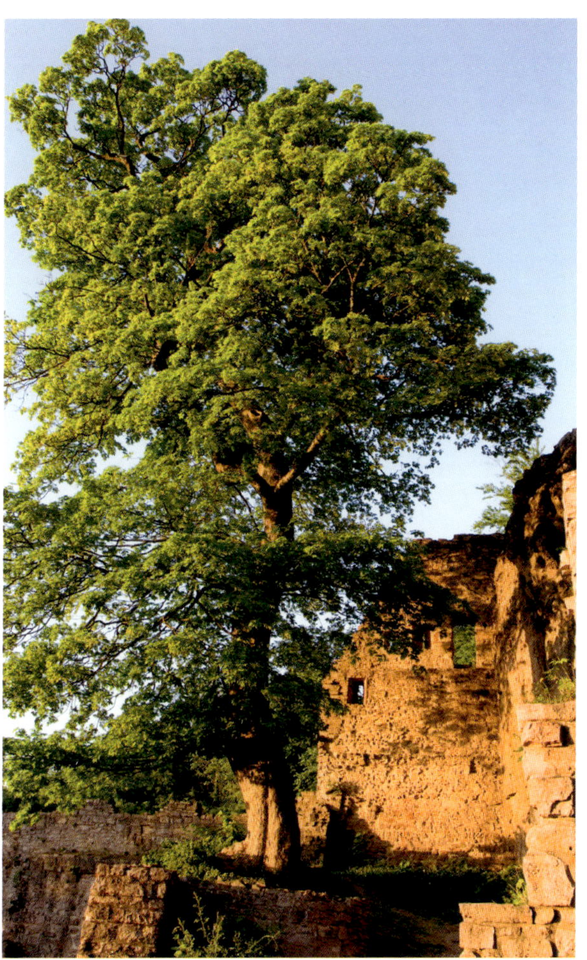

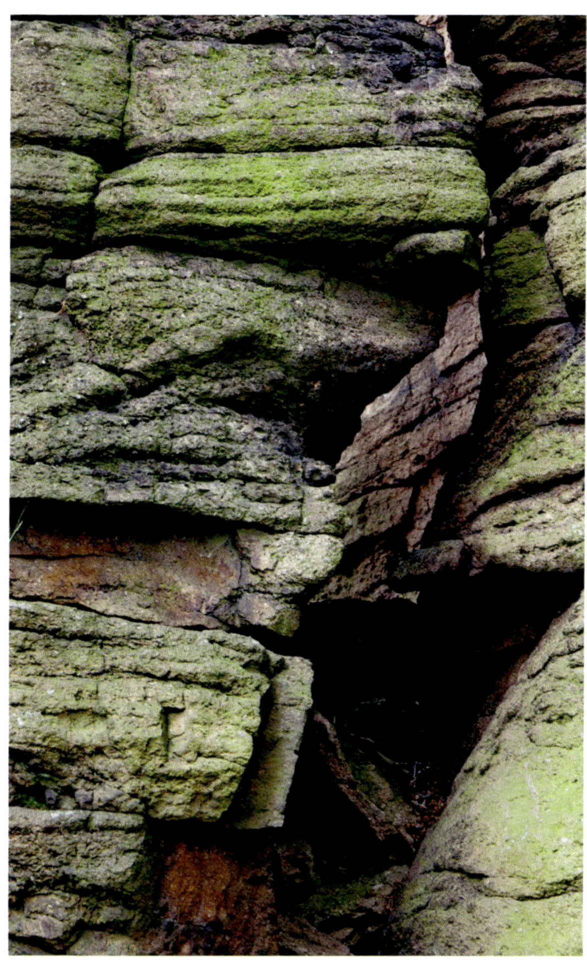

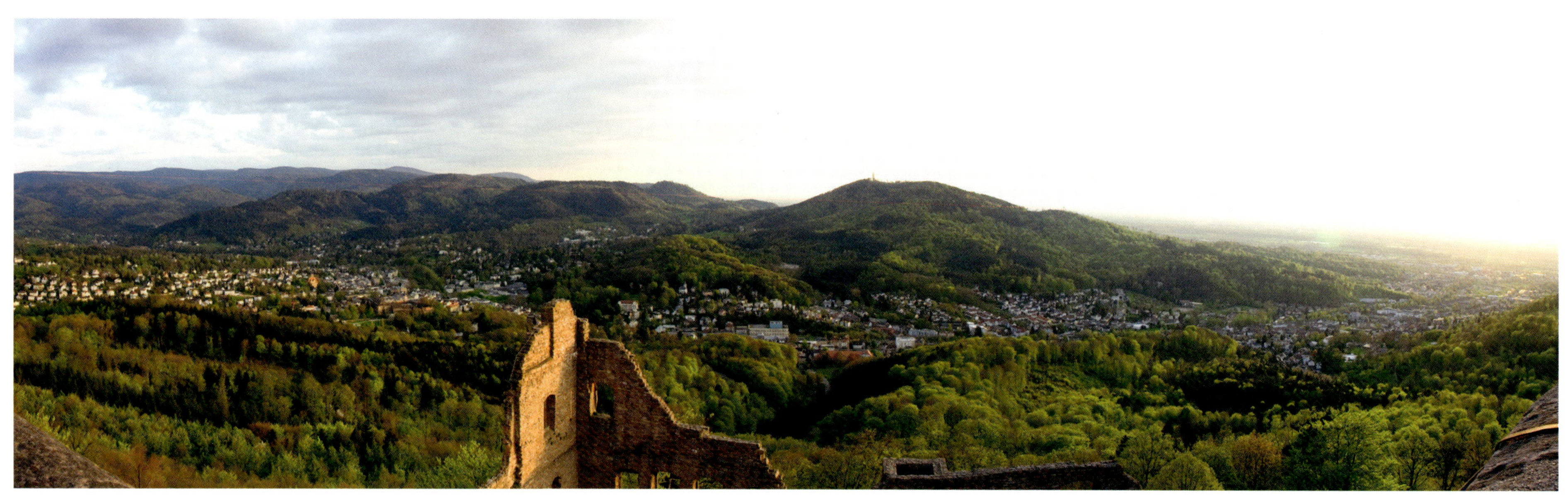

Von den geschichtsträchtigen Mauern des Alten Schlosses bietet sich ein wunderbarer Blick in das Tal von Baden-Baden und auf den Sonnenuntergang über der Rheinebene.

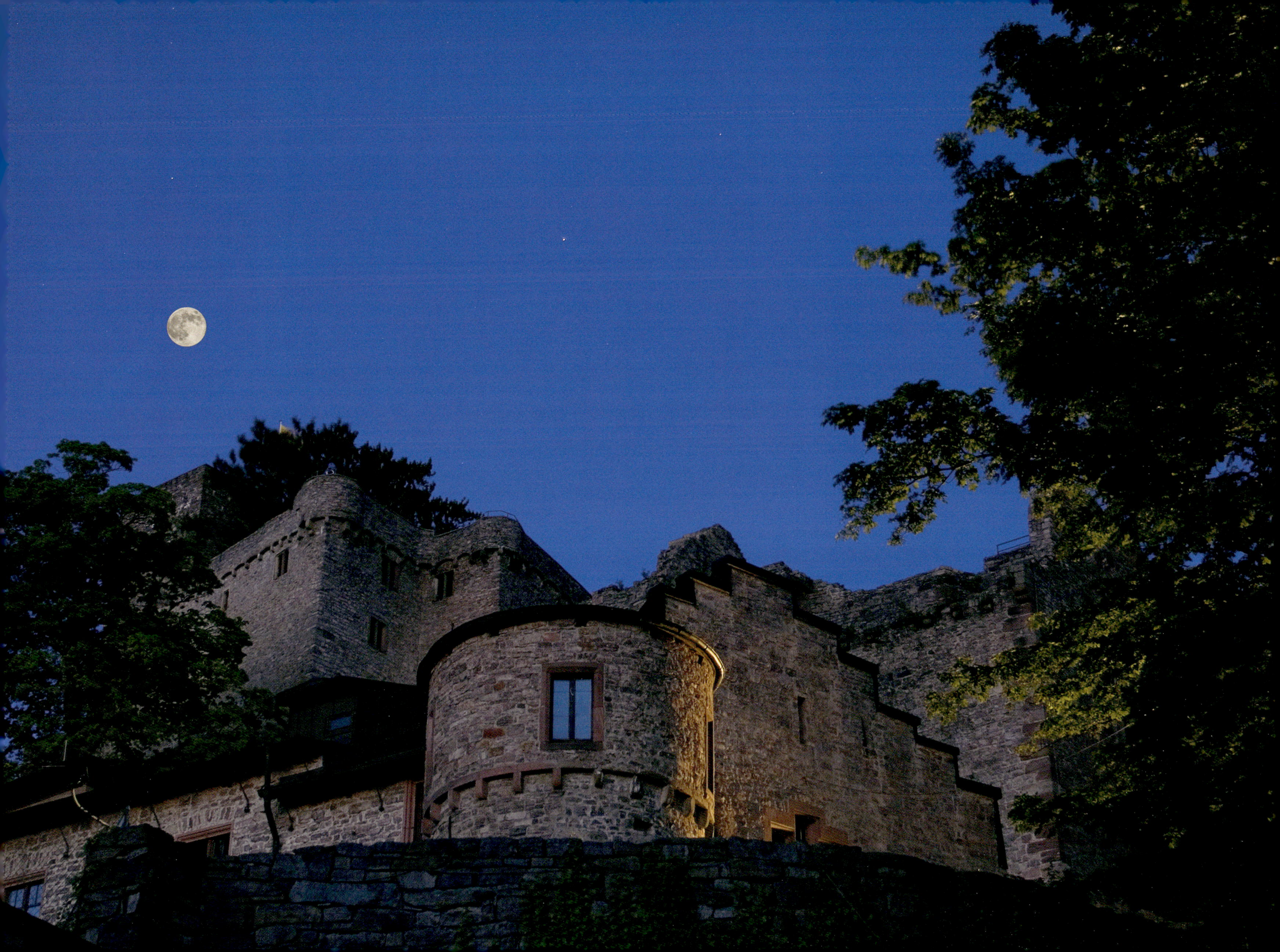

Das Rebland

Kommt man aus Baden-Baden über die Hügel des Oostales in das Rebland, so öffnet sich der Blick auf eine weite Landschaft mit sonnenbeschienenen Weinbergen, die aus der Rheinebene aufsteigen und in die dunklen Wälder des Schwarzwaldes überleiten. Schon früh war dieser Landstrich besiedelt, und noch heute wird die Erinnerung an den bedeutendsten Bürger des Reblandes, Meister Erwin, wohl einer der Erbauer des Straßburger Münsters, hochgehalten. Auch am Bau des Freiburger Münsterturms war er sehr wahrscheinlich beteiligt.

Die Römer brachten den Weinbau und auch die Kastanienbäume in diese Region, sehr zur Freude der Bürger und Gäste, die gerne einen edlen Tropfen Riesling oder Spätburgunder aus einem der Weingüter des Reblandes genießen. Der hervorragenden Küche der hiesigen Gastronomie merkt man die Nähe zum Elsass an.

Ein großer Teil der Weinberge ist auch heute noch im Besitz einzelner Winzer, die diese schwere Arbeit im Nebenerwerb verrichten und sich in der Baden-Badener Winzergenossenschaft zusammengeschlossen haben. Doch auch private Weingüter sind stark vertreten und bauen hervorragende Weine aus. Viele Lagen im Rebland sind mit kleinen Weinbergsschleppern zu bewirtschaften, insbesondere der Mauerberg oberhalb von Neuweier mit seinen über 30 Kilometern Trockenmauer ist nur in Handarbeit zu bearbeiten. Das Ergebnis lohnt jedoch diese Mühen.

Die Rebhänge laden zu jeder Jahreszeit zu einem Spaziergang mit herrlichen Blicken über die Rheinebene ein. Im Frühling, wenn die ersten kräftigen Sonnenstrahlen nicht nur die Mandelbäume und Obstwiesen zum Blühen bringen, sondern auch im Herbst, wenn der stetige Westwind Wolken über die Rheinebene heranweht und spektakuläre Sonnenuntergänge die fernen Vogesen zum Greifen nahe erscheinen lassen.

Das Rebland um Baden-Baden ist der nördlichste Teil des Weinbaugebietes der Ortenau, durch das auch die Badische Weinstraße führt. Der Wanderer entdeckt es am besten auf dem Ortenauer Weinpfad, der unter anderem Baden-Baden mit dem Rebland verbindet. Auch ein Abstecher zur Yburg, der größten Burganlage der Region und Wahrzeichen des Reblandes, lohnt sich.

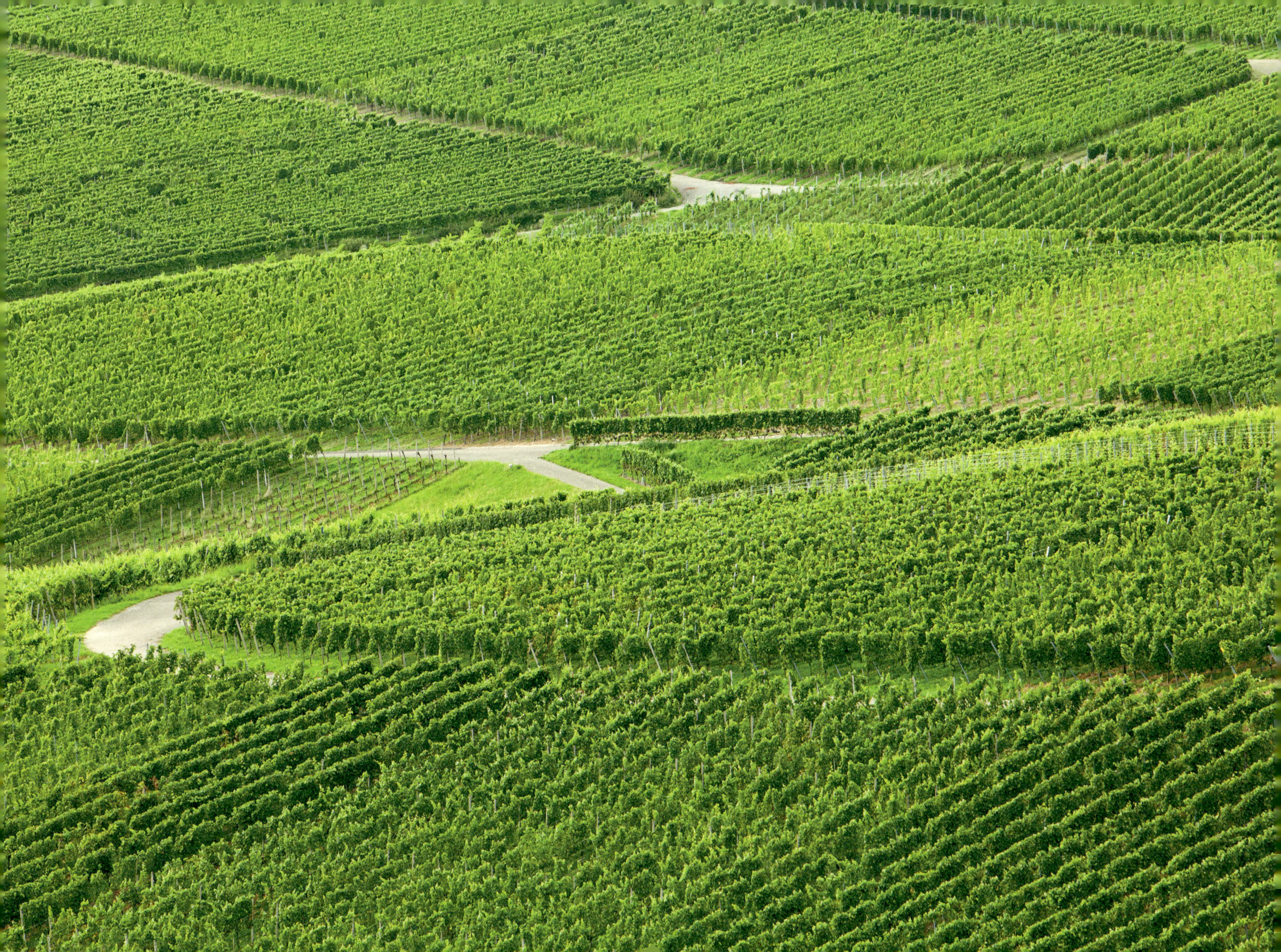

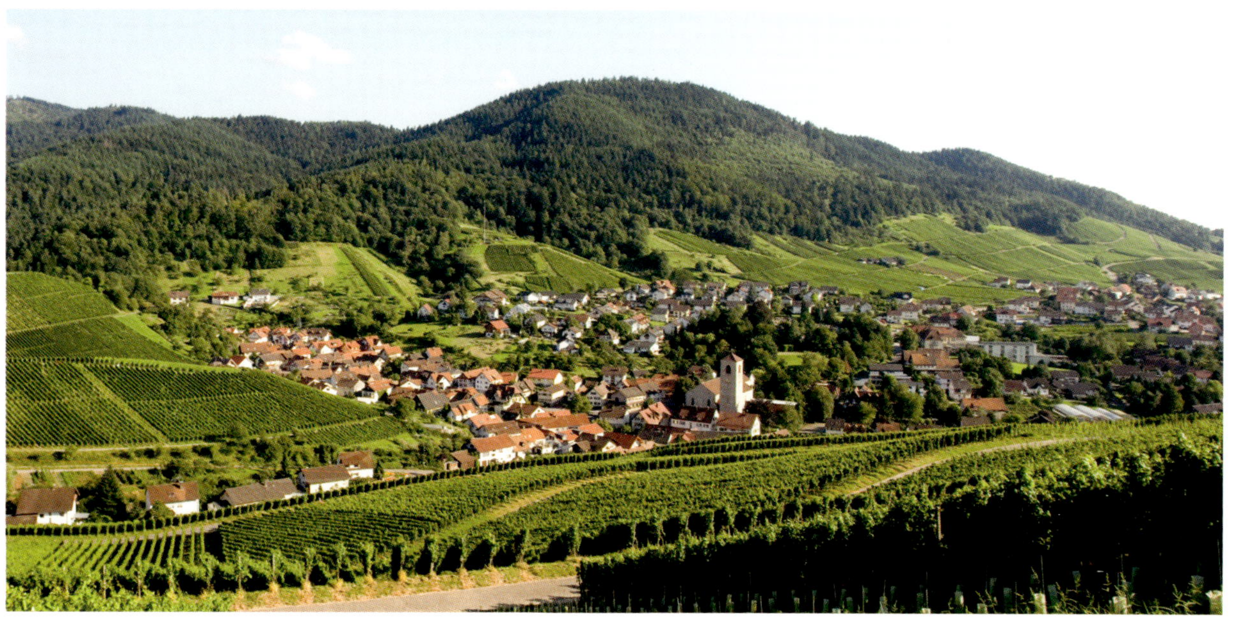

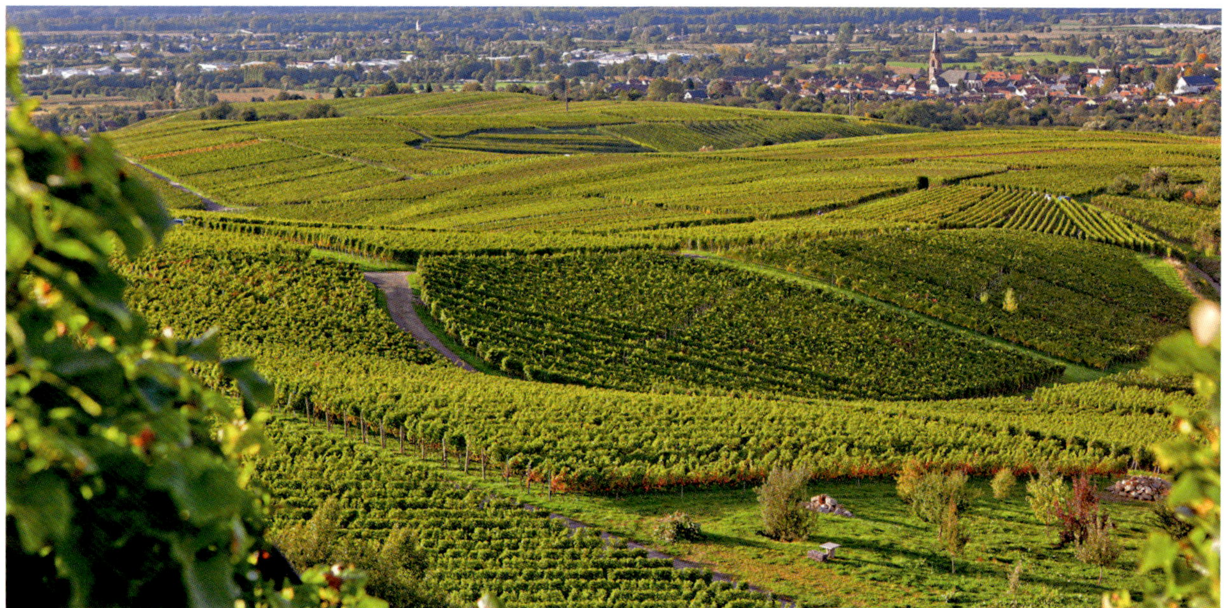

Der Ortsteil Neuweier liegt eingebettet zwischen Wald und Reben, Richtung Westen werden die Hänge flacher und die Besiedlung in der Rheinebene dichter.

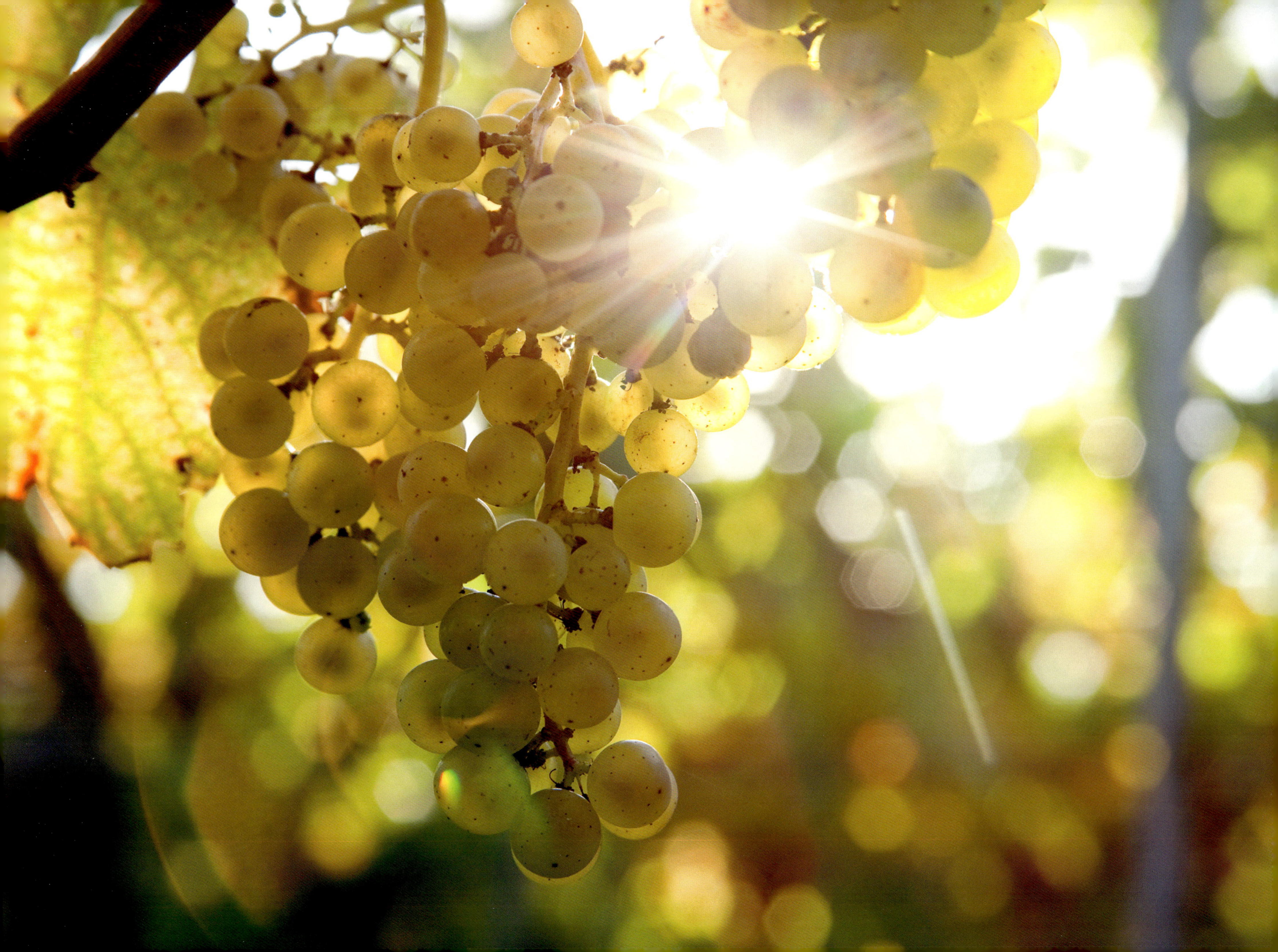

Geroldsauer Wasserfall

Der Geroldsauer Wasserfall ist wohl eines der beliebtesten Fotomotive im Stadtwald Baden-Baden. Hier stürzt sich der unterhalb der Badener Höhe im Herzen des Stadtwaldes entspringende Grobbach über eine natürliche Felsstufe etwa neun Meter in die Tiefe. Schon früh wurde der Wasserfall als Ausflugsziel für die Kurgäste der Stadt erschlossen. Von der Gastwirtschaft unterhalb der Wasserfälle ist jedoch nur noch eine Schutzhütte erhalten, auch ist der Stollen des Eiskellers noch in der Schlucht zu erkennen. Heutzutage sind es nur ein paar Schritte bachaufwärts bis zum Biergarten des Bütthofes.

Ein schöner Weg mit Brücken und Stegen lädt insbesondere im Sommer dazu ein, die Hitze der Rheinebene vergessen zu machen und Abkühlung im Tal des Grobbaches zu suchen. Im Frühjahr blühen in der felsigen Talschlucht zahlreiche Rhododendren. Diese und die hohe Luftfeuchtigkeit vermitteln dem Besucher dann das Gefühl, in tropische Gefilde versetzt worden zu sein.

Zwar können der Wasserfall und die nahe gelegene Waldgaststätte Bütthof auch mit dem Auto erreicht werden, doch lohnt es sich, den gut beschilderten Fußweg ab dem Ortsausgang von Geroldsau zu nehmen, denn auch das Tal unterhalb der Wasserfälle ist wild romantisch und beeindruckt durch seine mächtigen Tannen und Ahorne.

Oberhalb des Geroldsauer Wasserfalles beginnt der mühsame Aufstieg zum Kreuzfelsen. Das mächtige Kreuz auf diesem schroffen Granitfels und der wunderbare Ausblick über die vorgelagerten Berge bis in die Rheinebene lohnt jedoch die Mühe. Der gut ausgeschilderte Fußweg führt als Runde wieder zurück in das Tal des Grobbaches.

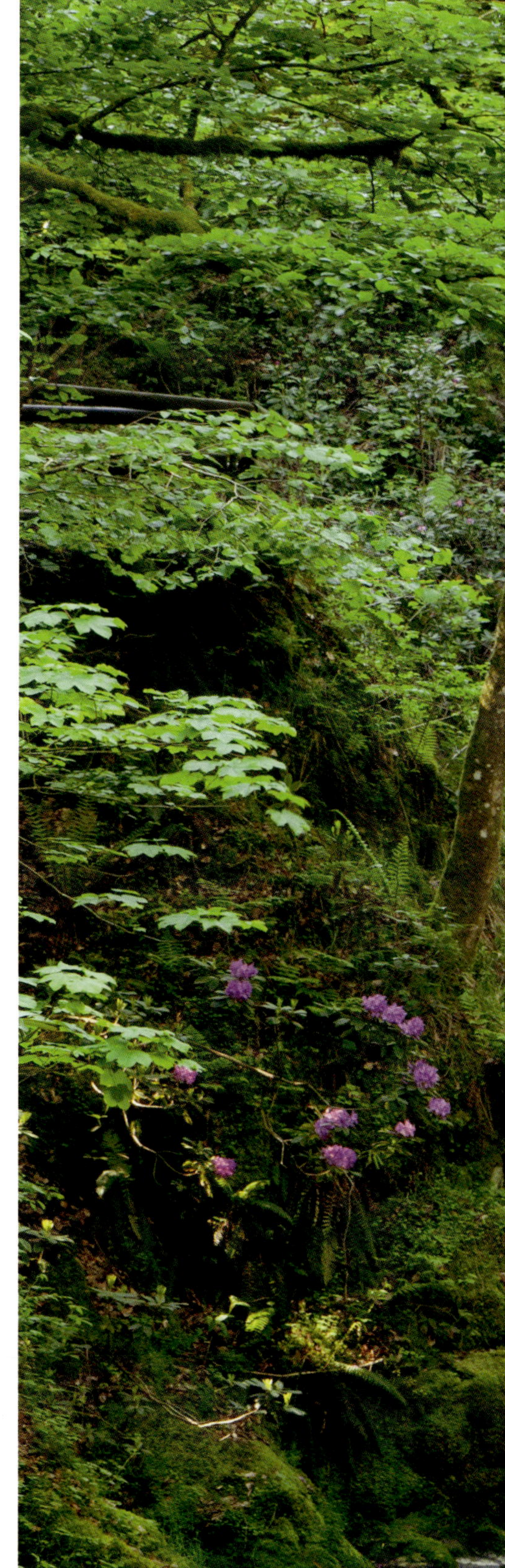

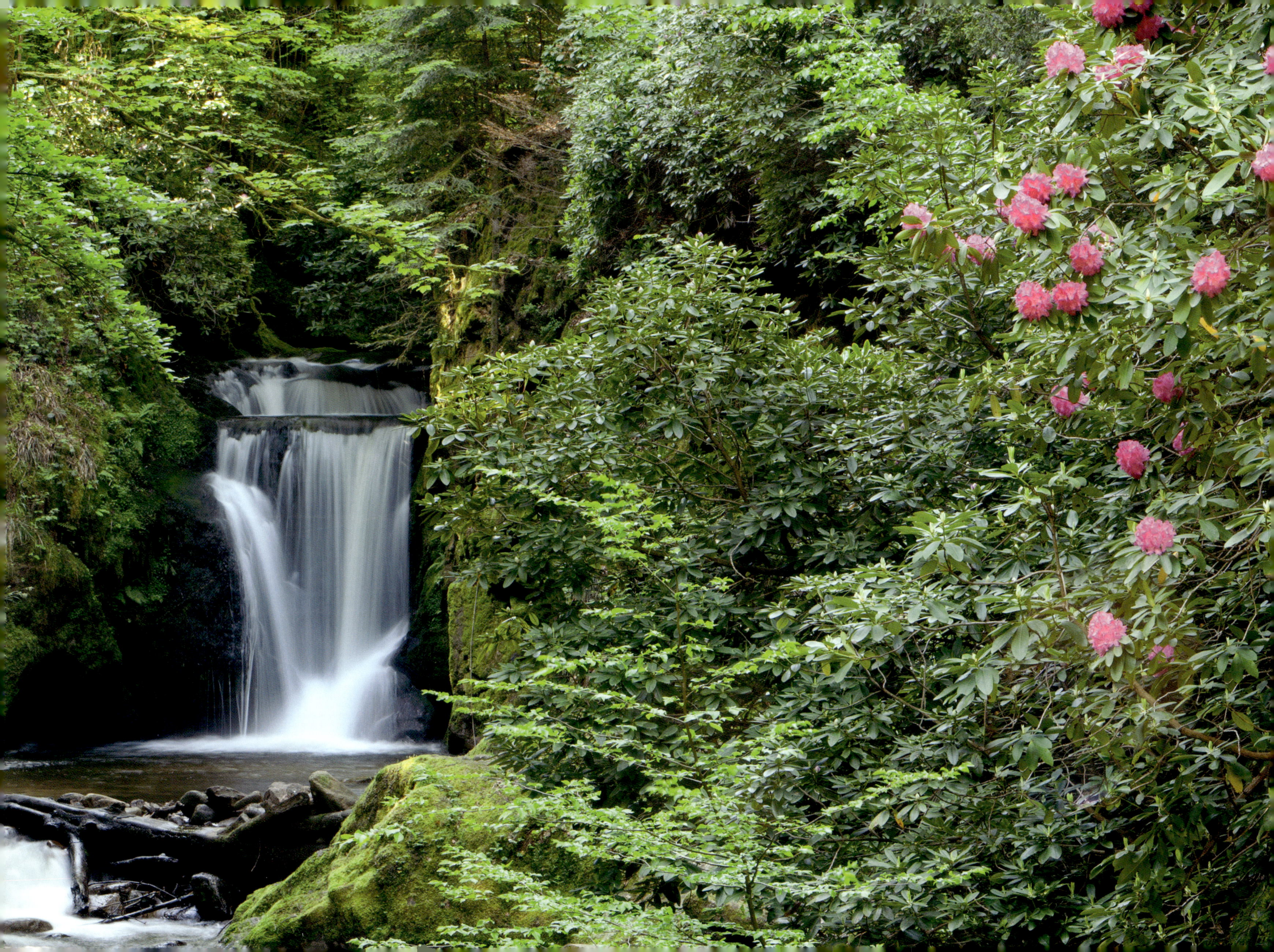

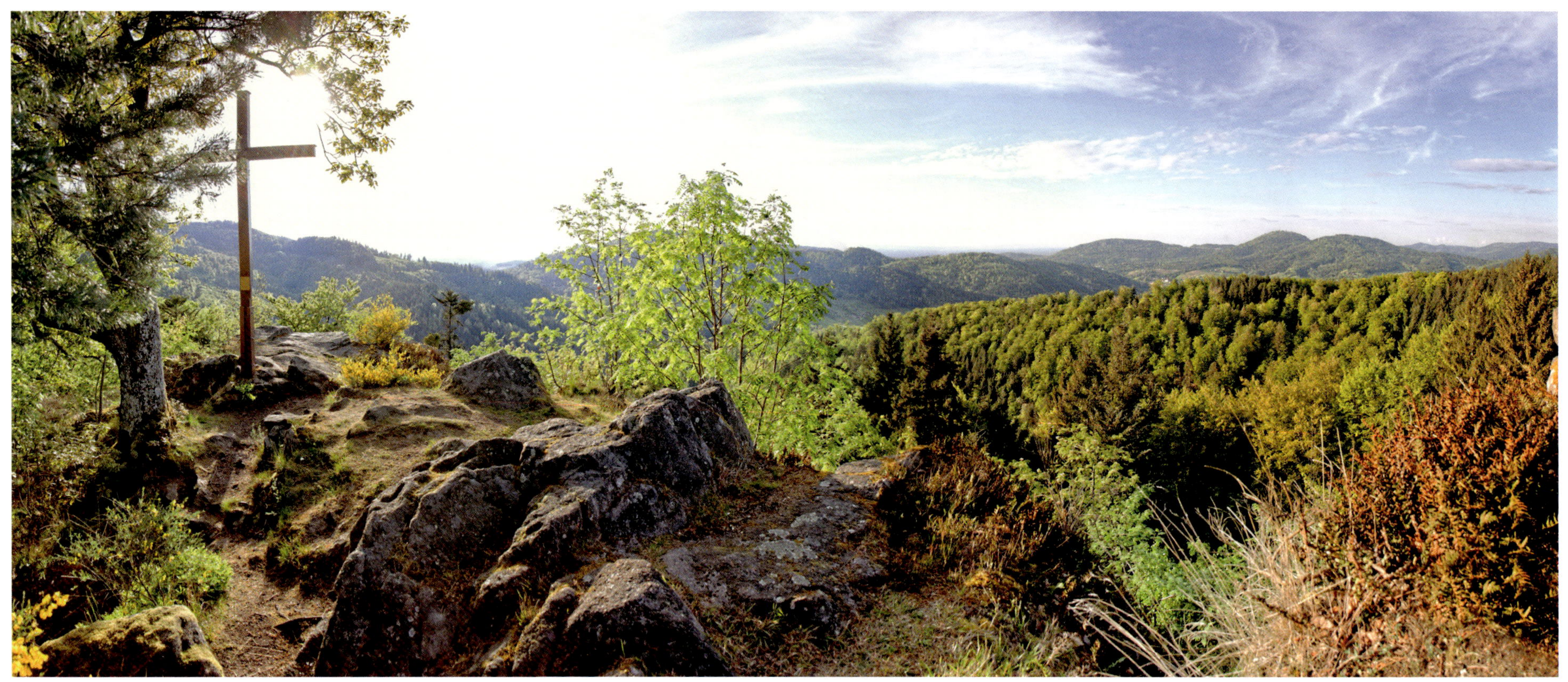

Ein atemberaubender Ausblick bietet sich nach dem anstrengenden Aufstieg zum Kreuzfelsen. Aus dem grünen Waldmeer leuchten die Wiesen um Baden-Baden wie Inseln hervor.

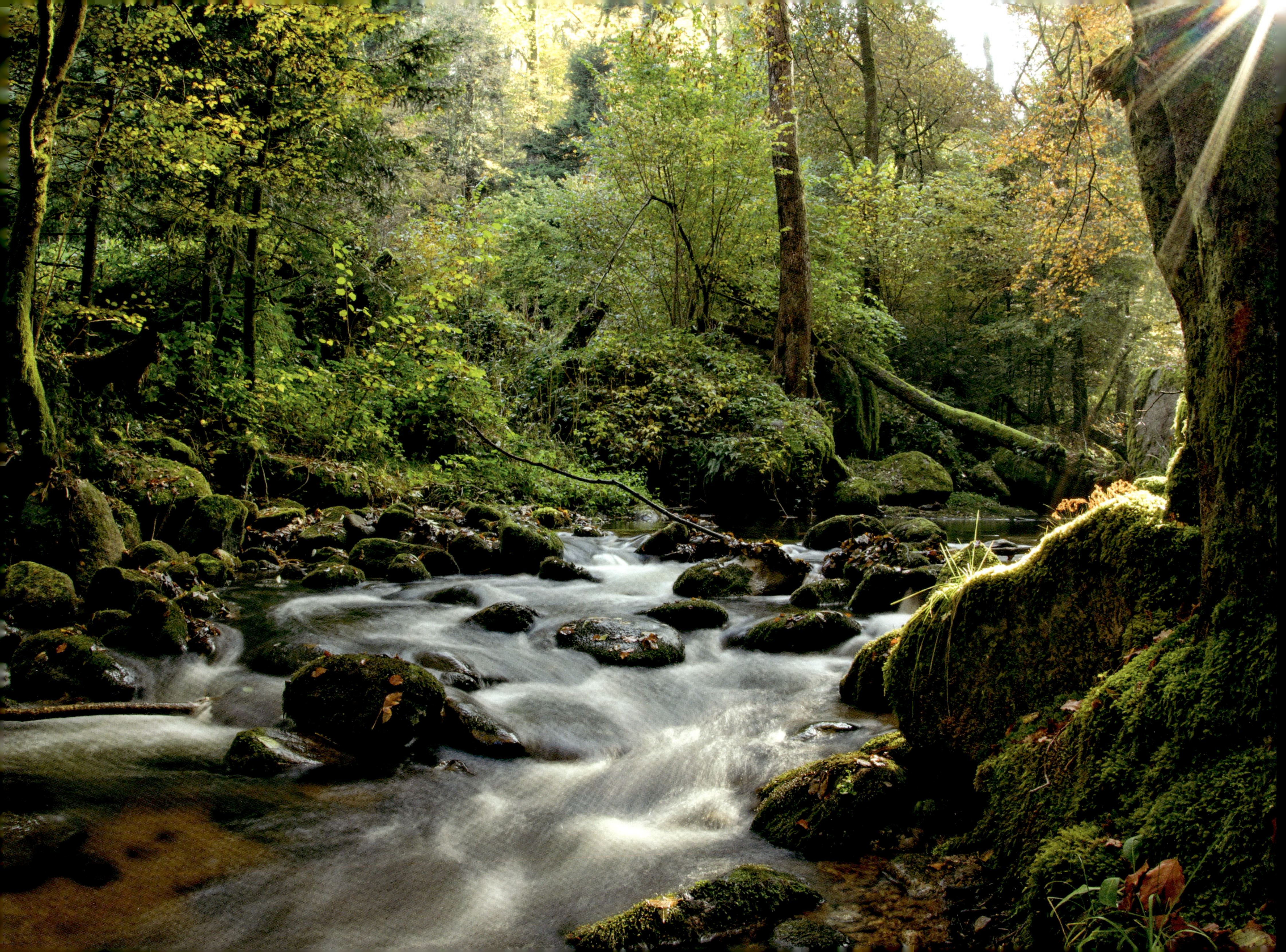

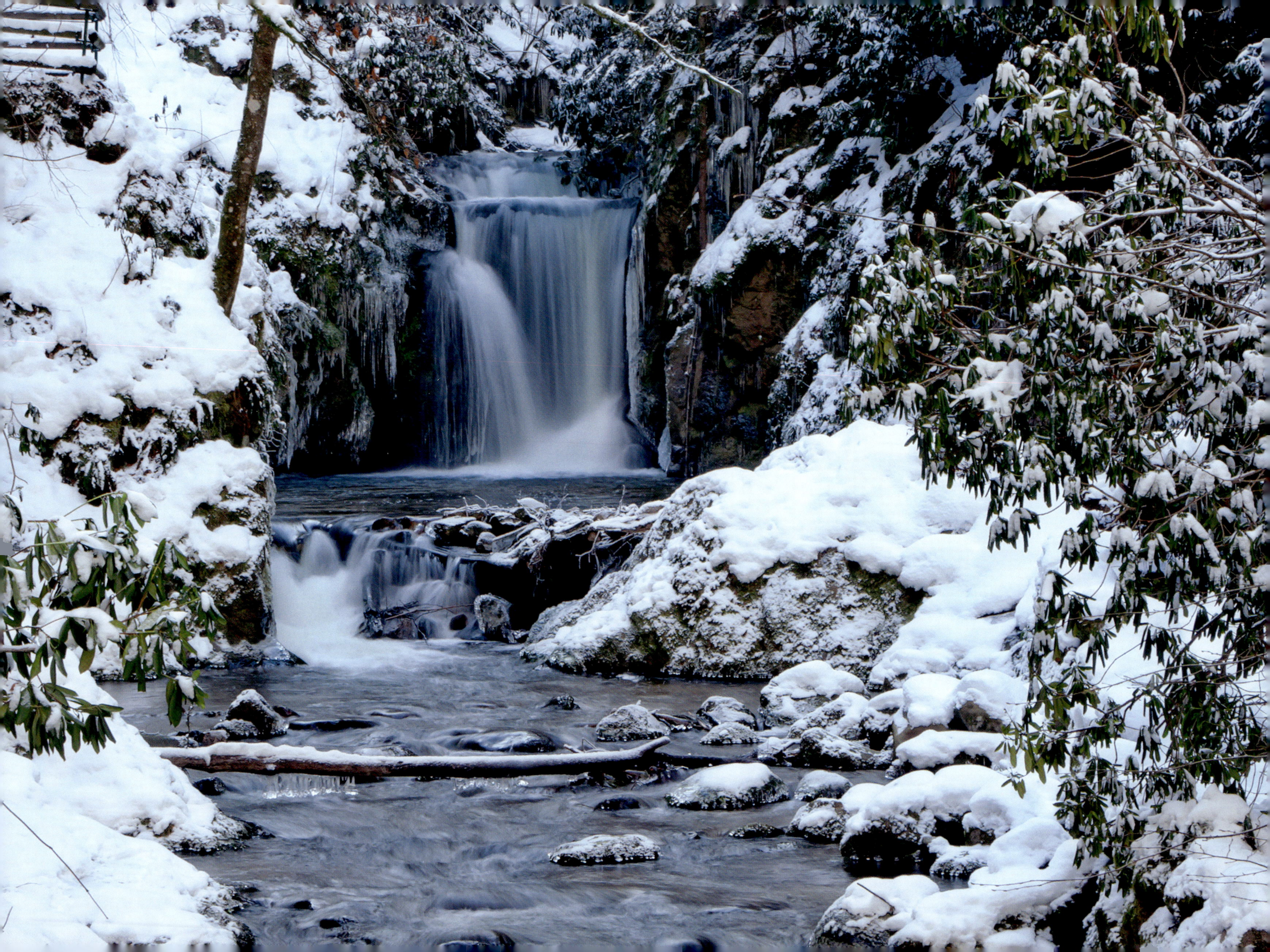

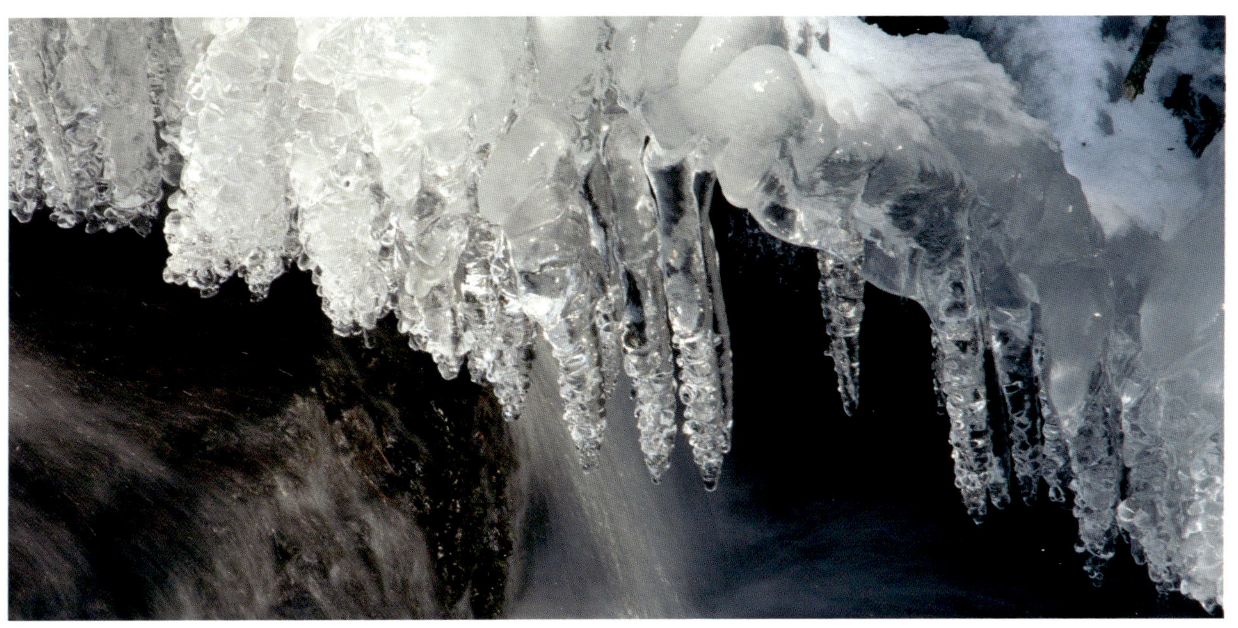

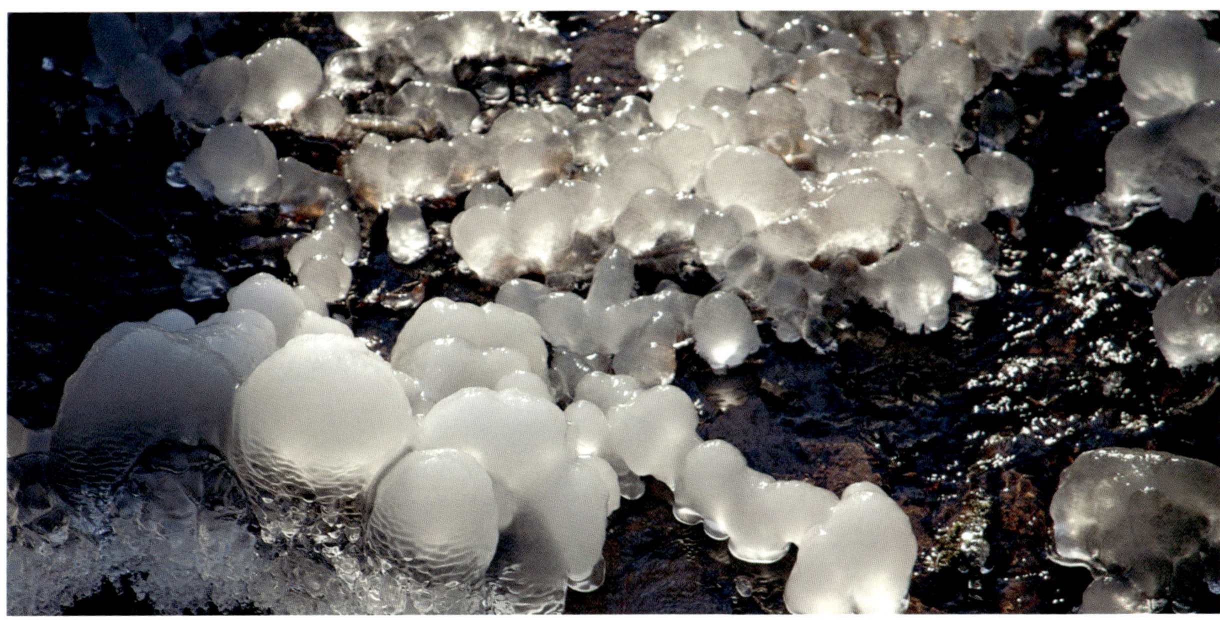

Wenn der Winter den Grobbach fest im Griff hat, erstarrt das Wasser zu bizarren Formen. Eine traumhafte Winterlandschaft verzaubert dann den Besucher.

Nationalpark Schwarzwald

Auf den Höhenzügen des Nordschwarzwaldes geht es inzwischen „eine Spur wilder“ zu, denn am 1. Januar 2014 hat die Landesregierung mit dem Nationalpark Schwarzwald das erste Großschutzgebiet dieser Art in Baden-Württemberg auf den Weg gebracht. Hier darf sich die Natur nun frei und möglichst ohne menschliche Eingriffe entwickeln, hier darf Wildnis entstehen. Einsame Wälder, Moore, Grinden und Karseen prägen die Landschaft des Nationalparks. Schwarzspecht und Dreizehenspecht, Raufußkauz und Sperlingskauz, aber auch so seltene Pilzarten wie die Zitronengelbe Tramete haben hier ihr Zuhause. Das Auerhuhn fühlt sich wohl, da die lichten Wälder der Heidelbeere genug Platz zum Wachsen lassen, die für die großen Vögel eine wichtige Nahrungsquelle ist. Im Nationalpark ist der Mensch als Gast trotzdem immer willkommen: Sowohl für den Wanderer als auch für den Mountainbiker gibt es ein ausgedehntes und gut ausgeschildertes Wegenetz.

Das Gebiet des Nationalparks beginnt im Stadtwald Baden-Baden und zieht sich entlang der Schwarzwaldhochstraße mit ihren spektakulären Ausblicken bis hin zum Kniebis. 10 000 Hektar ist dieses zukünftige Wildnisgebiet groß. Geprägt ist es noch von ausgedehnten Bergfichtenwäldern und in den Hochlagen von ehemals beweideten Flächen, den sogenannten Grinden. Ein Teil des Nationalparks liegt auch auf Baden-Badener Gemarkung, denn 423 Hektar des Stadtwaldes vom Plättig bis zur Badener Höhe hat der Gemeinderat in einer weitsichtigen Entscheidung dem Nationalpark zur Verfügung gestellt. Vom Plättig aus starten der Luchs- und Wildnispfad, die direkt in die Wildnis führen. Auf der Badener Höhe, dem mit 1 003 Meter höchsten Punkt von Baden-Baden, steht der Friedrichsturm, von dessen Aussichtsplattform sich ein gewaltiger Ausblick auf den Nordschwarzwald und die Rheinebene bis nach Frankreich bietet. Bei klarer Sicht ist vor der Kulisse der Vogesen das mächtige Straßburger Münster mit bloßem Auge gut zu erkennen.

Wenn der Blick vom Turm aus über den von Fichten dominierten Hohen Ochsenkopf in den Baden-Badener Teil des Nationalparks schweift, so wird besonders im Mai beim Austrieb des Buchenlaubes deutlich, warum dieser nördlichste Teil des Nationalparks wie geschaffen ist für ein Schutzgebiet: Große Anteile der Buche und Tanne dominieren gegenüber der Fichte. Hier, auf den mächtigen Granitfelsen des Urberges, finden sich noch naturnahe Bergmischwälder, wie sie seit Jahrhunderten in diesem Gebiet wuchsen. In den höheren Lagen des Vorfeldkopfes, welcher oberhalb des Schlosshotels Bühlerhöhe schon von weitem aus der Rheinebene zu sehen ist, wachsen auf den moorigen Standorten Kiefern- und Fichtenwälder. Das Nationalparkgebiet von Baden-Baden war schon immer sehr naturnah, sodass es bereits bei der Ausweisung des Parks den internationalen Schutzkriterien auf fast der gesamten Fläche entsprach. Somit unterbleibt hier jegliche forstliche Nutzung und der Wald kann sich ungestört zu einer Wildnis zurückentwickeln.

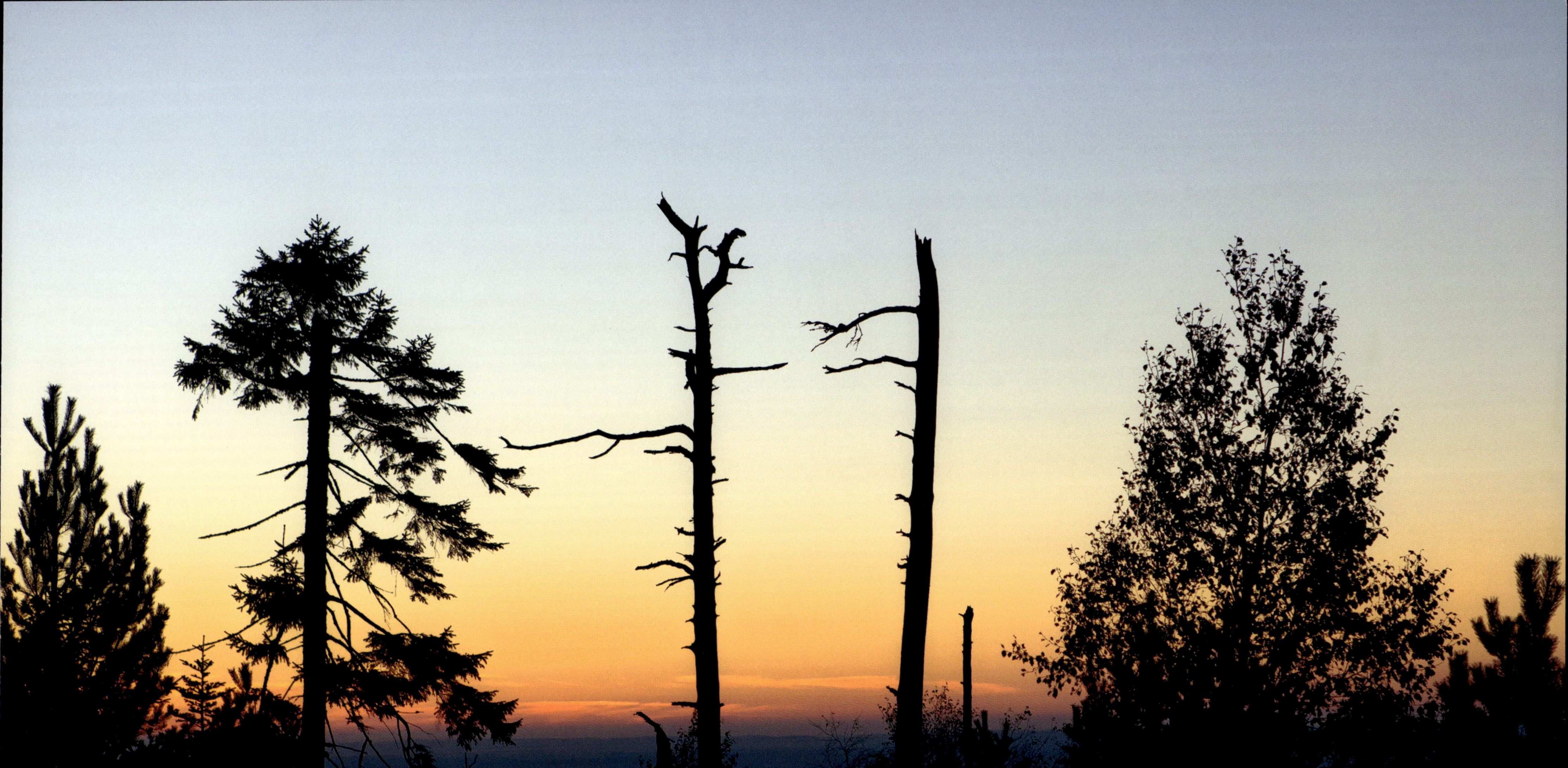

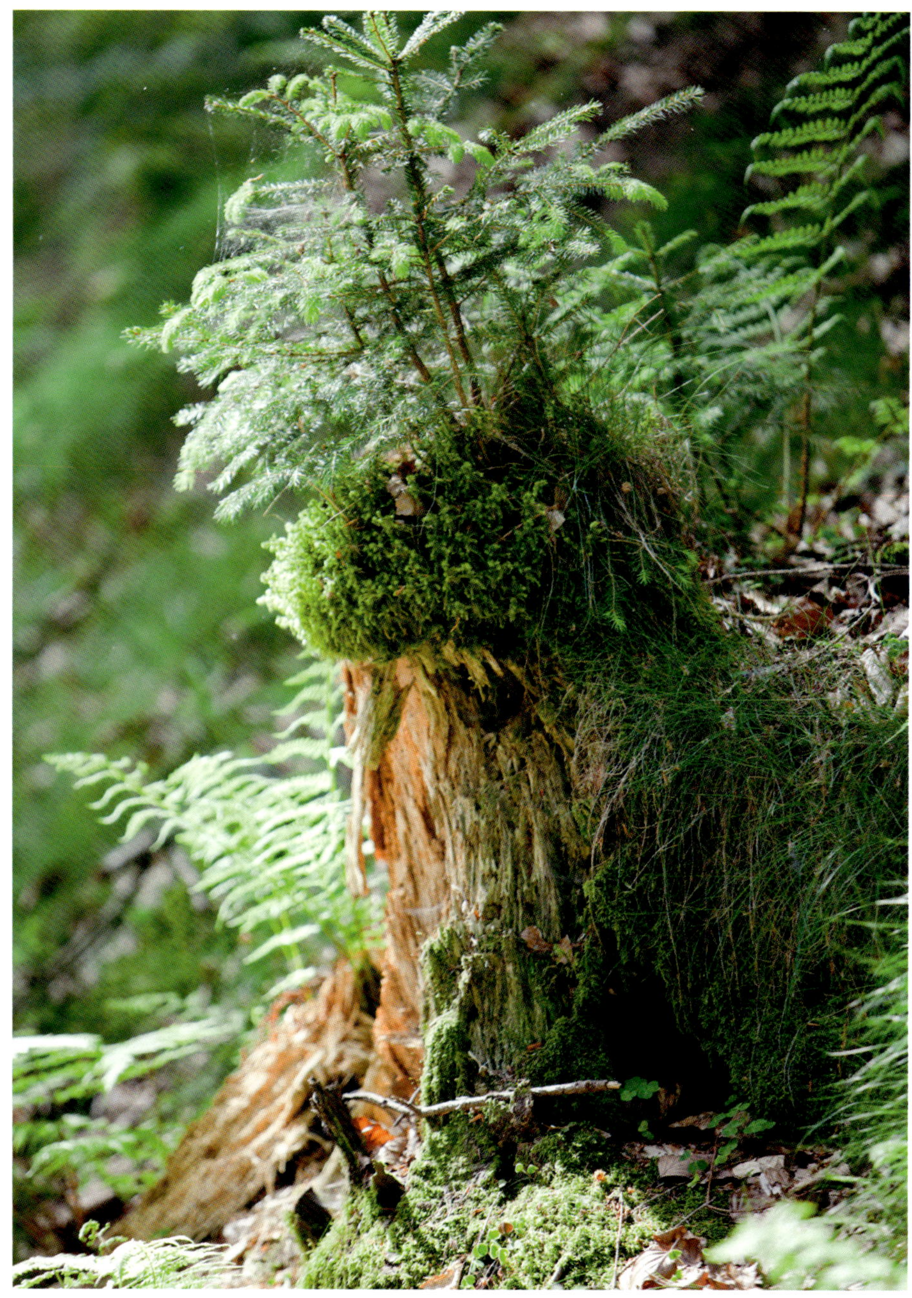

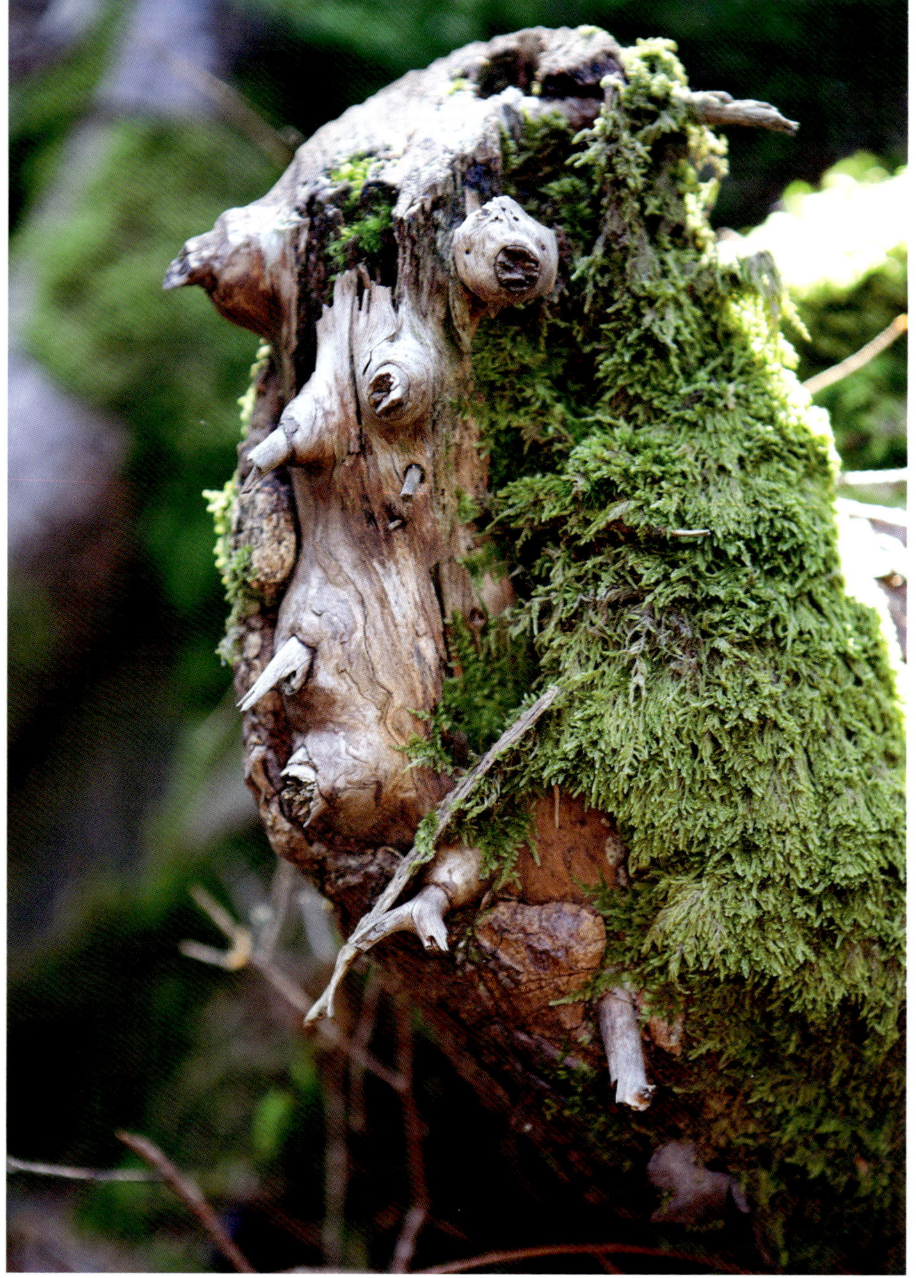

Kurz nach dem verheerenden Orkan im Jahr 1999 entstand die Idee, ein großes Waldgebiet am Plättig sich selbst zu überlassen und einen Erlebnispfad für die Waldbesucher einzurichten, der kreuz und quer durch die Wildnis führt.

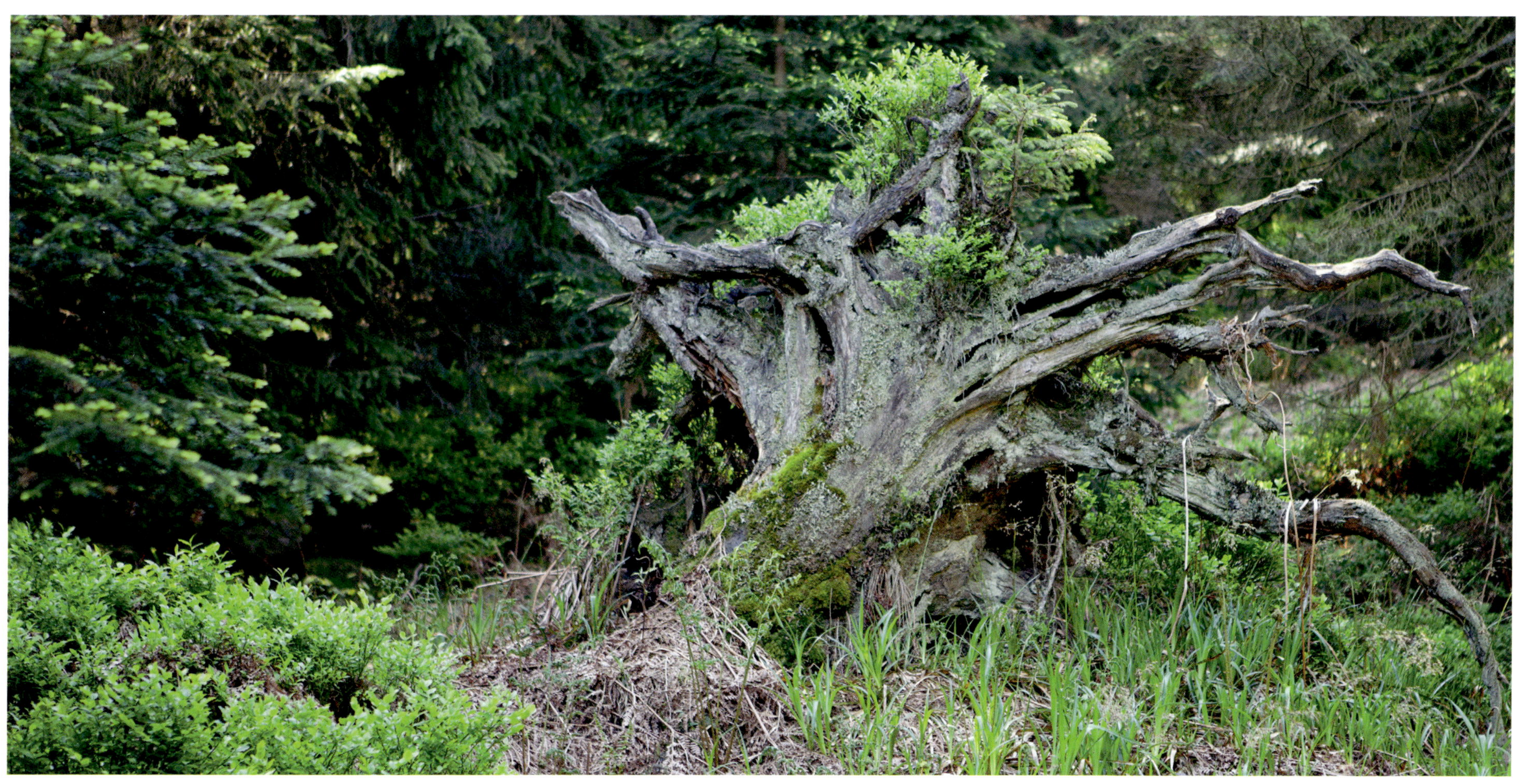

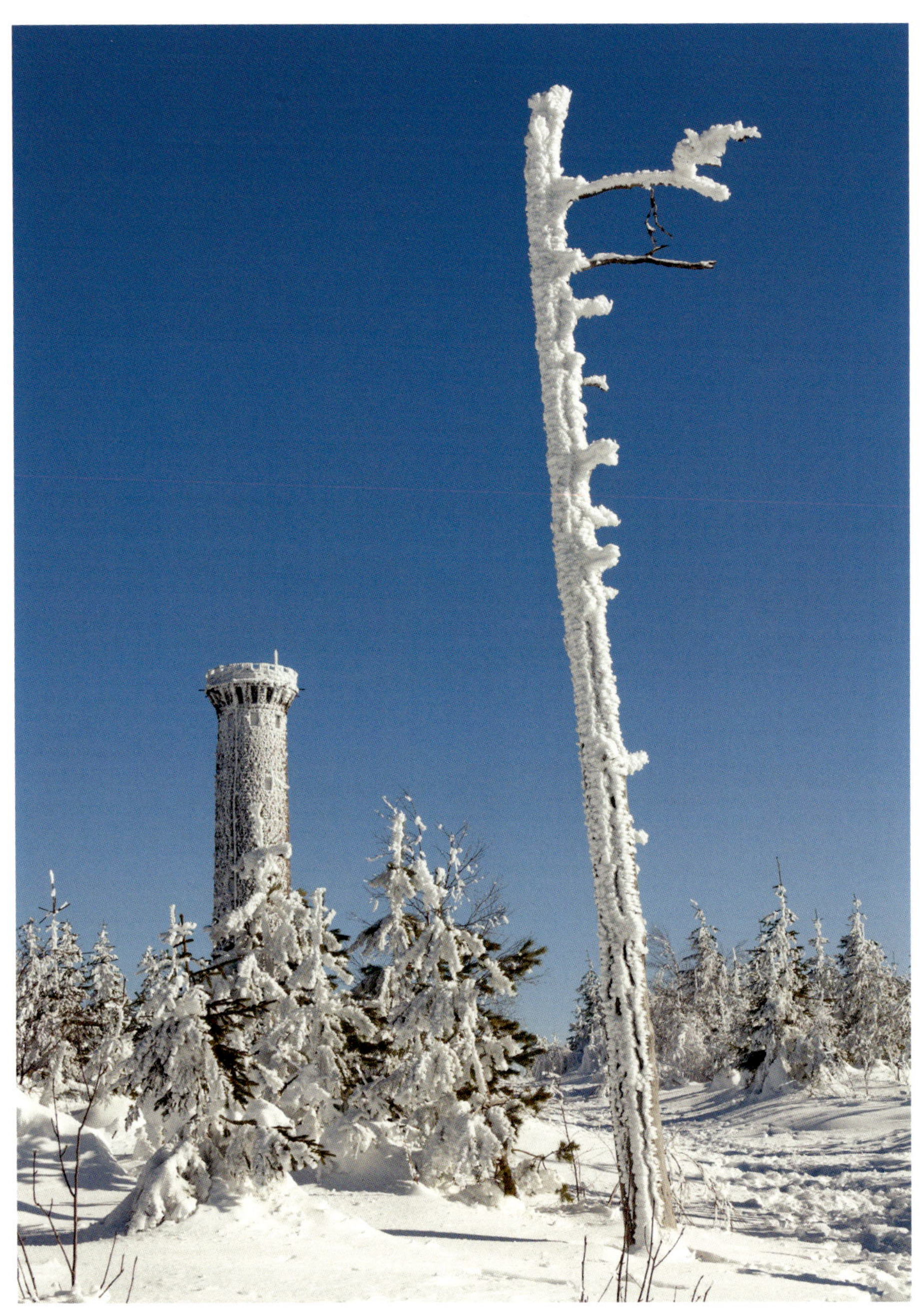

Der Winter hat die Badener Höhe noch fest im Griff, während im Oostal schon der Frühling Einzug hält. Es ist wie in einer anderen, raueren Welt, die mit ihrer herben Schönheit verzaubert.

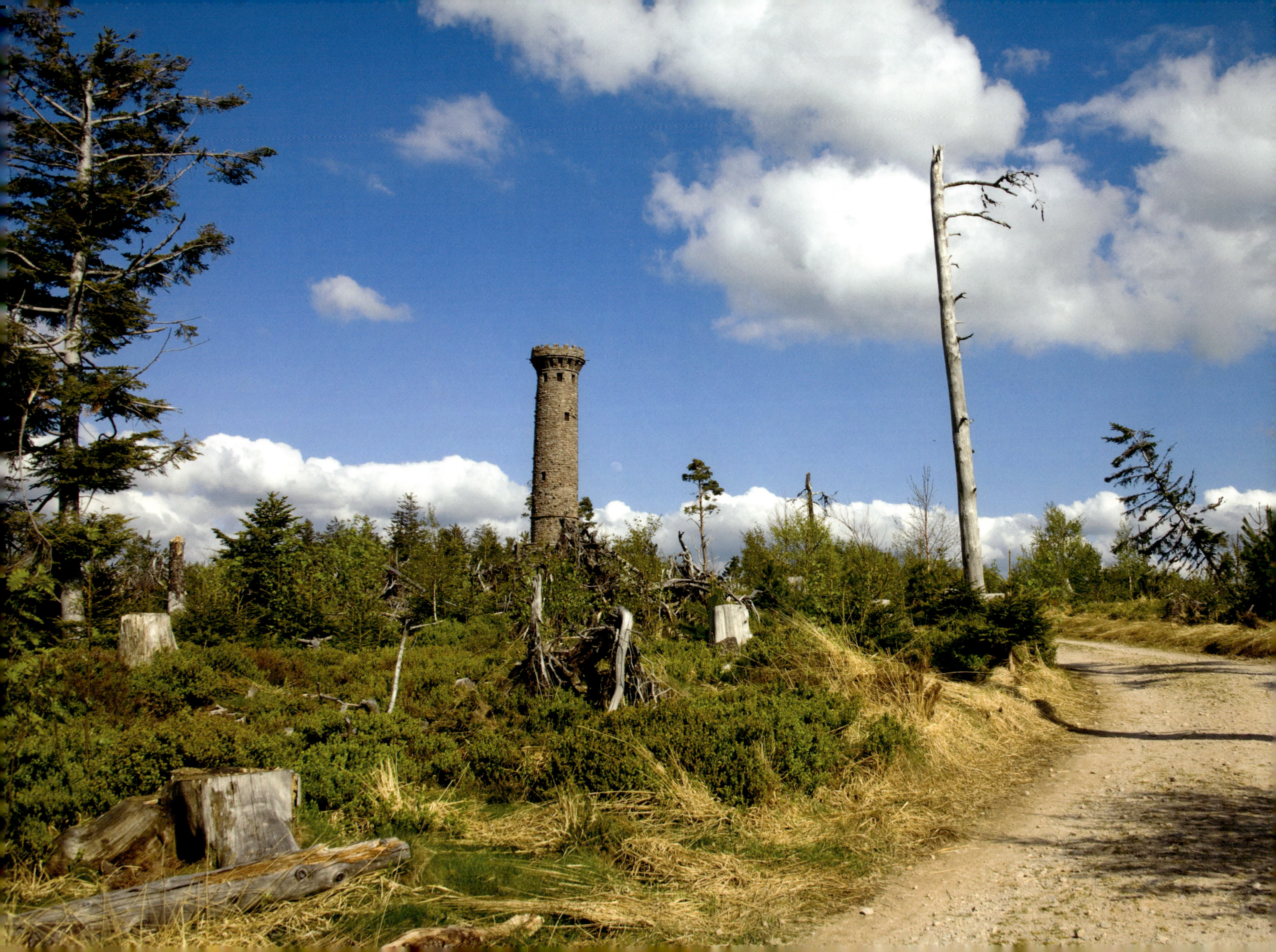

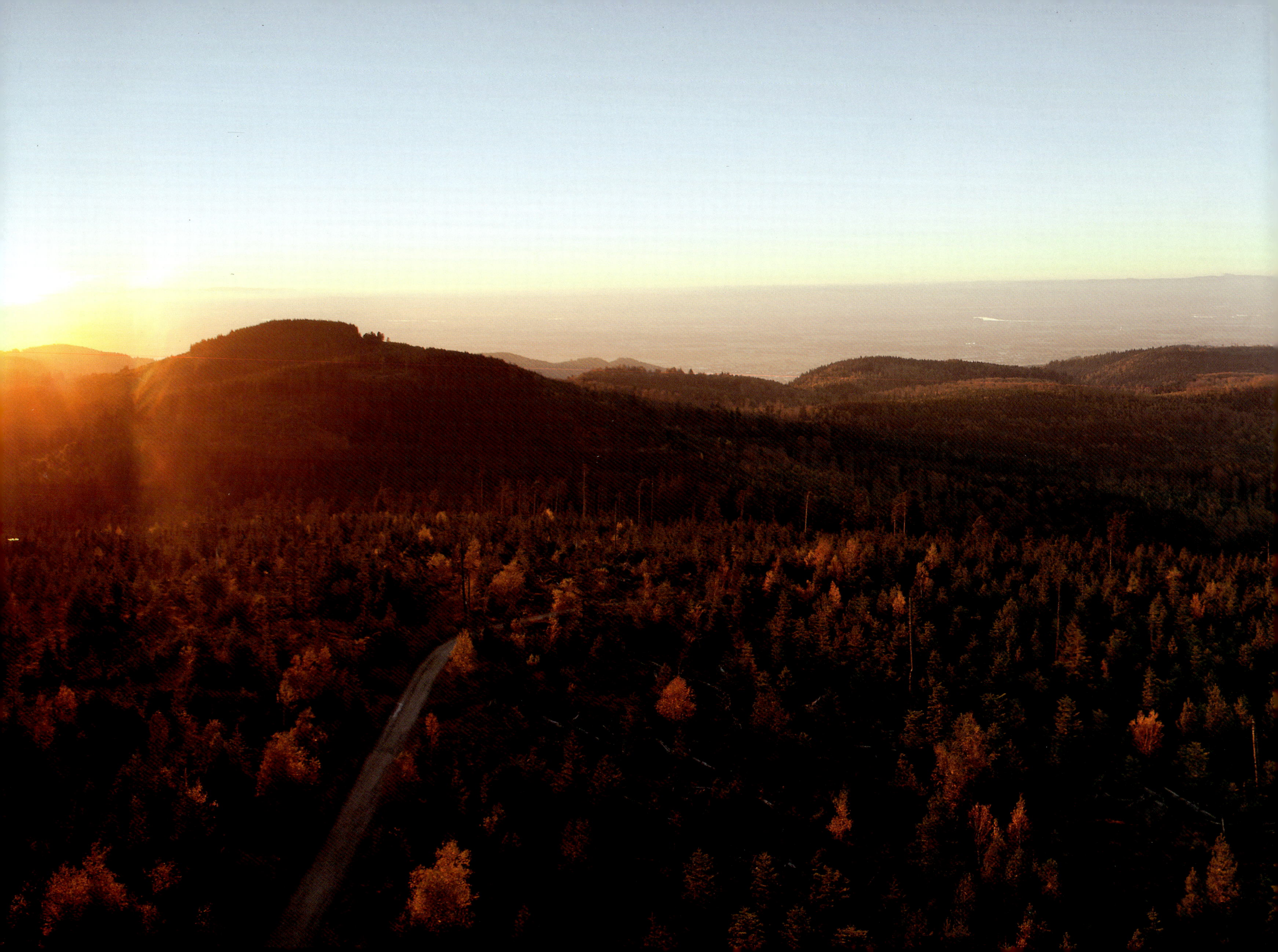

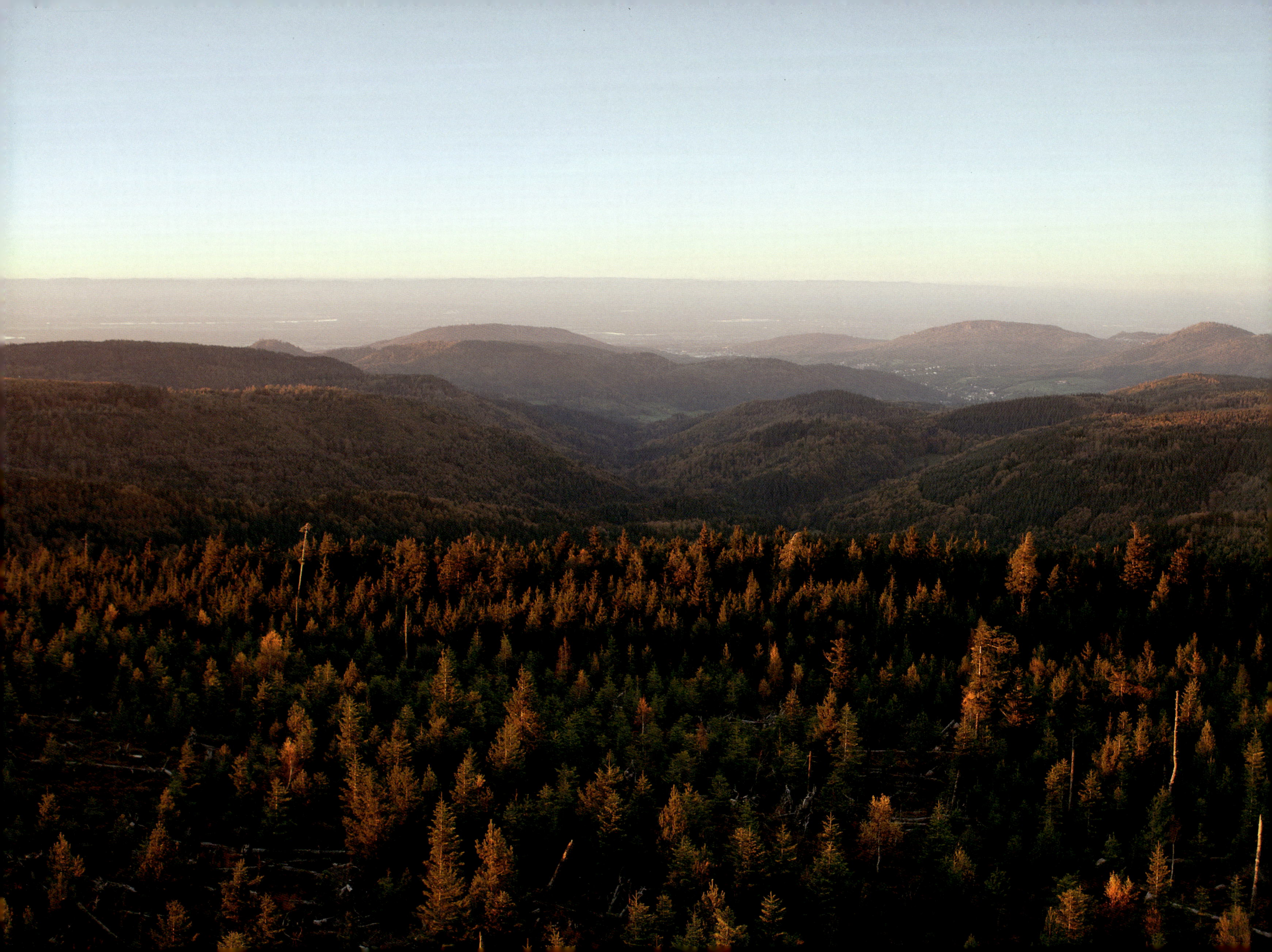

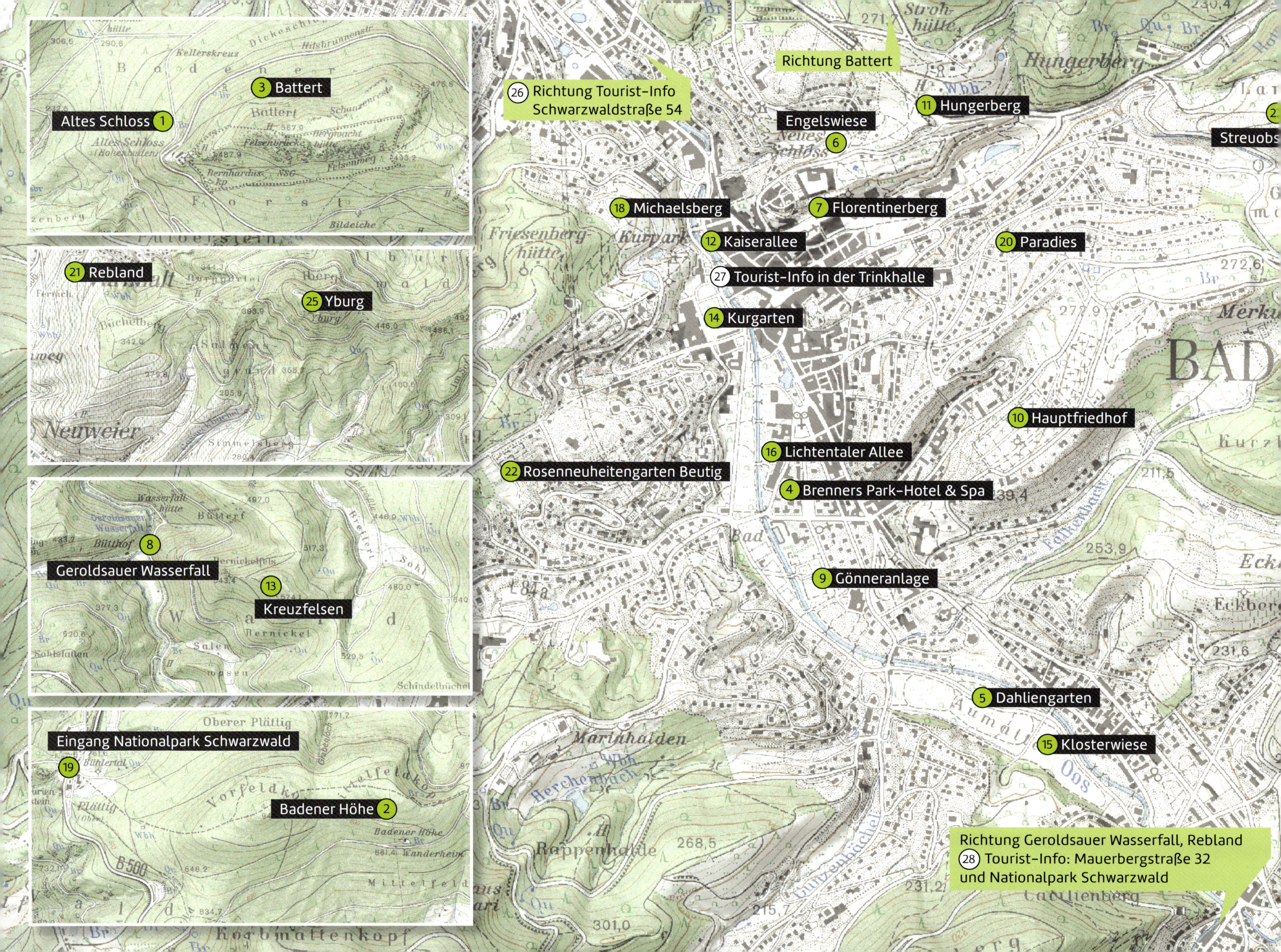

Battert 3
Altes Schloss 1
Rebland 21
Yburg 25
Bütthof 8
Geroldsauer Wasserfall
Kreuzfelsen 13
Eingang Nationalpark Schwarzwald 19
Badener Höhe 2
26 Richtung Tourist-Info Schwarzwaldstraße 54
Richtung Battert
11 Hungerberg
Engelswiese 6
18 Michaelsberg
7 Florentinerberg
12 Kaiserallee
20 Paradies
27 Tourist-Info in der Trinkhalle
14 Kurgarten
10 Hauptfriedhof
16 Lichtentaler Allee
22 Rosenneuheitengarten Beutig
4 Brenners Park-Hotel & Spa
9 Gönneranlage
5 Dahliengarten
15 Klosterwiese
Streuobs
Richtung Geroldsauer Wasserfall, Rebland
28 Tourist-Info: Mauerbergstraße 32
und Nationalpark Schwarzwald

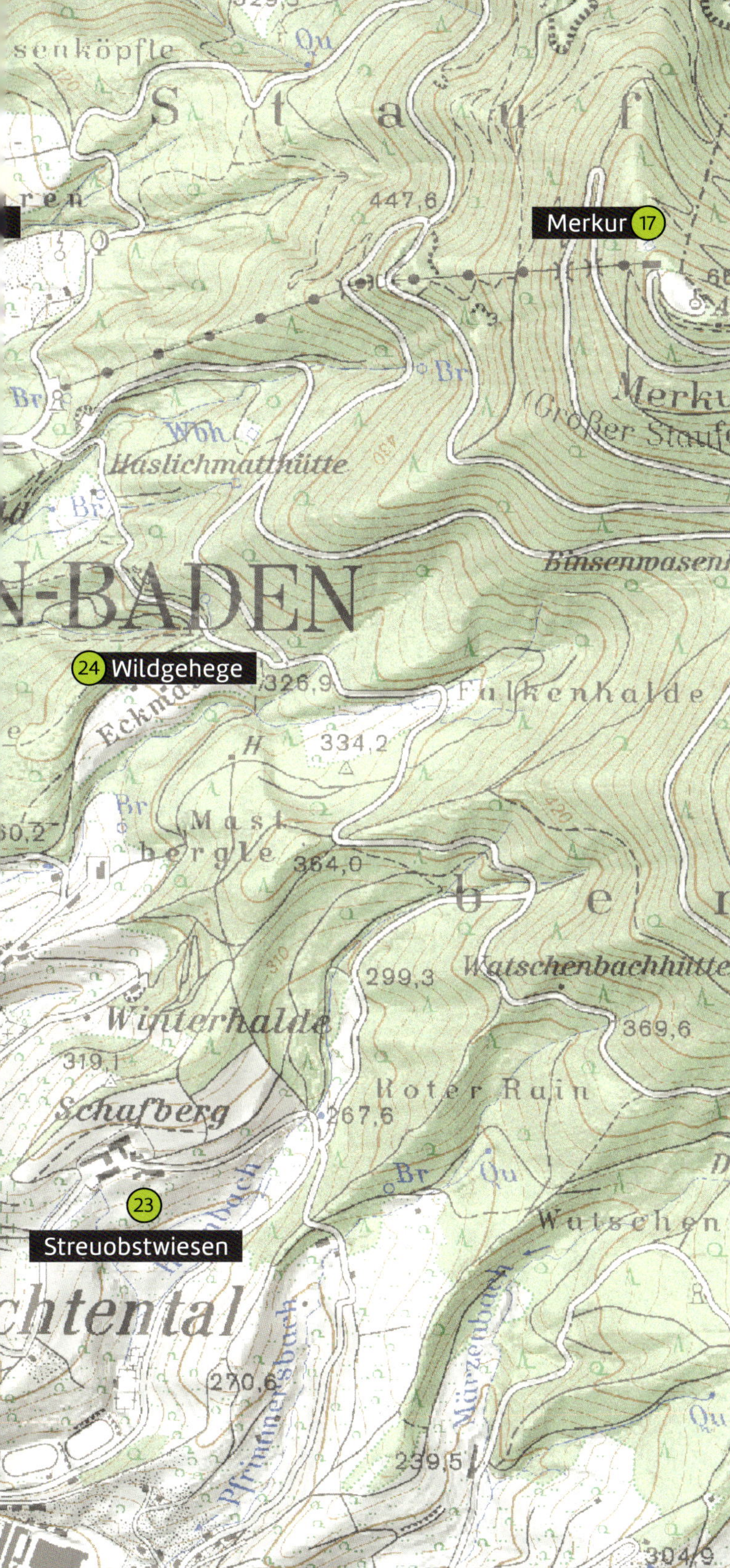

1 **Altes Schloss**
Alter Schlossweg, 76530 Baden-Baden

2 **Badener Höhe**
über B500/Schwarzwaldhochstraße

3 **Battert**
über Alter Schlossweg, 76530 Baden-Baden

4 **Brenners Park-Hotel & Spa**
Schillerstraße, 76530 Baden-Baden

5 **Dahliengarten**
Lichtentaler Allee, 76530 Baden-Baden

6 **Engelswiese**
über Schlossstraße, 76530 Baden-Baden

7 **Florentinerberg**
Marktplatz, 76530 Baden-Baden

8 **Geroldsauer Wasserfall**
Bütthof 1, 76534 Baden-Baden

9 **Gönneranlage**
Ludwig-Wilhelm-Straße, 76530 Baden-Baden

10 **Hauptfriedhof**
Friedhofstr. 46, 76530 Baden-Baden

11 **Hungerberg**
über Schlossstraße, 76530 Baden-Baden

12 **Kaiserallee**
Kaiserallee, 76530 Baden-Baden

13 **Kreuzfelsen**
über Bütthof 1, 76534 Baden-Baden

14 **Kurgarten**
Kaiserallee, 76530 Baden-Baden

15 **Klosterwiese**
Lichtentaler Allee, 76530 Baden-Baden

16 **Lichtentaler Allee**
Stadtmitte bis Kloster Lichtenthal, 76530 Baden-Baden

17 **Merkur**
über Markgrafenstraße, 76530 Baden-Baden

18 **Michaelsberg**
Solmsstraße, 76530 Baden-Baden

19 **Nationalpark Schwarzwald**
Schwarzwaldhochstraße / B500

20 **Paradies am Annaberg**
Prinz-Weimar-Straße, 76530 Baden-Baden

21 **Rebland**
mit den Ortsteilen Neuweier, Steinbach und Varnhalt

22 **Rosenneuheitengarten auf dem Beutig**
Moltkestraße, 76530 Baden-Baden

23 **Streuobstwiesen**
über Lilienmattstraße, 76530 Baden-Baden
über Heimbachstraße, 76534 Baden-Baden

24 **Wildgehege**
über Markgrafenstraße, 76530 Baden-Baden

25 **Yburg**
Burgruine 1, 76534 Baden-Baden

TOURIST-INFOS

Tel. + 49 (0)7221-275200, info@baden-baden.com
www.baden-baden.com

26 **Schwarzwaldstraße 54, an der B 500, 76532 Baden-Baden**
Montag-Samstag: 9-18 Uhr, Sonntag + Feiertag: 9-13 Uhr

27 **Kaiserallee 3, in der Trinkhalle, 76530 Baden-Baden**
Montag-Samstag: 10-17 Uhr, Sonntag + Feiertag: 14-17 Uhr

28 **Tourist-Info in der Baden-Badener Winzergenossenschaft**
Mauerbergstraße 32, 76534 Baden-Baden Neuweier
Montag-Freitag: 8-18 Uhr, Samstag: 9-13 Uhr

Die Menschen hinter dem Buch

Nathalie Dautel

Die Kurstädterin mit französischen Wurzeln ist seit 2004 als selbstständige Fotografin mit einem breiten Spektrum tätig. Ihre Faszination gilt insbesondere der wunderschönen Stadt Baden-Baden mit ihren Parks, Landschaften, historischen Gebäuden und Wäldern, aber auch den Rosen und Dahlien.
Ihre Fotos finden sich auf Kalendern und Postkarten sowie in zahlreichen Büchern, Zeitschriften und Magazinen.

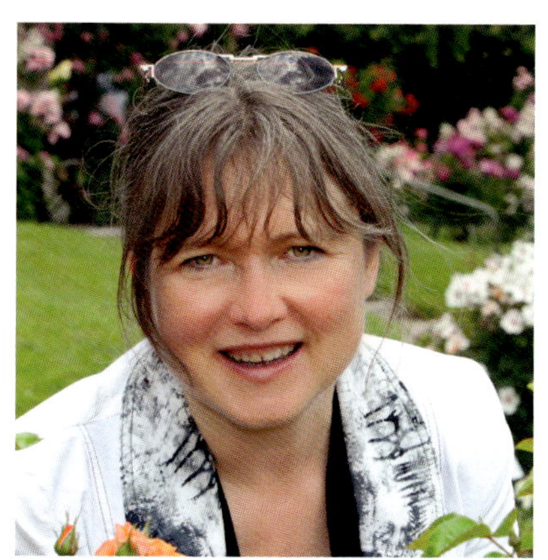

Markus Brunsing

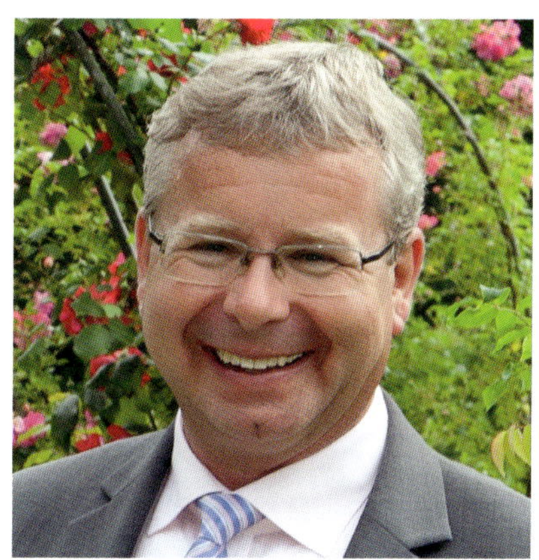

Markus Brunsing ist Diplom-Ingenieur und Landschaftsarchitekt. Er studierte Landschaftsarchitektur mit Schwerpunkt Gartendenkmalpflege und Gartenkunstgeschichte an der Technischen Universität München in Weihenstephan. Nach Anstellungen in Hamburg und bei der Bundesgartenschau in Potsdam wechselte er 2002 nach Baden-Baden, wo er seit 2003 den technischen Bereich des städtischen Gartenamts leitet, das seit 2016 die Bezeichnung Fachgebiet Park und Garten trägt. Er ist Spezialist für Blumenbeetgestaltungen und Rosen. Eine intensive Vortragstätigkeit im In- und Ausland rundet seine Aktivitäten in Sachen Parks, Gärten und Pflanzen ab.

Thomas Hauck

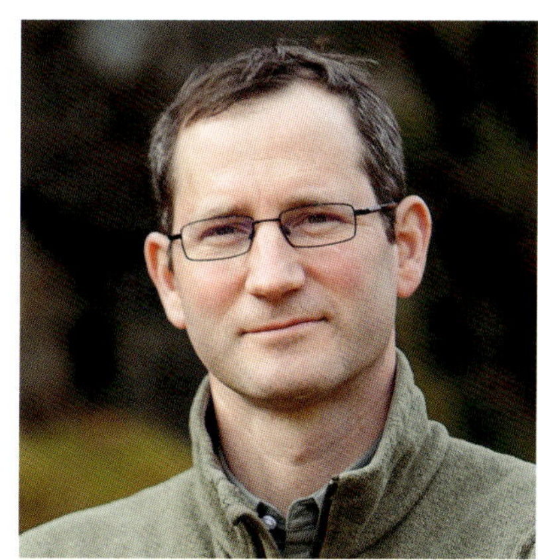

Schon in seiner Jugend war Thomas Hauck mit der Natur verbunden, insbesondere der Wald hat ihn schon früh begeistert. Nach dem Studium der Forstwirtschaft in Tharandt fand er bald seine berufliche Aufgabe im Stadtwald Baden-Baden. Seit 2006 leitet er die städtische Forstverwaltung und setzt sich für die naturgemäße und nachhaltige Bewirtschaftung des Stadtwaldes ein. Ein besonderes Anliegen war ihm die Ausweisung eines Teiles des Stadtwaldes zum Nationalpark. Einen klimastabilen und naturnahen Wald für die kommenden Generationen zu entwickeln, ist sein Ziel.

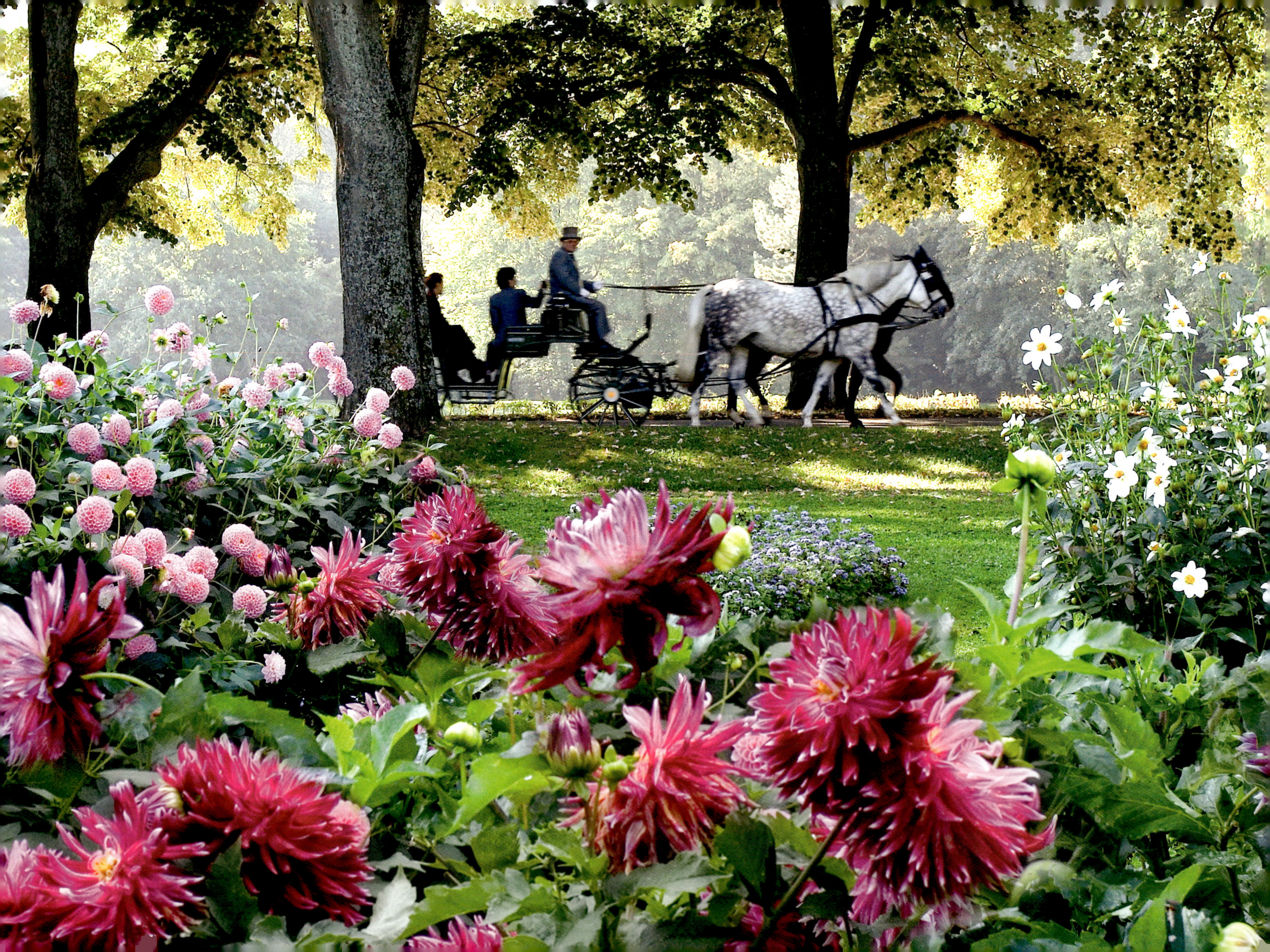